Découvrez l'histoire par les archives de presse

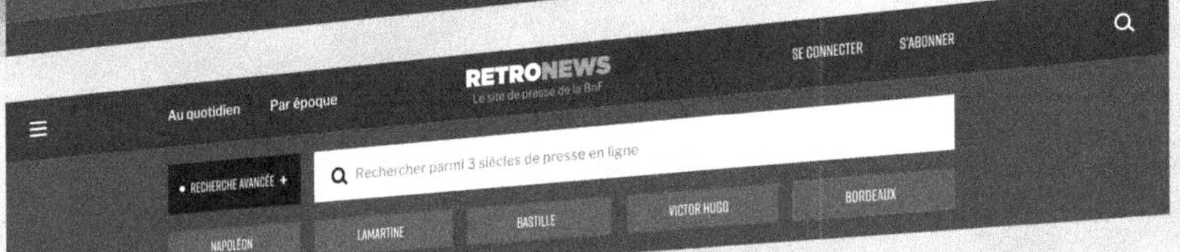

RETRONEWS

Le site de presse de la BnF

www.retronews.fr

BULLETIN
DE
L'Académie ébroïcienne
SUIVANT LES RÈGLEMENTS
DE L'ANCIENNE
SOCIÉTÉ D'AGRICULTURE
SCIENCES, ARTS & BELLES-LETTRES
DU DÉPARTEMENT
DE
l'Eure

BULLETIN

DE

L'ACADÉMIE ÉBROÏCIENNE,

SUIVANT LES RÉGLEMENS

DE L'ANCIENNE SOCIÉTÉ D'AGRICULTURE, SCIENCES, ARTS ET
BELLES-LETTRES

DU DÉPARTEMENT DE L'EURE.

ANNÉE 1837.

Première Partie.

LOUVIERS,

CH. ACHAINTRE, IMPRIMEUR DE L'ACADÉMIE ÉBROÏCIENNE.

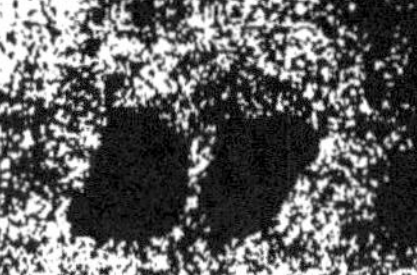

MESSIEURS,

Les développements [illegible] de [illegible] [illegible] peuvent être mis en doute par aucun de vous ; [illegible] [illegible] amment attestés par le mérite de ses productions, [illegible] [illegible] mentation notable de vos [illegible] [illegible] [illegible] finances.

Cette heureuse situation, vous vous [illegible] [illegible] nous la devons en grande partie au zèle [illegible] [illegible] les instans, à la sage administration enfin de [illegible] [illegible] président, qui ne néglige aucune occasion de propager l'Académie Ébroïcienne en associant à ses travaux les savans, les gens de lettres, les artistes distingués, et en général tous les hommes de mérite avec lesquels il s'est mis lui-même en rapport.

1837. 1

Une plume plus habile et qui, depuis plusieurs années, est en juste possession de vos suffrages, celle de M. Marc, notre honorable Secrétaire-Perpétuel, vous tracera sans doute le tableau analytique et raisonné des productions scientifiques et littéraires de la Société, en 1836 : là seront appréciés d'une manière intéressante et consciencieuse, les productions diverses dont votre bulletin s'est enrichi et les acquisitons de tout genre qui vous garantissent pour l'avenir une active collaboration.

Je me bornerai donc à vous présenter ici le tableau de nos recettes et de nos dépenses pour l'année 1836.

La recette brute s'est élevée à 5,942 francs 50 centimes; elle se compose des articles suivans :

1° Vente de Recueils..	450	»
2° 61 Abonnemens arriérés.	610	»
3° 348 Abonnemens de 1836..	3480	»
4° 104 Diplômes et médailles.	520	»
5° Médailles vendues.	224 50	
6° 5 Cotisations de 1836 (les autres ayant été payées d'avance).	120	»
7° 2 *Idem* payées d'avance sur 1837. . .	48	»
8° 49 Abonnemens d'avance sur 1837..	490	»

5942 50

La dépense totale de l'année s'élève à 5797 francs 45 centimes; elle se divise ainsi ; savoir :

1° Arriéré des années précédentes, dû à l'Hôtel des monnaies . . .	295	»
2° Tirage des jetons	362 60	
3° Rachat d'*idem*.	70	»

727 60

$$
\begin{aligned}
\text{Report : recette brutte} & \dots & 5942 \ 50 \\
\text{Dépense} & \dots & 727 \ 60
\end{aligned}
$$

4° Bois et clichet du titre . . . . 280 »
5° Députation au concours et voyages
   pour prendre vues. . . . . 67 »
6° Tombe Achaintre . . . . 140 »
7° Vues du château de Chambray . . . 117 15
8° Impression du Bulletin 2879 60
9° Impressions lithographiques . . . . 142 »
10° Cadres et bordures 48 30
11° Affranchissemens du Bulletin . . . 549 25
12° Portrait du bailli de Chambray . . 85 »
13° Gravures , livres et objets mobi-
   liers 247 25
14° Menues dépenses et faux frais . . . 514 30

} 5797 45

Excédent de la recette sur la dépense 145 05

Il résulte des notes qui précèdent, qu'il a été perçu d'avance
sur 1837, 49 abonnemens et 2 cotisations qui forment une
somme de 538 francs.

Or, l'Académie comptant au 31 décembre 413 membres,
sur lesquels seulement 348 ont payé leur abonnement , il
reste à percevoir sur l'arriéré 650 francs, qui, même en calculant les non valeurs ordinaires, suffiront évidemment pour
couvrir les 538 francs perçus d'avance, et qui, par l'excédent
de la recette, se trouvent réduits à 392 francs 15 centimes.

Il est à remarquer que la liste réputée imprimée au 31 décembre 1835, ne l'a été réellement qu'au premier mai 1836,
et que si le chiffre des membres y a été porté à 439, c'est qu'on
y a compris 26 réceptions de janvier à mai, lesquelles ajoutées
à 39 qui ont eu lieu de mai à décembre et à 8 qui ont eu lieu

IV

en janvier dernier, portent le nombre effectif des membres reçus dans le courant de l'année à 73, qui, ajoutés aux 413 de l'année 1835, formeraient, aujourd'hui 22 février, un total de 483, si nous n'avions à en défalquer 54 morts et démissions. Le nombre effectif est donc de 432; ce qui présente un accroissement réel de 17 membres pour l'année 1836.

Nous avons l'espoir, Messieurs, que de nouvelles et notables acquisitions viendront ajouter encore à cet état de prospérité de notre liste.

RAPPORT

SUR LES TRAVAUX

DE L'ACADÉMIE ÉBROÏCIENNE,

PENDANT L'ANNÉE 1836.

PAR M. AMÉDÉE MARC,

Secrétaire Perpétuel.

MESSIEURS,

Nous venons vous rendre compte des travaux de l'Académie Ébroïcienne pendant l'année qui vient de s'écouler; et l'importance même de ces travaux, dont ce rapport est destiné à vous présenter l'ensemble, nous dispensera sans doute à vos yeux de tracer à part le tableau des nouveaux progrès dont vous avez à vous féliciter.

C'est en effet par ses œuvres, bien plus que par de stériles éloges, que peut se juger l'importance des services rendus par une société semblable à la vôtre.

Depuis sa réorganisation, l'Académie Ébroïcienne a toujours répondu aux espérances qu'elle avait fait naître.

L'Agriculture s'est réjouie de trouver un organe de plus pour l'échange des découvertes nouvelles, pour la défense de ses intérêts qui seuls restent privés d'une représentation spé-

fois un noble but ; lorsqu'elle a réuni et ranimé pour ainsi dire les membres épars du corps savant auquel elle a depuis donné son nom. C'est à elle qu'il appartient encore de le diriger aujourd'hui, car elle seule peut continuer cet œuvre de patriotisme et d'indépendance ; elle seule peut maintenir au

centre cet esprit d'union qui fait la force, cet esprit de sage
liberté qui seul donne et soutient la vie sociale.

Que cette double vérité soit toujours présente à nos esprits,
Messieurs, et elle suffira pour resserrer chaque jour davantage les liens qui nous unissent. Si nous voulons avancer sûrement dans l'avenir, c'est le passé qui doit nous servir de guide.
Les succès qui ont déjà couronné nos efforts, se multiplieront
comme nos efforts eux-mêmes, si nous savons les réunir pour
leur donner à tous la même direction et le même but, tandis
qu'ils seraient à jamais frappés d'impuissance s'ils retombaient dans l'isolement individuel où ils ont déjà langui si
longtemps.

Cette centralisation si désirable va recevoir au surplus, Messieurs, dès le commencement de l'année 1837, l'organisation
plus complète dont vous aviez depuis longtemps déjà réglé les
bases. Un secrétaire-adjoint, libre de toute occupation étrangère et entièrement consacré aux soins que reclament la
correspondance et le Bulletin, va s'établir au milieu de nous
pour être en même tems le conservateur de la Bibliothèque
et des archives, qui seront réunies désormais dans un nouveau
local où tous les membres de l'Académie pourront aller les consulter, et où nous trouverons aussi une salle convenable
pour la tenue des séances. Ces mesures, dont l'exécution était
de puis si long-tems reclamée, et que vous aviez considérée comme la condition nécessaire d'une existence indépendante, n'ont
pu se réaliser, Messieurs, que lorsque l'avenir de la Société s'est
vu assuré contre tous les obstacles dont elle pouvait, dans l'origine, redouter la fâcheuse influence; lorsque ses ressources fi-
nancières en particulier lui ont permis de prendre des enga-
gemens considérables qui en étaient la première conséquence.

Grâces à la bonne administration de notre bureau central,

VIII

grâces surtout, nous devons le dire pour rendre justice à qui elle
appartient, grâces au zèle toujours soutenu de notre honorable
Président, vos vœux seront bientôt exaucés, et c'est lui même
qui, pour en faciliter l'accomplissement, pour créer à la Société
une position complètement indépendante, s'est porté *personnellement garant* des obligations qu'elle a dû s'imposer pour
atteindre ce but. — Un local a été choisi dans le centre de la
ville, et sa diposition intérieure nous offrira toutes les ressources
que nous pouvions désirer. Le choix de M. Miger, comme secrétaire-adjoint, vous assure en même tems tous les avantages
que vous étiez en droit d'attendre de cette création nouvelle.
Homme de lettres distingué, auteur ou éditeur de plusieurs
ouvrages dont il a lui-même surveillé la publication, notre
nouveau collègue donnera tous ses soins à la composition matérielle du Bulletin, et pourra souvent aussi l'enrichir de ses
propres œuvres. Dévoué comme nous aux intérêts de la Société qu'il comprendra chaque jour davantage, il apportera
dans ses relations avec ses collègues cet esprit de concilia-
tion que nous avons toujours considéré comme notre premier
devoir, et dans l'exercice de ses fonctions, ce zèle infatigable
dont nous avons si souvent regretté de ne pouvoir vous donner plus de preuves.

AGRICULTURE.

Dans la revue des articles que cette section a publiés l'an dernier, on doit placer en première ligne tout ce qui est dû à l'esprit observateur de M. Chanoine d'Avrilly, son honorable
président.

La *Notice sur la carie des blés*, qui a paru dans la première
partie, réunit les avantages d'un traité scientifique aux avantages plus précieux encore de l'expérimentation pratique, qui

ramène la science à la portée de tous. — Les symptômes de la maladie y sont décrits avec précision; les opinions des auteurs sur les causes les plus habituelles de sa production y sont rapportées, discutées et appuyées de remarques qui ne laissent plus aucun doute sur la nature du mal, sur son mode d'existence et de transmission.

De cette dissertation approfondie, il résulte que le germe de la carie s'attache au grain attaqué et le suit jusques dans le développement de son propre germe, jusques dans le mystérieux travail de sa fécondation et de sa reproduction individuelle. — Le remède à ce mal si commun et si désastreux consiste donc dans le soin que l'on apporte à purger le grain, avant de le confier à la terre, de ces germes délétères imperceptibles, mais dont on ne peut cependant nier l'existence. — Le chaulage avec la chaux et le sulfate de soude (ou sel de glauber), employés dans les proportions indiquées, a donné les résultats les plus avantageux, et ces résultats sont constatés par de nombreuses expériences comparatives que l'auteur de cette intéressante notice a empruntées textuellement à un savant mémoire publié dernièrement sur cette question par M. de Dombasle, notre honorable collègue.

Aussi modeste dans son titre, la *Note sur la maladie vulgairement appelée pourriture, à laquelle les animaux ruminans sont exposés*, est également précieuse pour l'agriculteur, qu'elle éclaire tout à la fois sur les principaux caractères de ce mal et sur les causes qui le produisent ordinairement, sur les moyens de le prévenir et sur les remèdes les plus propres à le combattre. — C'est une affection du système lymphatique que l'humidité des herbes servant à leur nourriture, l'humidité même du sol qu'ils parcourent habituellement, tend à produire chez les animaux dont la constitution est déjà molle et délicate. C'est au moyen de toniques, tels que le quinquina, la gentiane, le genièvre et même l'alun à petites doses, que l'on peut sauver d'une mort certaine l'animal attaqué. — Ces remèdes doivent être employés dès les premiers symptômes de l'invasion; plus tard, on ne doit plus en attendre aucun effet salutaire, car la mort suit presqu'immédiatement.

Après cet hommage payé à la collaboration de M. Chanoine, notre premier besoin, Messieurs, est de vous rappeler le tableau, plein d'intérêt pour l'appréciation de l'agriculture belge et pour l'encouragement de la nôtre, que vous a présenté M. le Candèle, membre correspondant. Ce n'est pas seulement votre dette que nous avons à acquitter envers lui dans cette circonstance, c'est aussi la nôtre; car c'est à notre prière qu'il a bien voulu réunir dans quelques pages ces renseignemens si nombreux et si bien classés. — Vous savez maintenant, Messieurs, le secret de cette richesse territoriale qui soutient à elle seule un état nouveau, naissant au milieu de tant d'embarras commerciaux, financiers et politiques. — Efforçons - nous donc de la développer, de la favoriser en France, cette douce et bienfaisante industrie qui est l'abondance et la joie des jours prospères, l'assurance et la ressource des tems malheureux. Le vers de Lafontaine est toujours vrai :

« C'est le fonds qui manque le moins. »

Il est vrai, même dans la comparaison du sol de notre Normandie, à celui qu'habite M. le Candèle. Ce n'est pas tant la nature du terrain, en effet, que le travail et l'engrais qui fécondent ces semences sans cesse renouvellées sur le même emplacement. M. le Candèle nous a mis sous les yeux des exemples qui peuvent presque tous être suivis dans notre pays. Bientôt il nous rendra compte de ces produits centuplés dont le chiffre nous expliquera tant de soins et de dépenses.

A côté de ce tableau vient se placer tout naturellement celui que M. Ed. Marc a emprunté pour notre Bulletin à la *Biblio-teca Agraria* du célèbre professeur Moretti. *Les prairies appe-lées Marcite* sont peut-être le plus frappant exemple de ce que peut l'industrie humaine appliquée à féconder le sol. C'est elle en effet, et disons le à l'honneur des corporations religieuses qui ont sauvé pour nous tout ce qui reste des tems anciens, qui ont créé pour nous tout ce que nous a transmis le moyen âge, c'est l'industrie de l'homme dirigée par le génie du catholi-cisme, qui, de cette plaine immense étendue entre les Alpes, l'Apennin et la mer Adriatique, a fait une seule prairie, la plus riche et la plus féconde qui puisse exister. Ce sont des *frères*, dont l'institution se perd dans la nuit des tems, qui ont creusé des lits aux rivières, élevé des digues aux torrens, nivelé les terres et les eaux, desséché les marais, arrosé les montagnes, et croisé les canaux en tout sens. Ce sont eux qui ont créé une législation toute spéciale pour rendre à jamais durable un si grand œuvre; et cette législation traversant tant de siècles pour arriver jusqu'à nous est le plus solennel témoignage d'admira-tion que puisse leur donner la postérité reconnaissante.

Parmi ces riches prairies de Lombardie, les plus riches sans contredit sont les *Marcite*, celles qui, au moyen d'un nivelle ment tout particulier, reçoivent à certaines époques une irrigation incessante et étendue sur toute leur surface. Des frais considé-rables, des soins minutieux sont les premières conditions de cette importante création; mais aussi des produits extraordi-naires, incompréhensibles pour ceux qui n'en ont pas fait eux-mêmes l'expérience, sont le résultat assuré. Ainsi les calculs cités dans l'article, et réduits en mesures françaises suivant les données de la *Note importante* publiée dans le cahier suivant, page 236, établissent d'une manière positive que l'hectare pro-duit de cinq à six cents francs nets, c'est-à-dire près de mille francs, bruts, desquels il faut déduire environ quatre cents francs pour nivellement, curage de fossés, engrais, fauchage etc. Le détail de ces appréciations se trouve dans l'ouvrage même dont le traducteur ne vous a présenté qu'un abregé succinct, et ils ont pour garants l'exactitude scrupuleuse que le savant professeur de Pavie a apportée à la rédaction de sa Bibliothèque agraire. Ajoutons seulement que l'irrigation constante qui constitue la *Marcita* ne s'étend que de septembre à mars, pendant la saison où les prairies ordinaires n'ont pas besoin d'arrosement, et que le secret de cette prodigieuse fécondité est d'une part dans le limon déposé par les eaux à leur passage, d'autre part et surtout, dans l'action protectrice que ce voile d'eau constamment courante exerce sur toutes les plantes contre le givre et les gelées. Aussi l'irrigation est-elle plus avantageuse suivant que l'eau qui y est employée a moins de crudité; et comme il s'agit d'une irrigation d'hiver, les eaux de source sont aussi les plus favorables parcequ'elles sont les plus chaudes dans cette saison. Pour l'irrigation d'été au contraire, et il est quelquefois nécessaire de la donner aux *Marcite* pendant les plus grandes chaleurs, l'eau des canaux est plus douce et plus convenable.

Ces utiles renseignemens ne seront sans doute pas perdus pour nous, Messieurs; il nous sera peut-être donné de voir quelque membre de l'Académie, quelqu'agronome étranger même, venir vous rendre compte des essais qu'un exemple aussi encourageant lui aura fait entreprendre. Dans un département aussi riche de ses eaux et de ses prairies naturelles, il se trouvera bien peut-être un propriétaire, assez ami de ses propres intérêts pour tenter sur quelques perches de terrain une expérience qui peut avoir de si grands résultats. L'administration elle-même, qui a fini par sentir le besoin de préparer un réglement plus équitable et plus rationel pour la rivière qui vient arroser notre ville, devrait être la première, fidèle à la mission qui lui est confiée, *de diriger les eaux vers un but d'utilité*

générale d'après les principes de l'irrigation, à révéler, à en-
seigner elle-même à l'agriculture le secret de cette puissance
dont elle ignore encore toute la portée. Elle devrait faciliter,
encourager, récompenser même, (car elle a des fonds destinés
à cet objet et qui ne seront jamais mieux employés) récompenser, dis-je, les propriétaires de prairies qui les premiers auront créé une *Marcita* de la plus petite étendue.

Et cette faveur que nous reclamons ici pour l'agriculture, ne
serait pas, Messieurs, il faut bien le dire, une injustice dont
pût se plaindre aujourd'hui l'industrie. Depuis un demi-siècle,
en effet, toutes les circonstances se sont réunies pour faire pen-
cher la balance en faveur de celle-ci au grand détriment de la
propriété foncière. De tout tems en effet son activité progressive et par cela même envahissante d'une part, d'autre part
l'ignorante et insouciante apathie de l'agriculture, lui avaient
assuré l'avantage sur sa rivale. Mais la révolution manufactu-
rière qui s'opéra à la fin du siècle dernier, et, comme conséquence obligée de cette révolution, la grande lutte du système
continental pour laquelle Napoléon fit la conquête de l'Europe, furent pour elle encore un nouveau moyen de succès.
Dès lors elle domina en vainqueur et tous les droits de la
propriété disparurent devant ses intérêts devenus comme les
premiers intérêts de l'état.

C'est à cette époque que se créa pour elle une législation
toute exceptionnelle, qui, en paraissant laisser aux riverains le
domaine des petites rivières, en attribua néanmoins la libre et
entière disposition à l'arbitraire de l'administration dont la
faveur lui était toute acquise, et dont les employés subalternes
pouvaient si facilement d'ailleurs tromper la justice au profit
des plus intrigants et des plus généreux. Dès lors l'eau courante
cessa pour ainsi dire d'être comptée au nombre des premiers

agents naturels de fécondation, pour être réduite au simple rôle de force motrice. Et quand l'agriculture parvint à retenir quelque portion dans le partage des eaux, ce ne fut plus que comme par grâce, à titre d'octroi et de concession.

Semblables à ces anciens hauts barons dont les châteaux crenelés commandaient autrefois les routes et les fleuves, les puissants de l'industrie élevèrent sur tout le cours des rivières des forteresses d'un nouveau genre dans lesquelles des milliers de vassaux veillaient nuit et jour pour faire respecter et pour étendre au besoin leur droit de suzeraineté sur le voisinage. Et ce droit a fini par s'établir à tel point, qu'on semble presque leur faire injure aujourd'hui, quand on reclame pour l'agriculture en souffrance une part un peu plus considérable dans ce qui fût autrefois sa propriété exclusive. Sur l'année entière, 340 ou 345 jours sont abandonnés à l'industrie, et ce n'est point assez encore. Si les prairies désolées et détruites sollicitent de l'administration vingt-quatre jours au lieu de vingt, trente jours au lieu de vingt-quatre, pour conserver ou pour doubler même leur ancienne fécondité, tous les moyens sont bons pour s'opposer à cette prétention qu'on appellerait presque usurpatrice. On invoque contre elle, et le droit acquis, et la possession, et les réglemens en vigueur, tous les principes en un mot auxquels on sait si bien se soustraire soi-même en se cachant derrière l'omnipotence réglementaire administrative. A l'autorité supérieure, on ne demande que le maintien du *statu quo*, de l'autorité locale, on vient exiger ensuite la mise à exécution de tous les arrêtés existans, exécutables ou non éxécutables, exécutés ou non exécutés depuis cinquante ans et au-delà. Et, de peur que l'autorité locale ne soit trop lente ou trop molle dans l'application de tous ces réglemens qui se contredisent, on finit par trouver un moyen de se faire investir soi-même, au nom de l'intérêt public, du droit d'en surveiller l'exécution, d'en interpréter les contradictions, d'en poursuivre les contraventions, d'en préparer les modifications, etc..

Voilà, puisque nous nous trouvons conduits à dire un mot devant vous de cette question si importante pour l'agriculture, voilà le résultat, pour la rivière d'Iton en particulier, de l'ordonnance du 31 juillet 1833, qui a soulevé tant de procès et tant de plaintes. Cette ordonnance, en effet, a rappelé pèle mêle tous les anciens réglemens, qui ont paru depuis un siècle et demi; et, à la place de l'autorité administrative pour les interpréter, à la place de l'autorité judiciaire pour les faire exécuter, elle a mis une commission syndicale, composée d'intéressés qui se trouvent érigés en arbitres souverains de la distribution des eaux, de l'application des arrêtés et de la répression des délits.

Vainement mille propriétaires de prairies se sont-ils élevés à la fois contre son institution; vainement une enquête a-t-elle été ordonnée par l'administration elle-même; vainement un fonctionnaire dont la probité égale la science, a-t-il reconnu et démontré l'absurdité des réglemens antérieurs et de l'ordonnance qui en prescrit de nouveau l'exécution. Quatre années sont bientôt écoulées, et les propriétaires ruinés n'ont pas encore vu se lever le jour de la justice.

Le résultat toutefois, Messieurs, ne peut plus être douteux aujourd'hui : l'autorité sait et reconnaît elle-même que le mal est immense, que le remède doit être prompt et efficace. L'autorité supérieure n'hésite pas à condamner l'interprétation que l'on a donnée à l'ordonnance de 1833. Bientôt un réglement nouveau viendra remplacer tous ces arrêtés en contradiction avec la possibilité des choses, avec les droits de la propriété ! Espérons que ce réglement désiré de tous, laissera l'agriculture justiciable de l'administration et de la justice, directement et sans intermédiaires. Espérons aussi qu'il attribuera aux prairies une part suffisante dans l'usage des eaux, pour maintenir, pour augmenter, s'il se peut, leur heureuse fécondité.

L'exemple des *Marcite* de la Lombardie pourra se rappeler alors utilement à la pensée des rédacteurs du nouveau projet. Déjà M. Robillard, ingénieur en chef du département, a proposé d'autoriser, d'encourager même l'usage de *glacer les prairies*. Il serait également facile de permettre au propriétaire qui n'a pas d'usine étrangère placée entre sa prise d'eau et son fossé de reversion, de prendre dans de certaines proportions, toujours calculées sur la possibilité de la rivière et les intérêts comparés des riverains, une irrigation constante de quelques mois, telle qu'elle a été indiquée plus haut, et cette autorisation pourrait d'autant moins être contestée que l'irrigation serait fixée aux mois d'hiver où les eaux sont le plus abondantes et où les prairies ordinaires renoncent à l'arrosement de chaque semaine.

Ajoutons d'ailleurs une dernière considération, c'est que pour la rivière d'Iton en particulier, les revenus et les impositions comparés entre les prairies et les usines, démontrent qu'un jour d'eau employé à la production du foin, produit autant, que 24 jours consacrés au mouvement des machines[1]. Ce chiffre

---

[1] Le cours de l'Iton, depuis son entrée dans le département, jusqu'à son embouchure dans l'Eure, y compris les deux bras forcés de Verneuil et Breteuil, et le Rouloir, traverse quarante-cinq communes, sur un étendue de seize à dix-huit lieues. Il alimente 122 usines appartenant à 98 propriétaires, payant l'impôt sur un revenu évalué à 83,434 francs.

Ces usines se divisent ainsi :

84	Moulins, évalués au revenu de. . .	46,104 fr.
14	Forges et dépendances.	21.321
8	Filatures.	9,313
14	Moulins à foulon, à tan, etc.	6,696
120		83,434 fr.

tout seul devrait suffire pour montrer à l'administration où est l'intérêt général véritable.

L'auteur de l'article sur les *Marcite*, en a également publié plusieurs autres sur une branche d'économie agricole et industrielle qui occupe aujourd'hui en France tous les esprits ; je veux parler de la *culture du Mûrier et de l'éducation des Vers-à-soie.*

Sous le titre de *Recherches statistiques*, il a placé en tête de son travail une introduction du plus haut intérêt et dont il s'est plu à reporter tout l'honneur sur M. Louis Millot, secrétaire de la Société Statistique de France, l'un des hommes auxquels cette grande science de la comparaison des faits a dû ses progrès les plus marqués, ses résultats les plus importans, parceque son esprit élevé, son jugement profond, son coup d'œil pénétrant et rapide savent toujours suivre les faits et leurs conséquences nécessaires, dans le calcul des chiffres qui n'en sont pour lui que la traduction.

Il arrose 1,226 hectares de prairies appartenant à plus de 1,000 propriétaires et payant l'impôt sur un revenu évalué à 139,977 fr. 30 cent.

Le revenu évalué et l'impôt des prairies, sont donc des deux tiers plus considérables que le revenu évalué et l'impôt des usines.

Si d'un autre côté l'en considère que les prairies, pour produire ce revenu de 139,977 fr. 30 c. n'emploient l'eau que pendant les seuls mois d'avril, mai, juin, août et septembre, et pendant trente-deux heures seulement au plus chaque semaine de ces cinq mois, tandis que les usines, pour produire ce revenu de 83,434 francs, emploient l'eau pendant tout le reste de l'année ; il en résultera que les produits comparés sont dans la proportion, pour les prairies, de 139,977 fr. pour vingt-quatre jours de vingt-quatre heures, c'est-à-dire de 5,832 frs par jour ; et pour les usines, de 83,434 fr pour 341 jours, c'est-à-dire de 245 fr. par jour.—C'est à-dire, en dernière analyse, que l'eau de l'Iton produit autant en un jour, comme agent de fécondation, qu'elle produit en vingt-quatre jours comme force motrice.

Cet aperçu de la production et de la consommation française et étrangère, nous montre la France gagnant chaque année quelque chose dans le développement de cette importante industrie, et ces efforts qui se multiplient au nord comme au midi, sont pour elle une impérieuse nécessité; car chaque jour aussi l'Italie, la Suisse, l'Angleterre elle-même font de nouveaux sacrifices pour cesser d'être tributaires de Nîmes et de Lyon dans la fabrication des soieries. Le résultat le plus frappant de ces chiffres c'est que la France est obligée de demander aux états étrangers 900,000 kil. de soie, c'est-à-dire trois septièmes de ce qu'elle emploie dans ses nombreuses fabriques.

C'est donc une pensée digne de l'Académie, et qui mérite d'être encouragée par elle, que celle à laquelle a obéi M. Edmond Marc, en insérant dans le Bulletin un résumé succint du *Traité* publié tout récemment par le célèbre professeur de botanique de l'Université de Pavie *sur la culture du Mûrier et l'éducation des Vers-à-soie.* Le premier article indique les différentes espèces et distingue les plus estimées à la tête desquelles se place le *Morus Macrophylla* ou *Moretiana.* Il traite enfin avec détail de la propagation par semence, par provin, par bouture, et peut par conséquent servir de guide à tous ceux qui ont profité de l'offre faite par l'Académie à tous ses membres, de les admettre au partage de la graine de *Mûrier Moretti* qu'elle avait reçue, par l'intermédiaire de M. Edmond Marc, de M. Moretti lui-même. Grâces à son obligeance, vous pouvez encore, Messieurs, continuer et multiplier vos largesses; car une lettre, qui sera bientôt publiée comme la meilleure réponse au reproche de ceux qui prétendent que ce mûrier ne se reproduit pas de graine dans son espèce particulière, vous annonce un nouvel envoi dont je suis heureux de pouvoir témoigner ici votre reconnaissance à notre honorable correspondant.

D'autres graines de différentes espèces, importées également de la Lombardie par M. Ed. Marc, et dues aussi pour la plupart à l'obligeance de son savant ami, avaient été distribuées par les soins de l'Académie, et cultivées sur plusieurs points du département. Notre honorable président a bien voulu se charger de réunir dans une *Notice sur la culture de ces diverses graines* les nombreuses observations qui de tous les côtés avaient été transmises à la Société. Remercions en, Messieurs, ceux de nos collègues qui ont rempli avec exactitude cette obligation dont ils ont bien compris, dont ils ont su relever encore l'importance. Remercions en aussi M. d'Avannes, qui, après avoir analysé et comparé les curieuses expériences, a terminé cet article plein d'intérêt, par un rapport également instructif sur les ouvrages publiés à la même époque par MM. le Marquis de Chambray et l'abbé Noget, nos collègues, et par M. Montaigu, conservateur du Jardin des Plantes de la ville de Caen, sur la *culture du Melon*, en général, et sur les diverses méthodes employées à Honfleur et à Lizieux en particulier. Les chassis de papier huilé, que M. de Chambray recommande exclusivement, ont été appliqués par M. de Montaigu pour les boutures d'autres plantes délicates qui réussissent difficilement sous le vitrage, et cette expérience a parfaitement réussi. Il semble que la chaleur y perd ce qu'elle peut avoir de trop brûlant; et la lumière, ce qu'elle aurait de trop vif. Ce résultat est d'autant plus important, qu'il joint à ses autres avantages celui d'une notable économie

La culture du melon Moscatello en particulier a été l'objet d'une note que nous devons à M. Loysel, directeur des jardins de M. le marquis de Clermont-Tonnerre à Grisolles. Après trois années d'expériences et de succès, l'auteur de l'article recommande surtout la couche sourde sur butte, des arrosa-

mens très modérés, la conservation du fruit sur la plante,
même pendant 12 ou 15 jours après qu'il est frappé, et sa conservation ensuite à la cave pendant le même tems avant de le
manger. « C'est avec cette double précaution seulement, dit
» M. Loysel, que ce melon acquiert ce goût si délicieux qui
» le fait placer au premier rang de nos meilleures espèces. »

Le même témoignage se retrouve en faveur du melon importé de Lombardie par M. Ed. Marc, dans l'article de quelques lignes sur *l'Exposition des produits de la Société d'Horti-
culture à Paris.*

Un de ces fruits, exposé par M. Bossin, notre collègue, s'est
fait remarquer au milieu de tant d'autres produits précieux
pour l'économie agricole ou domestique, au milieu des plantes
les plus rares et des plus admirables collections de fleurs de
toute espèce.

M. Bossin avait également exposé des pommes de terre, dites de Rohan, d'une grosseur véritablement prodigieuse, et il
a bien voulu nous communiquer, au sujet de ce solanée, des
observations à lui personnelles, et une lettre de M. le prince
de Rohan, desquelles il résulte que la fleur tombe ordinairement détachée de la tige avant de s'ouvrir entièrement.

C'est l'an dernier seulement que, pour la première fois, l'inventeur de cette précieuse espèce a pu lui voir porter graine,
et, par une bizarrerie inexplicable, c'est à 10,200 pieds au-dessus
du niveau de la mer, au pied de la dent de Jamau qu'il l'a ob-
tenue, tandis que, dans les plus heureuses expositions, elle avait
constamment manqué jusqu'à ce jour.

Il nous reste à pouvoir vous dire maintenant, Messieurs, si
la graine est arrivée à maturité; c'est ce que nous espérons
apprendre de M. le Prince de Rohan lui-même; car nous avons
l'honneur de le compter aujourd'hui parmi les membres ho-

noraires de l'Académie, et il ne tiendra pas à nous qu'elle ne recueille tous les avantages qu'elle a le droit d'attendre de sa bienveillante coopération.

M. Bossin, auquel nous ne pouvons assez témoigner notre reconnaissance de la correspondance suivie qu'il veut bien entretenir avec la Société, vous a encore communiqué une autre lettre d'un savant agronome étranger, M. le baron de Wedekind, qui, en lui envoyant du *standenkorn ou seigle multicaule*, lui faisait connaître les avantages de ce nouveau graminée, et la manière de le cultiver avec succès. Il a fait plus; il a envoyé à l'Académie une assez grande quantité de graines pour qu'elle ait pu en offrir à tous ceux de ses membres qui désiraient en faire eux mêmes l'essai. Si, comme elle a lieu de l'attendre, chacun de ceux qui ont pris part à cette distribution est exact à rendre compte des résultats qu'il aura personnellement obtenus, vous saurez après la récolte prochaine si ce seigle, importé dans l'origine de la Bohême dans le grand duché de Hesse Darmstadt, se plait également dans notre département, et s'il peut réaliser, pour nos cultivateurs, les espérances que l'on y rattache dans ce dernier pays.

Nous vous avons déjà parlé, Messieurs, de l'excellent ouvrage de M. le marquis de Chambray, sur la culture des melons. Son nom se retrouve encore au Bulletin, dans une *Lettre* adressée par lui, à M. d'Avannes, *sur le Puceron Lanigère*. Déjà, l'an dernier, il avait bien voulu vous communiquer les résultats d'expériences suivies, par lui faites dans ses pépinières près de Damville. Cette année encore il vous a rendu compte de ses nouveaux essais, et ils confirment pleinement l'opinion déjà émise, que la dissolution de savon noir était le moyen le plus actif à la fois, le plus facile, et le moins couteux de détruire ces insectes sur les jeunes sujets principalement.

C'est à **M. de Chambray** que vous devez encore la communication d'une lettre *sur les fermes modèles* qui lui avait été adressée par suite des observations sur le même objet, précédemment publiées par lui dans le Bulletin; cette lettre répète la pensée que M. de Renneville, notre honorable collègue, avait développée, l'année dernière, dans un article si remarquable et qui ne s'est point effacé de votre souvenir: c'est que de nos révolutions si souvent répétées, il est résulté un besoin de repos, un éloignement pour la vie des villes, un retour vers les habitudes champêtres, qui tourne tout entier au profit de l'agriculture. « Ce qui vaut mieux que les instituts agricoles, dit » l'auteur anonyme de la lettre, c'est l'obligation forcée d'ha- » biter la campagne, dans laquelle se trouvent nombre » d'hommes des classes élevées, par suite de nos convulsions » politiques. » — Non seulement c'est une masse considérable de capitaux, autrefois détournée par un long circuit de la source qui les produisait, et aujourd'hui rendus à l'instant même à la terre qui les multiplie avec tant d'abondance et de rapidité; c'est encore un moyen de faire pénétrer la théorie jusqu'au milieu de ceux qui ont le privilège de la pratique. Les hommes qui ont pu lire, étudier, voyager, essayent à leur risques et périls, et sur une petite échelle, les systèmes qu'ils savent être suivis avec succès dans d'autres contrées, et leur exploitation devient par cela même la ferme-modèle de tout leur voisinage. Et la différence immense entre ces expériences privées et celles qui s'organisent en grand aux frais des contribuables, c'est que les premières offrent aux hommes positifs et de calcul la plus précieuse de toutes les garanties, celle de l'intérêt privé qui prend toujours pour point de départ et pour but la balance des recettes et des dépenses; tandis que, dans les secondes, on oublie souvent que les résultats les plus brillans et les plus

[...] d'une
[...]
[...] intéresser
[...] rendre de
[...] la
[...] une [...]
[...] naturelle,
[...] de commerce
[...] Il était jugé utile
[...] urgente, de continuer
[...] indiquant les agro-
[...] du département, [...]

du moins ceux auxquels serait accordé l'honneur de la mention honorable seraient-ils désignés par leurs pairs, et la liste y gagnerait doublement; car aucun nom sans doute n'y serait retranché, tandis que plusieurs pourraient y être ajoutés qui s'oublient presque toujours, quand on fait, comme dit le correspondant du *Moniteur*, de l'agriculture officielle, « sous le » patronage de l'administration qui y exerce la principale in-» fluence. »

Ce qui dépend uniquement de l'administration avec le régime actuel de l'instruction publique, et ce que lui demande M. Antoine, dans son article intitulé : *Quelques observations agrono-botaniques*, c'est d'exiger peu à peu plus de connaissances, et des connaissances mieux appropriées aux besoins de leurs élèves, chez les maîtres d'école et chez les instituteurs ruraux en particulier. Il voudrait que ceux-ci, par exemple, eussent quelques notions de botanique dans ses rapports avec l'économie agricole; et, à l'appui de cette opinion, il continue à indiquer plusieurs végétaux, dont les propriétés mieux appréciés pourraient avoir plus d'un utile emploi; l'ortie, entr'autres, qui est cultivée en pieds comme plante fourragère, et qui, comme plante textile ou tinctoriale pourrait encore être utilisée très facilement. — Au surplus, et sans compter les nouvelles découvertes de ce genre auxquelles une étude spéciale pourrait donner lieu, on comprend combien il serait avantageux, pour des hommes destinés à la pratique de la science agricole, d'apprendre à connaître du moins les premiers principes du système végétal dont les phénomènes se reproduiront chaque jour sous leurs yeux. — Les connaissances positives qu'ils auraient acquises, si peu étendues qu'elles fussent, suffiraient toujours pour prévenir, pour remplacer chez eux les nombreuses erreurs que l'ignorance et la routine transmettent depuis des siècles de génération en génération.

Terminons, Messieurs, l'examen de ce qui concerne la section d'agriculture par un mot sur l'*engrais Jeauffret*, dont tous
les avantages nous ont été signalés dans un rapport inséré par-
tiellement au Bulletin, et rédigé au nom de la commission de
l'Académie de l'Industrie, par M. Chatelain, notre honorable
collègue. Cette invention a pour but de réduire en fumier,
dans l'intervalle de quelques jours, non seulement la paille
dont la conversion est aujourd'hui si difficile et si lente, mais
encore les plus mauvaises herbes, sans laisser craindre leur reproduction. Une machine pour laquelle l'auteur a pris un bre-
vet, et dont un modèle est déposé dans toutes les préfectures,
permet, avec trois hommes et un cheval, de triturer dans un jour
plus de 7000 kilogrammes de gros fumier; et avec deux
hommes seuls, 4000 kilogrammes de terreau. — Le prix de
la machine est de 600 fr. environ, et celui du terreau pourrait
varier de 25 à 50 centimes par 50 kilogrammes. — La difficulté, sans contredit, la plus embarassante pour l'application de la
méthode dont M. Jeauffret a cru devoir se faire concéder le
monopole, c'est le mode de souscription par commune; quoique le montant de cette souscription soit bien peu considérable, puisqu'il ne s'élève pas au-dessus de 10 fr. pour celles
de moins de 2,500 ames. — Bien des communes en France
sont au-dessous de ce chiffre, mais bien peu sont assez riches
pour joindre à sa souscription de 10 fr. les 600 fr. de premier établissement de la machine. Les particuliers seuls probablement se hazarderont à faire cette dépense pour une exploitation très considérable, et alors les avantages immenses
que promet le procédé de M. Jeauffret les auront bientôt dé-
dommagés d'un pareil sacrifice. Nous devons seulement ajouter, pour ne rien laisser en arrière de ce qui s'est publié à l'occasion de ce nouvel engrais, que plusieurs agriculteurs ont
fait connaître et livré au public des procédés presqu'iden-

tiques à celui-ci, en ce qui concerne la composition de la lessive qui hâte la macération des végétaux; leur expérience ancienne et personnelle est un témoignage de plus en faveur de
cette découverte, et ne peut laisser aucun doute sur les avantages que sa publication doit assurer à l'agriculture dans l'a-
venir.

SECTION DES SCIENCES.

Le nom qui se présentait toujours le premier à votre rapporteur dans l'examen des travaux de cette section, celui auquel elle était redevable, chaque année, de ses publications les
plus importantes sans contredit, un nom que la modestie ca-
chaitdepuis si longtems à la renommée, et que vous aviez été
chercher dans l'obscurité de sa retraite pour l'inscrire à votre
tête, le nom de M. Achaintre père, a disparu de cette liste, Messieurs, pour se graver sur une tombe ! — Qu'il reçoive donc
ce dernier hommage, l'historien consciencieux, le laborieux
philologue, le savant traducteur dont la collaboration nous
fut si précieuse et qui nous laisse aujourd'hui tant d'irrépara-
bles regrets ! — Un plus digne que nous a été chargé de re-
recueillir et de consigner dans le Bulletin de l'Académie ses
titres de gloire; vous avez encore présente à la pensée cette
Notice Nécrologique dans laquelle M. Bordeaux passe en revue
les nombreux ouvrages dont il avait été l'auteur ou le collaborateur souvent ignoré. Vos sentimens ont trouvé dès cette
époque un trop fidèle interprète, pour qu'il nous reste autre
chose à faire aujourd'hui que de témoigner de nouveau votre
reconnaissance aux membres de la commission qui fut chargée
du monument à élever sur sa tombe, et à son honorable rapporteur en particulier, qui montra jusqu'à la fin tant de zèle et de
courage pour remplir dignement ce dernier devoir.

» Grâce à eux, grâce à vous, Messieurs, une pierre au moins s'élève pour garder à la postérité réconnaissante cette tombe qu'elle voudra retrouver un jour, et à laquelle l'injustice contemporaine essaie vainement de contester ce solennel hommage. »

Le Bulletin de cette année conserve encore, à côté des inscriptions gravées sur le monument de M. Achaintre, un dernier travail qu'il a laissé inachevé ; c'est le *sixième article de la Description de la Gaule*, dans lequel il suit l'histoire des Gaulois depuis l'an de Rome 418, jusques vers 450, et nous montre ces fiers barbares répandus dans toute la Germanie, reçus à la cour d'Alexandre-le-Grand, décidant après lui de la victoire entre les généraux qui se disputaient son empire, s'étendant en Asie et en Afrique en même tems, et renouvellant sans cesse leurs irruptions dans l'Italie où Rome ne songeait pas même à leur résister. — Pourquoi faut-il, Messieurs, qu'un ouvrage aussi plein d'intérêt pour la science, ait été si inopinément interrompu? Qui donc osera reprendre et continuer aujourd'hui la suite de cette histoire des tems inconnus? Où trouvera-t-on cette vaste érudition qui comprend à la fois tous les souvenirs de l'antiquité ? Où trouvera-t-on cette longue patience qui recueille et ramasse depuis un demi-siècle, cette saine critique qui compare et qui juge, cette conception large et élevée qui classe avec tant d'ordre, qui suit avec tant d'aisance l'enchaînement des faits historiques? Non personne ne pourra terminer cette description dont l'esquisse appartenait à M. Achaintre seul, et dont lui seul pouvait aussi compléter les détails. L'ouvrage auquel se rattachait tant d'intérêt et d'espérance, restera toujours inachevé.

Un autre ouvrage de longue haleine, auquel nous avions dès l'an dernier payé un juste tribut de reconnaissance, c'est la *Biographie Normande*, dont la pensée vraiment patriotique appartenait à M. Emmanuel Gaillard, et à laquelle notre savant, collègue voulait reserver les dernières veilles d'une vie consacrée toute entière à l'étude de notre histoire.—Lui-même, pour encourager de son exemple ceux dont il avait reclamé le concours, et pour nous montrer tout l'intérêt qu'il savait rattacher à l'exécution de son plan, a enrichi le Bulletin de l'Académie d'un article sur les *sires de Trie* que l'on peut présenter comme un modèle aux collaborateurs de ce grand ouvrage. On comprend que si chaque château-fort de notre Normandie, chaque tour féodale, chaque guerrier célèbre, chaque ville enceinte de murailles, chaque couvent et chaque église trouvaient un historien exact qui écrivît comme lui, les anciens titres sous les yeux et l'histoire générale contemporaine soigneusement consultée, on aurait bientôt réuni dans ce dictionnaire les documens les plus précieux pour la science, parce que, de ce chaos apparent de faits et de généalogies, de vieilles légendes et de manuscrits authentiques dont chacun de son côté viendrait révéler l'existence, il pourrait sortir un jour la plus vive lumière sur l'histoire générale même de la Province.

L'Académie Ébroïcienne devait répondre la première à l'appel de l'un de ses membres les plus distingués. Son honorable président s'est chargé de payer sa dette à la Biographie normande et c'est pour ainsi dire dans le sein de la société elle même, c'est parmi les noms qu'elle s'honore de voir répetés sur sa liste, que M. d'Avannes a voulu choisir une illustration qui, par la naissance, appartînt plus particulièrement à notre ville. *Le Bailly de Chambray*, dont il nous a retracé les exploits, naquit en effet à Évreux, en 1687, et mourut à Malte, au milieu du siècle dernier, l'un des amiraux les plus célèbres de cette époque, le fondateur de la cité neuve de Chambray dans l'île même où il avait si souvent ramené vaincus et prisonniers les vaisseaux des infidèles. Commandant général des

vaisseaux de la religion, il n'avait point oublié son pays natal,
et la cathédrale d'Evreux vit longtemps flotter au premier
pilier de la nef, l'un des pavillons qu'il avait conquis sur le
vice amiral turc de Tripoli. Aux détails pleins d'intérêt que
M. d'Avannes a réunis sur la vie du *bailly de Chambray*,
il a joint une généalogie abregée de sa famille, dont il indique les alliances depuis Amaury premier qui, en 1099, suivit
le duc Robert à la conquête de la Terre Sainte, jusques à la génération actuelle, si dignement représentée par les deux fils du marquis de Chambray que la mort vient de frapper subitement au
milieu de nous et qui, dans son heureuse vieillesse, avait pu
voir les héritiers de son nom conquérir aussi sur le champ de
bataille les distinctions et les grades supérieurs dont il avait
été revêtu lui-même. En déplorant cette perte cruelle qui a
été vivement sentie de tous ceux, riches et pauvres, qui avaient
connu le marquis Jacques de Chambray, qu'il nous soit permis, Messieurs, de nous réjouir avec vous de ce que cette circonstance a ramené dans ce département, où il s'est fixé désormais, le général Georges de Chambray, son fils, que l'Académie compte au nombre de ses membres les plus distingués,
dont la réputation comme historien est depuis long-temps
européenne, et dont la modeste ambition se borne aujour-
d'hui à propager les progrès de l'agriculture par les nombreuses publications et les expériences personnelles auxquelles il
consacre tous ses loisirs. A l'article de M. d'Avannes sur le
Bailli de Chambray sont jointes plusieurs lithographies qu'il
ne nous est pas permis de passer sous silence; la première, le
portrait du Bailli lui-même, à cause de son admirable beauté;
les deux autres, à cause de l'élégante et gracieuse fidélité avec
laquelle M. de Louvigny, membre correspondant de l'Académie, a retracé la vue du château de Chambray, en conservant
tous les détails de son architecture historique.

Le zèle infatigable de notre honorable président a encore fourni au Bulletin d'autres pages également intéressantes pour l'histoire de notre province. Non content du premier travail qu'il avait entrepris l'an dernier, à l'occasion du titre héraldique dont M. Fallampin avait embelli le Bulletin de l'Académie, il a voulu, cette année, publier quelques observations qui lui avaient été transmises à ce sujet et réunir dans un seul article, les *armoiries des principales Villes de la Normandie*. Grâces lui en soient rendues, bientôt nous aurions perdu au milieu des préoccupations de notre inconcevable amour-propre et dans l'engoûment de notre admiration pour nous mêmes, jusques à l'art de déchiffrer ces glorieux hyéroglyphes qui disaient autrefois l'histoire de toute une race de héros, quand ces héros ne savaient pas écrire, et quand ceux qui les avaient choisis pour chefs ne savaient pas lire autrement leurs titres de gloire.

Les tems sont changés sans doute, mais ce n'est pas une raison pour calomnier, pour dédaigner les tems qui ne sont plus. Aujourd'hui que tant de moyens nous sont donnés de transmettre, de génération en génération, tous les détails de l'histoire contemporaine, on a moins besoin peut être de cette langue héraldique que le moyen âge nous a léguée; mais au lieu de briser ces signes que nous ne comprenons plus, essayons plutôt à les reconnaître et à les traduire, pour ne rien perdre de ce qui contribuait autrefois à la gloire du pays. Si tous sont appelés aujourd'hui à disputer dans l'arène la couronne civique, tous ne sont pas destinés non plus à demeurer vainqueurs; et ce n'est pas une raison sans doute pour envier aux illustrations des siècles passés le privilège de la célébrité qu'il leur a fallu conquérir à eux aussi, au prix de leur sang. Il en est assez d'ailleurs de ces précieux souvenirs qui s'effacent et disparaissent pour toujours sous les ruines, des monumens qui les avaient consacrés. Honneur donc à ceux qui les interrogent pour tra-

duire du moins dans notre langue d'aujourd'hui, et pour transmettre aux générations qui ne les verront plus, les noms honorables et les actions brillantes qui se sont conservés jusqu'à
nous.

Ce sentiment de vénération et de curiosité qui s'attache aux
débris d'un autre âge, nous a encore valu de M. de Martonne
un article sur *le Chateau du Hallot*, qui fut autrefois le patri-
moine des Montmorency, et qui sert aujourd'hui de maison de
ferme. Eloigné des routes, le vieux manoir féodal n'a pas attiré
l'attention des voyageurs et des artistes par ses tourelles dépa-
reillées et ses poternes gothiques. C'est au hazard seul que notre honorable collègue dut cette découverte, dont il a profité
pour prendre une vue tout-à-fait pittoresque de l'extérieur et
esquisser ensuite quelques détails des fresques, demi rongées
par le tems, demi recouvertes par un nouveau badigeon, qui
avaient autrefois orné la chambre de la dame châtelaine. Malheureusement les figures et les inscriptions qui les expliquaient
se trouvaient trop effacées pour pouvoir être facilement recon-
nues aujourd'hui. Il ne restait plus guères de lisible que les
noms de *Hongrerie*, *Calabrie*, *Aquitaine*, que le peintre avait
sans doute rappelés pour les avoir entendus prononcer avec
orgueil au vieux chevalier ou que lui-même peut-être avait in-
diqués comme sujet du tableau, pour avoir une occasion de
plus de raconter à ses petits fils les prouesses de son jeune
âge.

Le talent si admirable et si facile de M. Falampin a encore
enrichi, cette année, notre Bulletin de plusieurs gravures sur
bois, dont il a doublé l'intérêt par une notice biographique
sur *Bernard de Palissy*, « *inventeur des rustiques figurines du*
« *roi Henri* II. » Ce fut là un de ces génies originaux que fit
éclore la renaissance, et qui en est resté comme le type, par la
grâce des formes et la perfection des détails. — Long-temps
oubliés ou négligés les chefs d'œuvre de Palissy et de son école

ont retrouvé aujourd'hui toute leur valeur et toute leur célébrité. Il en existe une collection des plus précieuses dans le
Musée Charles X, et les honneurs du Louvre ont été ainsi rendus, après trois siècles d'intervalle, à cet homme célèbre que
l'amour passionné de son art avait d'abord condamné à la misère, et que la munificence royale avait déjà, de son vivant,
doté d'un logement aux Tuileries.

Dans un autre ordre d'idées, et au nombre des publications
les plus importantes de la même section, nous trouvons une
série de quatre articles sur Taïti, dus au savant médecin en chef
de la *Coquille*, à M. Garnot, l'un des membres correspondans
dont la collaboration est la plus précieuse à l'Académie. — Le
long séjour que l'auteur a fait dans cette île, lui a permis d'en
rapporter les documens les plus curieux, non seulement sur sa
configuration géographique, mais encore sur l'administration,
la statistique, la législation, la religion, les mœurs, l'influence
des missionnaires anglais, et les progrès de la civilisation dont
ils se sont faits les apôtres.

Rien n'est plus curieux, par exemple, que le code des lois en
vigueur qu'il a inséré dans la première partie, et dont il a dû la
traduction à notre infortuné collègue, M. Jules de Blosseville,
qui fit avec lui ce voyage du tour du monde. — Le nom du
roi se trouve en tête, et c'est lui qui ordonne l'impression et
l'exécution de la loi; mais la force légale semble résider toute
entière dans « l'assentiment des principaux des diverses villes
« de l'île », lequel est visé dans le préambule. — Parmi les
dispositions au nombre de vingt-neuf seulement, qui composent la constitution taïtienne, on remarque celle qui défend,
sous peine de mort, l'homicide et l'infanticide. — C'était un
usage en effet consacré depuis un siècle environ, quand les missionnaires sont arrivés dans le pays, de tuer un certain nombre
d'enfans, pourvu que ce fût dans la demie-heure qui suivait

leur naissance, ainsi que les vieillards qui se trouvaient atteints par les infirmités de l'âge.

La peine du vol doit être arbitrée par les juges et le jury. Les crimes politiques sont justiciables des lois anglaises, et la connaissance en est réservée en conséquence aux missionnaires; le jour du sabbat est consacré au Seigneur. — La polygamie, la fornication, la communication même avec les Européens sur leurs navires; ainsi que tous jeux, chansons ou divertissemens lascifs, sont défendus sous les peines les plus sévères et entraînent des amendes, même pour le cas de non révélation. — Le crime d'hérésie est puni arbitrairement par les missionnaires. — Ainsi que la lecture et la détention d'écrits autres que ceux publiés par eux. — Leurs décisions sont souveraines et sans appel. — Les souscripteurs de la contribution pour la Société des Missionnaires sont seuls aptes aux fonctions publiques. Les autres sont interdits des droits civils, de vote, etc. — Quant aux contributions et aux lois de circonstances, tous les ans on s'assemble pour les discuter. Avec ces deux dernières conditions réservées, il ne faudrait pas s'étonner que les missionnaires de Taïti, qui ont appliqué à leur trésor la plupart des amendes et réservé à leur autorité souveraine toutes les questions politiques et religieuses, ne rangeassent aussi leur petit royaume au nombre de ceux qui ont le bonheur de vivre sous le régime constitutionnel.

Le second article est particulièrement relatif aux missionnaires, à leur établissement qui date de 1797, et à leurs progrès successifs. En 1819, ils ont établi une société dont le roi est le président et dont l'objet est de recueillir des dons pour les envoyer à la Société des Missionnaires d'Angleterre, dans le but de contribuer à la propagation de la parole de Dieu. — Il paraît toutefois que les huit missionnaires qui étaient dans l'île à l'époque où M. Garnot s'y trouvait, n'étaient point ordonnés et sortaient de la classe indigente de Londres. — Quoiqu'il advienne donc des souscriptions qu'ils reçoivent, il faut reconnaître néanmoins qu'ils ont rendu de grands services en abolissant le paganisme et toutes les coutumes barbares ou dégradantes qu'il avait consacrées dans le pays.

Nous ne suivrons pas l'auteur dans ses détails, si intéressans qu'ils soient, sur les caractères physiques et moraux des naturels. Les femmes n'ont rien de remarquable, quant à la beauté. Les hommes sont forts, adroits, courageux. — Le vol et les supercheries de toute nature sont un de leurs penchans les plus prononcés; le tatouage, autrefois fort en usage, est aujourd'hui défendu par les missionnaires, ou réservé comme châtiment aux jeunes filles qui ont eu quelque intrigue amoureuse. — L'industrie du pays consiste seulement à fabriquer quelques étoffes avec des écorces d'arbre. La pêche des perles, et l'échange des productions indigènes contre des objets de la plus petite valeur, peuvent donner quelqu'importance, ou du moins assurer des avantages suffisans au commerce sur ce point. — Quant à la langue, en attendant le dictionnaire et la grammaire que les missionnaires doivent bientôt faire paraître, M. Garnot a ajouté au vocabulaire de Bougainville, un assez grand nombre de mots inconnus jusqu'ici, et en cela il a acquis un nouveau titre à la reconnaissance publique, dont nous sommes heureux de nous rendre ici l'interprète. — Espérons, Messieurs, que notre honorable collègue, qui a rapporté de ses lointains voyages tant de savantes observations et de curieux souvenirs, voudra bien continuer à enrichir notre Bulletin de nouveaux articles du genre de ceux que nous venons d'analyser et qui, pour vous comme pour nous - même, ont tant de charme et d'intérêt.

Les siècles qui ont vu vieillir ces peuplades sauvages avant que la civilisation leur eût révélé ses bienfaits, l'ont également

vu grandir et disparaître tour-à-tour dans les contrées plus
heureuses qui furent son berceau dès l'origine du monde. Les
enfans de l'Europe qui sont allés emprunter à l'Orient, la première connaissance des arts, de la philosophie, de la religion,
vont rechercher aujourd'hui les ruines ensevelies de la ville
aux cent portes pour apprendre à l'Egypte redevenue barbare qu'elle fut un jour la première nation du monde. — Ren-
dons grâces, Messieurs, à M. de Cadalvène qui a bien voulu
vous communiquer aussi quelques pages encore inédites de
son *Voyage en Nubie*; ainsi vous ont été révélés d'avance
toute l'importance scientifique, tout le charme littéraire de cet
ouvrage qui paraissait traduit dans toutes les langues, en même
tems que notre honorable collègue et M. de Breuvery, son
compagnon et son collaborateur, le livraient chez nous à la
publicité. — L'épisode que nous trouvons inséré le premier
dans le Bulletin est sans contredit un des plus curieux de tout
l'ouvrage : la conquête de la Nubie par les fils de Mehemet-
Ali, la courageuse et inutile résistance des Chaykiéhs, la victoire décisive de Degga, la mort tragique d'Ismaël vainqueur,
le massacre de Chendy, toutes ces scènes d'horreur et de dévastation sont racontées par un de ces chefs redoutables qui
avaient échappé comme par miracle à la vengeance du *Defter-
dar* et qui tout en répétant la parole du prophète : « Dieu est
grand et l'avenir lui appartient », attendent résignés, mais la
rage au fond du cœur, le terrible jour de sa justice. — Et ce
jour, d'après M. de Cadalvène, c'est la mort de Mehemet-Ali,
qui le fixera bien près de nous.

Un second fragment du même livre, nous a introduits jusques dans l'intérieur de la famille Nubienne. N'avez-vous pas
tous présent à la pensée, comme si vous y aviez assisté vous-
même, ce *mariage Nubien*, dont les détails sont si bien racon-
tés, dont les repas sont si longs et si bizarres, dont les danses

sont si étrangement originales? — Et les articles du contrat, et la procession solemnelle et les largesses du nouvel époux ; ne sont-ce pas là autant de scènes dignes d'être reproduites par le pinceau de Vernet, ou par le burin de nos plus habiles lithographes?

A la suite de cette délicieuse page, s'en trouve une autre, non moins bien écrite, qui nous reporte encore aux souvenirs de la conquête Egyptienne.

En regard du premier tableau que nous admirions tout-à-l'heure, la résistance et le massacre des Chaykiéhs, l'auteur a voulu peindre l'état de dépendance et de suspicion dans lequel vivent les autres chefs Nubiens, auxquels le Pacha laissa quelqu'apparence d'autorité en récompense de leur soumission. *Sa visite au Melek Tombol*, dans lequel se retrouve une nouvelle description de repas, résume la position du monarque à jamais déchu dans un seul trait qui est plus éloquent que ses plaintes les plus vives. On comprend toute l'amertume de ses regrets, et tout son désespoir d'un meilleur avenir, quand on voit le vieux Melek donner en signe d'amitié, aux étrangers qui ont paru s'intéresser à ses malheurs, le bâton recourbé qui fut autrefois le sceptre de sa puissance, et qui n'est plus aujourd'hui resté dans sa main qu'un instrument inutile et dérisoire.

Remercions encore une fois M. de Cadalvène, qui a fait cette année une part si belle au Bulletin de l'Académie; et demandons-lui qu'il nous réserve encore quelques pages de son journal dans les nouvelles excursions qu'il va bientôt entreprendre aux rivages d'Orient. Si ce pays, qui est presque devenu le sien, le voit un jour se fixer si loin de ses amis, qu'ils trouvent au moins un dédommagement à cette pénible séparation dans une correspondance que l'éloignement leur fera plus vivement désirer.

Terminons cette série de tableaux peints sur place chez les

peuples de l'ancien et du nouveau monde, par *Quelques détails
sur Buffalo* dont la communication est due à M. Edmond Marc.
— Ces détails ont d'autant plus d'intérêt qu'ils sont écrits par
le fils de celui-là même qui en a été le premier habitant. Composée seulement de quelques cabanes en 1805, brûlée par les
anglais en 1812; cette ville comptait en 1835 près de 30,000
ames. Elle voyait s'élever chaque année 12 ou 1500 maisons;
comptait dans son port 32 bateaux à vapeur et 2 ou 300 bâti-
mens à voiles, touchait d'un côté à New-York par un canal et
par un chemin de fer tout à la fois, et de l'autre à la Nouvelle-
Orléans par une navigation de onze jours sur l'Ohio et le Mis-
sissipi. D'autres canaux se construisaient encore pour mettre
ce grand centre en communication plus directe et plus facile
avec les lacs supérieurs et Outario, de telle sorte que cette ville
dont les sauvages ont vendu les premiers terrains, il y a quelques années, et qui voit chaque jour les anciens possesseurs de
la forêt vierge, dont elle a pris la place, s'éloigner et périr au
contact dévorant de la civilisation, deviendra bientôt, par la
force des choses et par le seul résultat de sa position, le premier entrepôt commercial de cet immense empire qui lutte
déjà de richesse et de puissance avec la vieille Europe. Malheureusement cette rapide croissance d'un peuple qu'emportait
la vigueur de la jeunesse et qui s'avançait si plein de confiance
et d'enthousiasme dans son immense avenir, s'est tout-à-coup
arrêtée devant l'inquiète sollicitude de son dernier chef. — La
crise financière que celui-ci redoutait pour un tems plus éloigné et qu'il voulut prévenir en arrêtant l'élan immodéré du
crédit; cette crise s'est réalisée à l'instant même et d'une manière si générale et si effrayante, que non seulement les destinées de l'Amérique du nord en sont retardées de tout le tems
que dure la crise elle-même, mais que sa marche progressive
à l'avenir en sera probablement rallentie dans la proportion de

ce qu'aura perdu le cercle du crédit, toujours si facile à restreindre, mais si difficile à élargir après de semblables secousses.

M. Germain, dont les *Essais de Philologie* avaient déjà obtenu l'an dernier un accueil si flatteur et des encouragemens si
mérités, a continué le même sujet dans deux articles, dont le
dernier contient des recherches sur *l'origine des noms propres*
et le premier une discussion du plus haut intérêt sur *l'origine
du langage*. Cette dernière question, soulevée par les *notions
de linguistique*, de *M. Charles Nodier*, s'est grandie encore,
s'il est possible, sous la plume de notre honorable collègue.
— Éclaircie par de nombreuses citations qu'il emprunte aux
livres saints et aux philosophes de tous les âges, elle a été suivie avec une clarté, une méthode, une justesse de raisonnement que nous n'avons pu nous lasser d'admirer en lisant, en
relisant le même article. — Il en résulte pour nous cette évidente vérité, que l'expression et la pensée sont une faculté
unique dans son essence ; que le premier homme sorti des
mains de Dieu à l'état de perfection qui lui était propre, s'est
trouvé, dès le premier moment de son existence, en pleine
possession et complet exercice de cette double et unique faculté ; qu'avec cette faculté qui les constitua dès le moment même
en état de société, le premier homme et la première femme
ont reçu du créateur, pour perpétuer la race humaine et la
société humaine dans les conditions de leur création, la puissance de transmettre à leurs enfans la même faculté de l'expression et de la pensée ; mais que par une conséquence obligée
du mode de transmission de la vie humaine, cette faculté,
comme toutes les autres forces physiques et intellectuelles de
l'homme, ne devait plus désormais se reproduire chez lui au
même degré de perfection, dès le premier moment de son existence ; que les germes intellectuels ne devaient au contraire

velle dont M. Latouche est l'auteur et qui repose toute entière
sur l'étude préliminaire des langues et des sciences mères
comme moyen d'arriver à la connaissance des langues et des
sciences dérivées. Ainsi, au lieu de remonter des langues vivantes, vers les langues mortes pour chercher péniblement
dans celles-ci l'explication des règles et des idiotismes dont
celles-là ne peuvent nous rendre compte par elles-mêmes, on
va directement à la source chercher l'origine commune du
langage dans la langue hébraïque, « cent fois plus facile que
» toute autre, mère et résumé de toutes les langues. » Cette
connaissance sommaire de la langue originelle, étudiée dans
sa première simplicité, conduit ensuite, par trois grandes ra-
mifications, à l'Arabe et autres langues orientales, au grec et au
latin, avec toutes les modifications qu'ils ont subies chez les
peuples du midi, à l'Allemand et à tous ses dérivés chez les nations du nord. Il y a en effet au-dessus de tous ces idiômes particuliers, une langue de raison et de faits qu'il importe d'étudier la première, langue simple et unique pour tous les hommes;
parce que pour tous l'instrument du langage est le même, et qu'il
se réduit à un petit nombre de sons, parce que chez tous l'organisation intellectuelle se développe dans une même sphère et
exerce une action identique sur l'instrument physique de la
parole; parce qu'enfin l'organisation matérielle extérieure se
trouve pour tous les hommes dans les mêmes rapports avec
leur organisation intellectuelle et physique. — Plus le méca-
nisme de la langue, sur laquelle vous étudierez pour la première fois ces divers phénomènes et leurs rapports respectifs,
sera simple et dégagé de détails, plus il sera facile de les saisir
et de les expliquer, plus il sera facile aussi de concevoir et de
comparer les divers moyens employés dans chaque langue
pour arriver au même but, une fois bien compris et bien défini. Aussi ce système d'enseignement, appliqué par l'homme

qui en a conçu la première pensée, a-t-il déjà reçu l'approbation la plus formelle des hommes dont on pouvait le plus ambitionner le suffrage. Dans le petit nombre d'enfans qu'il a admis jusqu'ici à recevoir ses leçons, M. Latouche cite avec orgueil les fils d'un des professeurs les plus savans et les plus recommandables de l'école polytechnique, et ce nom seul serait pour nous une garantie suffisante (si lui-même, notre honorable collègue, ne les réunissait déjà toutes au plus haut dégré), que les conditions les plus désirables se trouvent remplies dans son établissement, non-seulement pour l'instruction et l'instruction rapide des enfans qui lui sont confiés, mais encore pour la meilleure éducation morale et religieuse; et ce dernier avantage égale bien au moins, s'il ne surpasse encore le premier.

Puisque nous en sommes venus à parler de la langue hébraïque, c'est le moment de vous rappeler une composition qui se signalait doublement à votre attention dans le Bulletin de cette année. Nous voulons parler de l'*Epithalame composé en hébreu* pour le mariage du grand duc Léopold II par notre savant collègue, le R. P. Baudini de l'ordre de Saint-Dominique de Florence, et traduit en latin par un autre membre correspondant de l'Académie, M. l'abbé Mabire, qui, dans la transcription même du texte original, nous a révélé un système encore inédit et destiné à faire disparaître pour la lecture et la typographie, la difficulté qui s'attache à l'emploi des caractères hébreux. Grâces à la fidélité de traduction dont il s'était fait une loi, nous avons pu tous sentir presqu'également les beautés de ce cantique, dans lequel se retrouve, comme une conséquence obligée de la langue elle-même, le génie si brillant, si coloré, si hardiment allégorique de nos livres saints; nous avons pu tous admirer ces images grandes et fortes où se peint la jeunesse du monde et auxquelles res-

semble si peu l'expression lente et molle de nos langues modernes. — Honneur à ces hommes qui, dans le silence du
cloître, ou dans la retraite du sacré ministère, conservent et
rallument le feu sacré de la science, pour le faire briller encore
aux yeux de la génération qui s'élève, pour le lui transmettre
comme le plus précieux héritage des tems qui ne sont plus!
Honneur aux hommes qui comprennent assez leur époque
pour marcher à la conquête de l'avenir par l'érudition jointe à
la vertu! C'est à eux qu'est réservé le triomphe, parce que
ce sont eux qui ont su choisir les armes propres au grand combat que commença le dernier siècle, et que le nôtre verra
bientôt se terminer à la gloire de la science et de la morale religieuse.

Dans les sciences naturelles, M. Boutigny a acquis de nouveaux droits à votre reconnaissance, en insérant au Bulletin
son article *De l'influence du nombre des atómes sur les propriétés médicinales des médicamens chimiques.*
Les observations les plus positives et les plus curieuses ont
été faites à ce sujet; et de même que les minéraux, par exemple,
se forment suivant de certaines lois géométriques, de
même certaines lois arithmétiques semblent présider à
la formation des composés chimiques. — Ainsi tous ceux
dans lesquels l'oxigène entre à raison de deux ou quatre
volumes, ou en nombre pair, quelqu'il soit, ne font jamais
fonction d'acide ou de base. Ceux, au contraire, qui se présentent sous la forme d'oxacide ou d'oxide, sont combinés
avec un nombre impair d'atómes oxigéniques. Vous nous
dispenserez, sans doute, Messieurs, de suivre notre honorable
collègue dans l'exposé des conséquences qui résultent de ce
double principe. C'est à l'article lui-même qu'il faut recourir

pour comparer les divers effets, plus ou moins, bienfaisants, plus ou moins nuisibles, qui résultent des différentes proportions pour lesquelles l'oxigène se trouve employé dans certaines combinaisons chimiques.

M. Baudry vous a aussi rendu compte d'une *Thèse* de M. Duhordel, aujourd'hui Membre Résidant, *sur l'influence du moral dans la production et le traitement des maladies*, et de longues citations dont personne ne lui aura fait reproches sont venues, comme malgré lui, se mêler sous sa plume aux éloges les plus mérités. — On aime à retrouver à côté des connaissances approfondies et positives qui font la base de l'étude médicale, ces considérations de haute philosophie qui relèvent et grandissent la science du corps humain, qui franchissent les étroites limites où s'arrêtent le scalpel et le microscope, et font partout la part de ces causes morales qui agissent sur l'organisation humaine aussi puissamment que les causes physiques elles-mêmes.

M. Vernhes, Membre Résidant, a bien voulu se charger de présenter un rapport à l'Académie, sur l'excellent mémoire que M. le docteur Barré, l'un de ses Membres Correspondans, lui avait adressé pour lui rendre compte de ses propres observations sur un cas extraordinaire d'*Exstrophie de la Vessie* qu'il avait eu l'occasion de traiter. — Un semblable travail ne pouvait pas rencontrer de meilleur juge. Aussi M. Vernhes a-t-il rendu justice à la manière habile dont avait été observée et décrite la maladie, et vous vous féliciterez avec nous, Messieurs, si les remercîmens et les encouragemens qu'il a prodigués à notre honorable collègue le déterminent à tenir votre section des sciences au courant des particularités nouvelles qui pourraient se présenter.

SECTION DE LITTÉRATURE.

La première pièce qui ouvre notre recueil de cette année
est *le Sceptique*, par M. Adrien Bourlet de la Vallée. Dans des
stances pleines d'harmonie et de verve, notre collègue ex-
prime les regrets d'un infortuné dont le doute a fermé le cœur
à l'espérance et à la prière et qui, dans la nuit funeste où l'ont
plongé les fausses lumières d'une science incomplète et rétrécie,
n'a d'autre ressource qu'un désespoir affreux. Oh! que n'a-t-il
plutôt écouté les touchantes leçons de la foi qui guérit et console! Il déposerait sa souffrance dans le sein de son Dieu, et la
main de la foi sécherait ses larmes, et l'espoir succéderait à
ses longs tourmens. Mais pour moi, dit-il, plus rien au ciel...

« Oh! maudit soit celui dont la main téméraire
Sur mes douces erreurs d'une raison sévère
      Promena le flambeau!
Qui poussa mon esprit dans l'abîme du doute,
Et, de la vérité sans m'indiquer la route,
      M'arracha mon bandeau!
Maudit!!! Car de la foi la sainte et vive flamme,
Contre l'excès des maux fait un rempart à l'ame
      Et cuirasse le cœur....
La foi!... C'est une planche au milieu du naufrage...
La foi!... C'est au nocher qui succombe à l'orage
      Un hâvre protecteur. »

Il est à regretter que M. Adrien Bourlet ne nous favorise
pas plus souvent de ses poétiques inspirations, que l'élévation
des pensées, la pureté et la richesse du style font admirer à
tous ses lecteurs.

Nous remercierons doublement M. le vicomte Is. de Gaillon qui, moins avare pour nous de ses richesses, nous a offert plusieurs pièces de vers du même genre et du même mérite. *Ce que m'ont dit les Fleurs et les Oiseaux*, et c'est notre honorable collègue lui-même qui nous le répète dans un langage digne de ses interlocuteurs et digne de lui, c'est que la vie est courte, et le bonheur passager. — Puis il s'adresse *à la Jeunesse*, il brûle de respirer ses parfums, de savourer ses fruits : il la conjure de n'être pas sourde à sa demande, de ne pas toujours lui dire : « A demain. »

> « Jeunesse aux riantes couleurs,
> Aux ailes d'or comme l'abeille,
> Oh! jette à mes pieds ta corbeille
> Avec ses fruits, avec ses fleurs. »

Puis il nous rappelle la *Vanité des Richesses*, et nous dit en beaux vers :

> « Que posséder la terre est une chose vaine!
> Achetez ces forêts, achetez ce domaine?
> L'or vous rend tout aisé.
> Ayez l'espace grand, rien ne vous en empêche :
> Vous n'en aurez un jour que ce qu'avec la bêche
> On vous aura creusé. »

L'avis n'est pas nouveau sans doute. Les poètes, les philosophes, les moralistes de tous les tems, nous l'ont répété sous toutes les formes. Mais personne n'avait jamais mieux exprimé la grande pensée de notre néant. — Dans *Fleur et Souvenir*, dans l'*Elégie* sur la mort d'une femme aimée, dans les vers *à une femme* rêvant l'amour, le même auteur justifie toujours

les mêmes éloges : mélancoliques ou religieuses, toutes ses inspirations vont à l'ame ; on aime à les lire, à s'en pénétrer ;
on se les rappelle avec délices ; et cependant toutes ces charmantes productions s'effacent et disparaissent auprès d'une
Nuit au Calvaire, l'une des pièces les plus remarquables, sans
contredit, du Bulletin. Ce n'est plus seulement une pensée
jetée en vers faciles et rendue plus saillante par une élégante versification, c'est de la haute poésie, c'est une inspiration sublime, c'est une méditation, comme celles de Lamartine, qui
s'élance au-delà des régions de la parole humaine jusque
dans les abîmes de l'infini.

Nous avons eu déjà plusieurs fois l'occasion de payer un
juste tribut d'éloges au talent poétique de madame Éveline
Désormery, dont toutes les productions respirent des sentimens
tour à-tour nobles et élevés, gracieux et doux, religieux et philosophiques. Ses *Adieux à l'Italie* sont empreints de cette mélancolie suave qui en forme le caractère distinctif. Citons : ce
sera plus que de louer.

> « Aux temps qui ne sont plus qu'irais-je demander ?.
> Dans les songes de la jeunesse,
> Est-il un souvenir que je voudrais garder ?
> En est-il un dont la tristesse
> Ne me rende présent un passé qui m'oppresse ?...
> Le besoin d'oublier naît toujours après lui.
> La Nuit et le Soleil, le bruit et le silence,
> Hier, Demain, même Aujourd'hui,
> Sont des mots sans valeur, des temps sans espérance :
> La Douleur, la Joie ou l'Ennui,
> Rien ne remplit mon existence ;
> Depuis long-temps mon dernier jour a lui. »

Devons-nous [...] ai pleuré, s'impatiente le printemps.

Oh ! Rester dans [...]

Je [...] de la maison de famille.

« Où mes ayeux pourront avant moi » [...]

Vous ne me pardonneriez [...] l'emblème de [...] Désormay [...] de vos [...] la tour de Réam. Quel [...] à travailli [...] de cette tragique et trop réelle aventure ! Dans cet ouvrage remarquable, l'auteur n'a imité personne ; [...] dame Désormay a résolu son dilemme ; et créé un genre.

Déjà elle l'avait heureusement tenté dans *Agnès de Méranie*; elle a complettement réussi dans le *Nain Clicthoue*. Mais si la Normandie a vu son sol souillé par les crimes de quelques monstres, comme Jean-Sans-Terre; combien de grands génies, de savans, de littérateurs, d'artistes en tout genre, ont fait sa consolation et sa gloire! madame Warnery, dans ses *Essais sur la Normandie* ne pouvait [manquer de célébrer toutes ces illustrations. Les Tourville, les Poussin, les Corneille, les Jouvenet, les Monnier, les Bernardin de Saint-Pierre, les Court, les Boïeldieu, les Chenédollé obtiennent tour-à-tour ses éloges poétiques, et sa muse élégante caractérise leurs talens divers. En nous adressant ce beau fragment, madame Warnery y a joint plusieurs pièces inédites de Chénédollé, *Souvenir de la Suisse*, *Amertume* et le *Supplice des Suicides*, imitation du Dante, dont nous avons enrichi notre recueil; heureux de trouver cette occasion de rendre un dernier hommage à la mémoire de notre compatriote, de l'auteur du *Génie de l'Homme*, l'un des plus beaux poèmes de la fin du siècle dernier. C'est une obligation nouvelle que nous avons à madame Warnery, protectrice éclairée des arts et des artistes, qui, non contente d'enrichir elle-même notre Bulletin, a encore associé aux travaux de l'Académie, plusieurs femmes célèbres que nous nous honorons de compter au nombre de nos correspondans et parmi lesquelles nous citerons particulièrement mademoiselle de Fauveau et mademoiselle Espérance Langlois, maintenant épouse de notre collègue, M. Adrien Bourlet, à laquelle nous saisissons cette occasion de témoigner en votre nom une vive reconnaissance du présent qu'elle nous a fait de la délicieuse aquarelle, représentant Philippe de Valois, au moment où il rend à Jeanne de France, comtesse d'Evreux, le royaume de Navarre, en 1327.

Puisque nous vous rappelons, Messieurs, les belles productions des dames correspondantes de notre Société, nous ne devons pas omettre les touchans *Adieux à une amie*, de madame Fanny Dénoix, dont le talent modeste n'avait point échappé à vos investigations : car, les premiers, vous l'avez accueillie, encouragée ; et aujourd'hui que sa muse prend un nouvel essor, que sa belle imagination s'est révélée dans un volume de poésies intitulées : *Heures de solitude*, toutes les Académies se disputent l'honneur de lui offrir leurs couronnes. Vous n'avez pas oublié que madame Dénoix a chanté Corinne et Jeanne Hachette, et Châteaubriant ; qu'elle a célébré tour-à-tour le génie, la gloire et le malheur. Le malheur ! mais elle aussi elle en a resenti les coups les plus sensibles et les plus cruels. Puisse aujourd'hui l'accueil d'un public bienveillant la dédommager de toutes ses infortunes, et les lauriers qui l'attendent couvrir entièrement le crêpe de douleurs qui jusqu'ici s'est étendu sur sa vie !

Il est une autre notabilité poétique dont les compositions, tour-à-tour sévères, mélancoliques ou suaves, nous ont offert des idées larges et grandioses, revêtues d'une sublime harmonie, et des pensées religieuses, où la plus haute philosophie s'allie aux sentimens d'amour et de reconnaissance que tout être créé doit au suprême auteur de toutes choses. Accoutumés que vous êtes, depuis l'origine de notre société, à lire les beaux ouvrages de madame de Corday et à lui renouveler chaque année le tribut de votre admiration ; je craindrais d'affaiblir par l'analyse des pièces dont elle nous a favorisés dans le cours de cette année, l'impression que vous en avez ressentie vous mêmes et que sans doute vous en conservez encore. Il me suffira de vous rappeler *Une pensée sur l'Espagne*, cette boutade toute de verve et de feu, cette brûlante explosion d'indignation et de colère dont le poète lui-même n'a pas pu modérer l'expression. A la vue de l'anarchie qui hurle son cri de

renvoyer à la relation elle-même : ce sera renouveler vos jouissances.

Et quand vous saurez que presque toutes les célébrités
contemporaines se sont réunies, pour tresser une couronne
digne du front de madame de Corday, vous vous demanderez
avec étonnement pourquoi ces *Fleurs Neustriem* n'ont point
encore été recueillies? Calmez votre impatience, et rassurez-
vous, Messieurs, la modestie de la muse du Baudry, objet de
tant d'hommages, y avait seule mis obstacle; mais leurs parfums réunis s'exhaleront bientôt dans l'atmosphère poétique,
grâces aux instantes sollicitations de ses amis; et cette couronne
ne fera point d'envieux, parce qu'elle sera le prix du génie,
parce qu'elle aura été décernée à l'auteur par ses pairs; les meilleurs juges, par les plus beaux génies de notre époque.

M. Durand, le poète-menuisier de Fontainebleau, vous a
fait hommage du recueil de ses poésies, mais il n'a pas osé dit-
il, en décorer le frontispice du titre de membre de notre Académie, bien que ce soit la première distinction publique qu'il
ait reçue; il a cru devoir attendre, pour s'en glorifier, que son
livre ait obtenu les suffrages du public : « S'il réussit, vous
» écrit-il, ce titre deviendra ma récompense; s'il échoue, ma
» disgrâce sera l'excuse de ma discrétion. » Vous avez applau-
di, Messieurs, à cette expression si naïve d'une véritable modestie. Vous avez dès lors pressenti que le succès couronnerait
ses efforts; votre prévision n'a point été en défaut : M. Durand
ne craindra plus désormais de compromettre l'honneur du
corps qui se l'est associé; ses travaux, au contraire, en même
tems qu'ils justifieront vos suffrages anticipés, ne pourront
qu'honorer la Société qui se réjouit d'avoir la première encouragé ses essais, et rendu hommage à son génie. Vous en avez
acquis une nouvelle certitude par le plaisir que vous avez pris
à la lecture du fragment d'un poème inédit, sous le titre d'*As-*

sassinat *de Monaldeschi.* Dans ce fragment, l'auteur décrit le moment où l'écuyer de la reine Christine est surpris par cette princesse dans un bois écarté, s'entretenant avec sa nouvelle amante. Celle-ci, innocente villageoise , pour la seconde fois l'avait attendu vainement au rendez-vous. Enfin, il arrive, s'excuse et sollicite son pardon. La belle, inquiète et piquée, veut savoir avant tout quelle est cette femme orgueilleuse qui, déployant la pompe d'un roi, vint avec lui, lorsqu'elle le vit pour la première fois, frapper de son faste éblouissant les habitans de son village ? Elle la soupçonne d'être contraire à leurs amours, elle se rappelle qu'un jour elle jeta sur elle un regard impudent et scrutateur; elle veut la connaître, si non elle se croira trahie. Monaldeschi lui répond :

« Cette vaine beauté, dont le faste et l'orgueil
» N'ont reçu du hameau que le plus froid accueil ,
» Cet objet qu'en tous lieux j'accompagne et j'honore,
» Celle enfin que tu hais, que je hais plus encore,
» D'un royaume lointain....Grand Dieu! Quoi! N'ai-je pas
» Autour de cet asile entendu quelque pas ?
» Un vil mortel, caché dans ce bocage sombre,
» Ose-t-il m'épier, à la faveur de l'ombre?
» Il se repentirait de sa témérité ! »
Il dit : mais que devient le couple épouvanté,
Quand de l'astre des nuits une clarté légère
Découvre à ses regards la royale étrangère ! etc.

Nous voici naturellement amené à vous entretenir de la production d'un autre phénomène littéraire, de **M.** Reboul de Nismes, boulanger-poète, dont le talent vous a été révélé dans des vers adressés par lui à Charles Nodier, à Lamartine, à Châteaubriant. Son association à notre Académie vous a été propo-

sée, et bientôt, sans doute, nous le compterons dans nos rangs. [1]
M. Châtelain, l'un de nos zélés collègues, qui nous a donné
tant de preuves d'un beau talent, dans le *Rapport* qu'il vous a
adressé *sur diverses poésies* récemment publiées, vous a fait connaître de M. Reboul une nouvelle pièce intitulée l'*Exilé*, que
vous vous êtes empressés d'insérer dans votre Bulletin. Vous avez
retrouvé encore, dans cette composition, le poète aux grandes
pensées, l'homme pour qui le culte du malheur, du malheur
non mérité, est, comme vous l'a dit l'honorable rapporteur, le
premier de tous les cultes. L'élévation du style n'est point restée au-dessous de l'élévation des sentimens : sublime, harmonieux, correct et pur, il a déjà marqué la place de M. Reboul
auprès de nos plus hautes célébrités modernes.

La plupart des poésies dont il nous reste à vous entretenir,
sont des traductions, des élégies ou des pièces de sentiment :
les unes ne sont pas susceptibles d'analyse, et les autres sont
mieux appréciées encore par le cœur que par l'esprit. Ne nous
suffira-t-il pas de vous rappeler la *Reconnaissance d'Ulysse et
de Pénélope*, par M. Bignan, fragment d'une traduction nouvelle de l'Odyssée, dans lequel le digne traducteur de l'Iliade a
mis cette pureté, cette élégance, cette variété, cette noblesse
et cette simplicité de style qui caractérisent toutes ses compositions, et qui lui ont valu tant de couronnes académiques.

La Passion, ode imitée de Manzoni, par M. Gautier, ne vous
a-t-elle pas laissés pénétrés d'une religieuse admiration, vous
qui avez exprimé le vœu que le traducteur entreprît de reproduire dans notre langue et de naturaliser en quelque sorte parmi nous les belles et riches compositions du poète italien?

La Croix de Pierre, la Brise, l'Orphelin, ces trois mélo-
dies religieuses que nous devons à M. Symphor Vaudoré,

[1] Il a été nommé Membre Correspondant le 7 janvier 1837.

fauce, et qui nous révèlent chaque jour de nouvelles beautés. Dans *la Sauge et le Thé*, dans *la Grive et sa fille*, dans *la Tigride*, dans *le Dromadaire et le Chameau*, dans *le Lion, le Tigre et le Remords* enfin, il nous présente des allusions sensibles aux divers états de la vie, et en fait ressortir pour tous les âges de grandes et belles leçons de morale. M. de la Mairie, vous le savez, est l'un de nos premiers collaborateurs depuis la régénération de l'Académie; il s'était d'abord révélé à nous comme administrateur et comme historien, dans ses intéressantes *Lettres sur Gisors*. Vous l'avez retrouvé philosophe, moraliste et poète en même tems dans les fables que nous venons de rappeler à votre souvenir. Il ne nous reste plus qu'à vous le montrer, dans *l'Amour et le Papillon*, rivalisant de finesse et de légèreté avec le chantre de Théos. Il n'est donné à aucun de nous de réunir plus de titres à la reconnaissance de ses collègues.

Témoignons-la aussi, Messieurs, notre reconnoissance, au poète spirituel dont Paris se dispute les gracieuses compositions: M. Emile Deschamps a bien voulu nous laisser écrire une de ces pièces dont il sait si bien doubler le charme quand il les récite lui-même au milieu d'un salon tout rempli d'auditeurs silencieux et ravis. Nous sera-t-il permis d'espérer chaque année, quelques ballades comme *la Nuit de Jeanne*? Cet espoir seul ferait la fortune du Bulletin de la société, et M. Emile Deschamps ne refusera pas à ses collègues ce qui lui coûte si peu, et ce qui leur promet à eux tant de jouissances.

A côté de cette charmante pièce viennent se placer tout naturellement celles que vous devez à M. Gazan des Landes et qui ont avec elle un heureux air de ressemblance : *l'Absence*, joli madrigal traduit de l'Italien et qui semblerait plutôt une inspiration du moment, tant la versification est élégante et facile ; et *le Gascon Veuf*, épigramme, dans laquelle se trouve le cachet de ce talent que vous avez si souvent admiré.

Nous devons citer encore une pièce mythologique : la *Métamorphose de la Nymphe Andura*, (la rivière d'Eure), traduite d'un poëme latin, peu connu, de Raoul Boutbrais, par M. Rossard de Mianville, ancien magistrat et littérateur distingué. Notre honorable et laborieux collègue conserve en porte-feuille, vingt ou trente volumes de traductions complettes en vers de nos classiques latins. Sa modestie aurait grand tort assurément de redouter comme une réprobation anticipée, ce vers du siècle : « *Qui nous délivrera des Grecs et des Romains ;* » vers répété jusqu'à la satiété par les adeptes de la nouvelle école, qui croient *enfoncer* Racine, Despréaux et tous les anciens, et qui ne s'aperçoivent pas que, chaque jour, ils s'enfoncent eux-mêmes dans l'abîme de l'oubli.

Le *Roi des Sauvages*, fable, vous a été offert par M. de Lanoë, comme premier tribut de sa muse, que vos suffrages encourageront sans doute à augmenter nos jouissances.

M. Chappuis a fait palpiter vos cœurs aux *Souvenirs de Normandie* : dans une narration rapide et animée, il nous a retracé les exploits et la gloire de nos ancêtres, et vous a représenté ce beau pays de Neustrie tour-à-tour illustré par la guerre, enrichi par le commerce et l'industrie, civilisé par la plus sage des législations.

Nous aurions à vous rappeler aussi un épisode de l'Histoire de France, au VIe siècle, par M. Clovis Michaux, celui de *Chramme*, qui se révolta contre son père Clotaire et qui, après avoir été défait par lui, périt ignominieusement ; ce fragment détaché, pour lequel nous devons des remercîmens tout particuliers à son auteur, a depuis été publié avec le poëme entier auquel il appartient. L'intérêt avec lequel vous l'avez lu, vous

suffrages par le charme de la poésie autant que par l'élévation des pensées morales et religieuses.

Ainsi, Messieurs, vous avez vu presque tous les genres de poésie figurer avec honneur dans votre recueil de 1836: dans les ouvrages héroïques, religieux, ou graves, vous avez admiré des plans vastes, une invention riche, de la fécondité dans les détails, de la justesse dans les rapports. Dans les ouvrages d'esprit ou de sentiment, dans les compositions légères, vous avez trouvé de la délicatesse, du goût, de la précision. En les parcourant tour-à-tour, vous avez varié et multiplié vos plaisirs. Notre but est atteint si, dans cette revue rapide, nous avons pu rappeler à vos esprits les jouissances si nombreuses que vous a procurées la lecture de cette partie du Bulletin. Mais notre tâche n'est qu'à moitié accomplie; nous avons encore à vous entretenir des ouvrages en prose. Moins nombreux, mais aussi variés que les ouvrages en vers, comme eux ils peuvent éveiller en nous des émotions aussi vives, des sentimens aussi délicats et aussi nobles; s'ils sont plus raisonnés et plus sérieux, ils ont, en compensation, l'avantage inappréciable de former le goût et le jugement, d'orner la mémoire d'une foule de faits et d'appréciations, d'aperçus et d'observations de tout genre; et l'instruction qui en résulte toujours, fait éclore et féconde merveilleusement les inspirations poétiques. Aussi voyons-nous que nos plus grands poètes étaient à la fois savans et littérateurs dans toute l'étendue de cette expression; qu'ils étaient versés dans la morale, dans la philosophie, dans l'histoire, dans l'étude du caractère des passions et de toutes les supériorités comme de toutes les faiblesses du cœur humain.

Etudions donc, lisons et observons; et d'abord, suivons M. Johannet dans son *Voyage en Allemagne*. Il a visité ces tristes Tuileries de Prague, et il en a rapporté l'impression la

plus douloureuse. Son cœur s'est déchiré à l'aspect de leur immensité morne et déserte; il n'a pu voir sans larmes ces illustres exilés auxquels la haine la plus envieuse commence à rendre plus de justice, aujourd'hui que s'exécute sur une terre
étrangère, la sentence rendue contre ces fils de Louis XVI, qui,
victimes dévouées, dès l'enfance, de la calomnie et de la mauvaise foi, se consolent pour la troisième fois de l'injustice contemporaine, par le seul témoignage de leur conscience, par la
certitude que le tems seul et la conduite même de ceux qui se
sont faits leurs ennemis, les vengera tôt ou tard dans le jugement de la postérité.

A son retour, M. Johannet a visité Munich. Cette belle capitale de la Bavière, en moins de vingt années, est devenue,
comme par enchantement, la rivale de Rome pour les beaux-
arts. Toutes les industries sont encouragées; des établissemens
utiles s'élèvent de toutes parts; la nation enfin est véritablement heureuse et reconnaissante envers le vieux monarque qui
la gouverne, et dont la sollicitude paternelle a, pour ainsi
dire, créé toutes les jouissances. Quelles méditations profondes
et quelles grandes leçons dans ces deux tableaux opposés!

Cet article se termine par un épisode dont nous devons remercier en particulier notre honorable collègue. C'est à la table d'hôte allemande et de la bouche même d'un Allemand,
qu'il apprit le triomphe de notre illustre Berryer, à l'occasion
de la loi d'indemnité américaine. Dans son admiration pour
l'éloquent orateur, pour le puissant logicien qui venait d'arracher à la chambre un vote dont elle s'étonnait ensuite elle-
même, il était heureux de trouver un Français pour lui dire
l'impression profonde que ce discours avait faite sur son esprit;
pour le féliciter, ami ou ennemi, de posséder à la tribune française un si habile défenseur des grands intérêts nationaux.

Les courtisans du malheur ne sont pas communs, Messieurs,

et nous devons nous féliciter d'en compter plus d'un parmi nous. Ceux-là, en effet, obéissent à un sentiment que tout le monde ne prend pas pour règle, mais que tout le monde honore et respecte dans tous les tems.

Suivons M. Garnot au tombeau de Napoléon et à Long-Wood. M. Garnot, vous le savez, Messieurs, est un médecin distingué, qui a fait le tour du monde, et qui était sur la *Coquille* avec notre infortuné collègue et compatriote, le capitaine Jules de Blosseville: il vous a adressé divers fragmens inédits de ses voyages, tous fort intéressans, et qui, d'après le vœu que vous en avez exprimé, feront successivement partie de vos publications. Dans *Un mot sur Sainte Hélène*, la topographie de l'île, ses produits, les mœurs et coutumes du pays, vous ont intéressés sans doute; mais ce qui vous a frappés le plus dans cette relation, ce sont les détails de l'habitation et du dernier asyle de cet homme extraordinaire qui, après avoir bouleversé des empires, détrôné et créé des rois, se vit lui-même précipité du haut de sa gloire et réduit à traîner les restes de sa triste vie sur un rocher désert. — Sainte-Hélène et sir Hudson-Low, n'ont cependant pas rapetissé le héros de Wagram et de Marengo, et ce qui occupe la pensée toute entière, à la vue de cette pierre sans nom, c'est bien moins encore le vainqueur que le vaincu.

Dans une *Visite à la Trappe*, M. Juglet de Lormaye, l'un de nos collègues les plus zélés, vous a donné de précieux détails sur l'origine de ce monastère, fondé en 1140 par Rotrou II, comte du Perche; sur les donations considérables que lui firent successivement ses fils et divers autres personnages illustres, parmi lesquels on compte les deux Robert de Dreux et Charles de Valois; sur la dédicace de son église par Raoul, évêque d'Evreux et Sylvestre, évêque de Séez. Il vous montre comment le monastère, qui avait d'abord adopté la règle de

Citeaux, fut réformé au XV° siècle; comment le petit nombre
de religieux qui restaient dans le couvent, s'étant retirés à la
suite des ravages de la guerre et de l'occupation de la contrée
par les anglais, l'abbé de Rancé obtint, en vertu d'un concor-
dat passé en 1662, qu'ils seraient remplacés par les religieux
de l'étroite Observance, et comment enfin cette abbaye regé-
nérée prospéra jusqu'en 1790, où sa suppression et la confis-
cation de ses biens furent prononcées par un décret de l'Assemblée Nationale. Il suit les trappistes dans leur émigration
en Suisse, où ils s'établirent d'abord, et delà au Mont-Saint-
Bernard, terme du pélerinage de cette pieuse colonie, où fut
fondée la nouvelle Trappe, et qui devint le chef-lieu des
autres maisons du même ordre, jusqu'à la restauration. A cette
époque ils rentrèrent sur le sol de France, où ils entreprirent
depuis de reconstruire leur monastère, chacun contribuant à
ce travail selon son industrie.

Après ce résumé historique se trouve le tableau de leur vie
intérieure, de leurs offices religieux et des divers travaux auxquels les assujétit la règle de la maison. Notre collègue n'a pas
négligé l'occasion de payer un juste tribut d'éloges au conseil
général du département de l'Orne, qui, dans un tems où il y
avait proscription et anathême général contre les communautés religieuses, plaida éloquemment la cause des trappistes, et
sollicita vainement la conservation de leur monastère. Il a
pris aussi le soin de réfuter les exagérations que l'on a débitées
dans le monde et transportées jusques sur nos théâtres, au sujet
des austérités auxquelles se livraient ces religieux, dont la vie,
dit-il, peut se résumer en ces mots: « Prier, gémir, veiller, jeû-
» ner, travailler dans le silence et dans la retraite la plus ab-
» solue. »

Ceci nous rappelle tout naturellement *la Réponse d'un Solitaire de la Trappe*, à la *Lettre de l'abbé de Rancé à un ami,*

espèce d'héroïde, publiée par Barthe, en 1766. L'auteur de la *Réponse* était La Harpe qui, l'un des premiers, se mit au nombre des exagérateurs, en y traitant les trappistes de fanatiques et d'énergumènes; et la grande vogue qu'eut cette épître, pour laquelle Voltaire fit une préface, ne contribua pas peu à indisposer les esprits contre cet ordre et à préparer sa ruine. Il est vrai que La Harpe s'amenda bien depuis; mais alors....!

Remercions notre collègue de cette intéressante communication, et invitons-le à nous en faire souvent de semblables. Faisons la même recommandation à M. Bence qui, dans une *Visite à l'Ermitage de Saint-Ambroise*, en Piémont, a retrouvé, sous les habits d'un pieux solitaire, le dernier abbé du monastère de la Trappe qui, incarcéré, par suite de la première révolution, dans les prisons de Verneuil, et bafoué par la populace de cette ville, parvint à se rendre à Paris où il forma le projet d'aller demander un asile au Saint-Père à Rome. Déguisé en postillon, il part muni d'une lettre de recommandation pour l'abbesse de...... parente d'un de ses amis : il arrive en courrier au couvent; la digne abbesse remplit le mandat de son parent, lui procure un cheval et tout ce qui était nécessaire pour traverser les Alpes. Il s'acheminait pour l'Italie; mais arrivé au village de Saint-Ambroise, il apprend qu'il y a sur la cîme de la montagne un ermite Piémontais fort âgé : guidé par la curiosité, il gravit l'Alpe escarpée et va le visiter. L'ermite était malade, il ne voulut point l'abandonner, et il resta auprès de lui pour le soigner et lui fermer les yeux. Alors il forma le projet de le remplacer dans cette solitude, et il en obtint la permission du roi de Sardaigne. Il devint depuis confesseur de la reine, et la cour Piémontaise le gratifia d'une cure importante dans la plaine de Turin : il y resta jusqu'au moment où les Français s'emparèrent de cette ville. Mais une froide analyse ne saurait vous satisfaire entièrement :

relisez, Messieurs, relisez ce morceau si touchant, si bien écrit, pour lequel des détails intéressans de localités sollicitent une place dans vos souvenirs.

Nous avons à regretter aussi que M. de la Bigottière, dans ses excursions archéologiques en Touraine, se soit borné à la description d'un seul monument antique. Il nous en avait désigné plusieurs, qu'il se proposait de visiter, comme lui paraissant dignes du plus grand intérêt, et nous espérions qu'il voudrait bien nous transmettre successivement les remarques savantes et les observations judicieuses qu'il a dû faire dans ces explorations, à en juger par l'article unique qu'il nous a transmis sur le *Château d'Amboise* et dans l'analyse duquel nous ne pouvons mieux faire que d'emprunter souvent ses propres expressions. N'avez-vous pas présente encore à la mémoire la description de cette énorme tour au pied de laquelle notre collègue arrive, après avoir circulé quelques momens, dans des rues étroites ; de cette tour colossale, gigantesque, dont la porte s'ouvre comme par enchantement et dans les flancs de laquelle est pratiquée une route ascendante, sablée, d'une pente assez douce pour être accessible aux voitures les plus lourdement chargées ? Et cette variété infinie de monstres, de chimères, d'êtres sans nom, sans famille et sans sexe, quel'architecte dessina sur les supports de la voûte de cette colonne torse, ne vous ont-ils pas laissé devant les yeux un tableau aussi curieux pour les arts que pour l'histoire ? N'avez-vous pas cru un instant être transportés dans une de ces constructions fantastiques, écloses du cerveau de quelque romancier du XIIe siècle ? Mais, lorsqu'arrivant au terme de votre ascension, vous vous êtes trouvés avec M. de la Bigottière, sur un terre-plein orné d'arbustes et de fleurs, votre poitrine oppressée a pu respirer, et parvenus enfin au point culminant de ces noires et vieilles murailles, avec quelles délices vous avez embrassé

d'un coup-d'œil, cet immense panorama de la Loire aux
rives riantes; bordées de collines qui s'élèvent en amphithéâtre et semblent se prolonger jusqu'à l'horison! Vous avez
ensuite examiné dans tous ses détails la construction du château, sans pouvoir vous rendre compte de l'époque à laquelle
furent jetés les fondemens de ces masses; vous avez admiré
cette chapelle maintenant isolée, ce sanctuaire-bijou, comme
l'appelle notre savant collègue, où l'architecture byzantine-
cordouanne se montre sous mille formes légères et effilées,
qu'ont si habilement restauré, dans ces derniers tems, de jeunes
artistes, inspirés par le génie des vieux maîtres, dont l'imagination féconde a su deviner et nous a rendu leur chef-d'œuvre.
Ne croyez-vous pas encore avoir parcouru vous-mêmes ces
souterrains, ces anciennes casemates qui depuis sont devenues
des cuisines, et dans lesquelles Louis XI fit mourir de faim
tant de prisonniers? Vous rappelez-vous ce balcon rouillé,
formé de carreaux enlacés, et cette longue barre de fer à laquelle le Balafré fit pendre la Renaudie et ses complices? Et
ces fossés, aujourd'hui comblés, et dans lesquels Charles
VIII, enfant, jouait paisiblement à la paume, est-il bien vrai
qu'on y ait égorgé douze cents conjurés? M. de la Bigottière n'a
pu nous le dire: tant les histoires contemporaines présentent
de lacunes, de contradictions et d'incertitudes!

M. Gougenot-des-Mousseaux, que depuis un an à peine
vous vous honorez de compter dans vos rangs, vous a communiqué trois morceaux très remarquables, qui décèlent un esprit éminemment philosophique et observateur.

Après nous avoir conduits dans le *Val de Cassel-Curig*, val
pittoresque et sauvage, il nous entraîne, à travers mille périls,
dans les escarpemens d'énormes rochers pendants sur des
abîmes; puis il nous fait gravir une sente tortueuse, bordée de
précipices, pour atteindre le sommet du Snowdon, où, de son

étroit plateau, qui s'élève au-dessus de toutes les chaînes du pays de Galles, il nous fait découvrir l'Ecosse et la mer d'Irlande. Jamais le harpiste de *Castel Curig*, n'avait si bien chanté la fière *Yung Franc* de ses Alpes galloises.

Delà il nous transporte dans la plaine et sur les hauteurs de Rome. Nous parcourons avec lui les anciens emplacemens du Mont-Palatin, du Capitole, du Forum, etc. ; et, malgré les métamorphoses qu'ils ont subies, nous y retrouvons des émotions et des souvenirs. Cette chaîne de monumens en ruines, ces statues tronquées, ces nobles fragmens, irrécusables témoins d'une gloire éclipsée, ont encore pour nous quelque chose d'imposant, de colossal, et, comme le dit M. Gougenot-des-Mousseaux, « A chaque pas, nous heurtons du pied quelque » feuillet de l'histoire. » Mais ces sensations, ces souvenirs que réveillent en nous tant de grandeurs prosternées pêle-mêle, sont-ils donc tous de nature à nous faire déplorer, à un si haut point, les débordemens des Barbares et la chûte de cette orgueilleuse cité, qui, subissant tour-à-tour toutes les tyrannies, et se courbant en esclave sous les jougs les plus avilissans, osait se dire la maîtresse du monde et commander en reine aux autres nations ? Ces colonnes, ces vieilles murailles ne portent-elles pas encore les empreintes du sang de ses enfans ? Quel peuple pourrait vouloir aujourd'hui d'une renommée conquise au prix de tant de bassesses, de tant d'infortunes, de tant de forfaits honteusement préconisés ? Quelques vertus brillèrent, il est vrai, par intervalle, sur ce sol attristé ; mais elles furent bien rares ! Le vieil univers est maintenant dépouillé pour nous de tout son prestige ; l'échafaudage de sa domination a croulé, et le colosse est gisant sous ses débris immenses. Oui, la véritable gloire de Rome ne fut pas dans ses conquêtes ; elle fut tout entière dans les arts qu'elle cultiva : les chefs-d'œuvre de ses poètes, de ses orateurs, de ses historiens, de ses philosophes, de ses sculpteurs enfin et de ses architectes, la rendent à jamais durable ; et quand la main de fer du tems, ce ravageur impitoyable, les aura tous effacés et rendus au néant, ils revivront du moins par la tradition dans la mémoire des hommes à venir.

Telles sont à peu près, Messieurs, les réflexions qui nous ont paru suscitées en vous par les fragmens de M. Gougenot-des-Mousseaux, sur *Rome* et la *Campagne Romaine*, fragmens écrits d'un style hardi, vigoureux, artistique, et qui forment autant de tableaux où viennent habilement se groupper, presque toutes, les sommités historiques dont les annales romaines nous ont transmis les gestes.

M. Avenel de Nantrail vous a communiqué aussi quelques fragmens fort piquans de son Voyage en Orient. Je vous rappelerai seulement le récit d'une *Attaque sur le Nil*, de la part de voleurs Égyptiens, qu'il eût à repousser, lorsqu'en compagnie de six Européens, passagers comme lui sur une frêle barque, il voulut se rendre, d'Alexandrie au Caire, par le canal de onze lieues de longueur qui communique au Nil, et que Mehemet-Ali a fait construire dans le court espace d'une année. Notre savant collègue a pris delà occasion de vous donner une description pittoresque de cette route. Dans ses excursions en Orient, il a visité la Terre-Sainte, l'Egypte et l'Asie-Mineure, et son porte-feuille est rempli de descriptions intéressantes, de documens curieux qu'il se fera un plaisir de vous communiquer. Déjà il vous en a transmis de très précieux sur l'île de *Malte*, dont vous n'avez publié jusqu'ici qu'une faible partie, et dont vous nous dispenserez de vous présenter aujourd'hui l'extrait, pour ne pas anticiper sur les publications prochaines que vous vous proposez d'en faire.

Enfin, Messieurs, l'estimable traducteur de l'*Histoire d'Angleterre*, par Goldsmith, l'auteur d'un bon nombre de com-

positions originales, qui décèlent toutes une justesse d'observation et une perfection de tact admirables, résultat d'études
sérieuses, de profondes méditations et d'une instruction so-
lide. madame Aragon (Alexandrine), qui vous a gratifié l'an
dernier d'un fragment si intéressant de son Voyage en Suisse,
a enrichi de nouveau vos Mémoires de considérations historiques et philosophiques tout-à-la-fois sur la *Marche des progrès intellectuels et de la littérature chez les Françaises*. Elle
vous les a montrées retenues long-tems dans l'asservissement
de leurs facultés par la puissance du préjugé qui se plaçait
sans cesse entre elles et la voix brillante du progrès; puis,
rompant peu à peu et à d'assez longs intervalles, le joug sous
lequel les hommes avaient courbé leur intelligence; puis, se
relevant avec éclat de l'avilissement où elles étaient tombées;
puis enfin, marchant nos égales dans les sciences, dans les arts,
et dans les diverses branches de la littérature. Elle vous a décrit avec une scrupuleuse exactitude, les phases diverses
qu'elles ont dû parcourir, les nuances qui caractérisent chaque
époque, ou stationnaire, ou rétrograde, ou progressive, l'influence des mœurs et des évènemens sur ce mouvement constamment ascendant, qui ne s'arrêta pas jusqu'à ce, qu'usant
hardiment du privilège de la pensée et faisant chaque jour un
pas de plus vers l'instruction, les femmes fussent parvenues à
prendre place dans le domaine de l'intelligence, à s'y installer,
à diriger l'émancipation des esprits qui se manifesta plus tard,
et à se tracer enfin à elles-mêmes et à la société toute entière
une ligne toute différente de celle qui avait été suivie jusqu'a-
lors.

Elle ne vous a pas dissimulé non plus, parce qu'elle ne se
l'est pas dissimulé à elle-même, que cet esprit d'indépendance
et de liberté qui, depuis si long-tems agite et tourmente dans
toutes ses parties le corps social, s'est étendu quelques instans

aux femmes, et que cette effervescence momentanée a pu attirer sur elles la critique et le sarcasme. Mais ce léger mouvement de fermentation, excité par quelques-unes de celles qui
n'avaient pas bien compris ou qui s'étaient exagéré leur mission, s'est bientôt appaisé, en présence de la modestie et du
sentiment inné des convenances chez le plus grand nombre.

« Au reste, dit madame Aragon, cette exaspération passa-
» gère a eu elle-même quelque chose de bon, en ce qu'elle a
» appelé l'attention plus sérieusement que jamais sur la ques-
» tion de leur amélioration morale, et que cette question est
» devenue pour la littérature un sujet plus spécial et plus im-
» portant. »

Elle vous a expliqué ensuite comment le genre des romans,
qui long-tems a semblé appartenir plus spécialement aux
femmes, est aujourd'hui presque généralement abandonné par
elles. Tel est maintenant l'état de leur instruction en général,
que, suivant insensiblement la tendance marquée des esprits
vers les choses sérieuses, elles ont fait succéder les méditations
et l'exercice de la pensée aux frivolités qui jusqu'alors avaient
absorbé une si grande partie de leur existence. Et c'est ainsi
que s'est agrandi pour elles le cercle de la vie intellectuelle!

Nous ne saurions mieux terminer cette analyse, bien imparfaite, qu'en vous rappelant le sage conseil par lequel madame
Aragon termine elle-même sa notice. Ce conseil, elle l'adresse
aux femmes qui suivent la carrière des lettres, et qui, cédant à
l'attrait d'une vaine renommée, pourraient se laisser entraîner
à une précipitation fatale qui leur ferait jeter dans le monde
des œuvres incomplettes et inachevées, ou qui seraient encore
tentées de s'exercer à la peinture hideuse et souvent révoltante
des plaies morales de la société : « Qu'elles gardent, dit-elle,
» le tact et la finesse de leur esprit, le talent qu'elles ont reçu
» de la nature, l'éloquence et la grâce insinuante de leur style;

» qu'elles gardent tous leurs secrets, toutes ces fascinations
» de femmes qui jettent tant de charme dans leurs écrits,
» toutes leurs ressources, toute leur puissance, pour obtenir
» l'influence grande et belle qu'elles doivent avoir sur les
» mœurs et le bonheur de la société ; et la littérature leur sera
» redevable d'une partie de sa gloire, et la postérité redira
» leurs noms avec orgueil. »

Cette dernière page était digne, Messieurs, de venir compléter le tableau que nous avons déroulé devant vous, de vos richesses scientifiques et littéraires ; et vous aussi, vous dirons-nous maintenant, vous êtes dans la voie du progrès! et vous aussi, vous avez à vous glorifier d'avoir fait faire aux bonnes et saines doctrines en tout genre, quelques pas heureux dans la carrière des améliorations sociales! Votre zèle ne se rallentira point; les obstacles les plus difficiles, votre courage et votre persévérance les ont heureusement surmontés; la voie est libre pour vous maintenant, devant vous est le noble but d'utilité publique qui seul vous a dirigés depuis la fondation de la Société. Ce but, Messieurs, vous êtes assurés de l'atteindre ; car votre volonté est aussi ferme et constante que le premier jour ; et, toujours la même, elle soutiendra, elle dirigera, elle réunira tous vos efforts dans cette grande pensée qui fait votre force et votre gloire : le ralliement de tous les hommes indépendans et véritablement amis du progrès et du bien public, à la voix des grands intérêts communs, de intérêts matériels et actuels, comme aussi des intérêts moraux et permanens de la société.

BULLETIN
de l'Académie Ebroïcienne.

AGRICULTURE.

EXTRAIT

D'UNE LETTRE

ADRESSÉE A M. E. MARC,

PAR M. MORETTI,

Professeur de Botanique à l'Université de Pavie,

Pavie, 16 mars 1837.

« .... Je me réjouis beaucoup de voir les développemens que prend en France la culture du mûrier, et je vous remercie particulièrement pour la traduction que vous venez de faire du douzième volume de ma *Biblioteca agraria*, dans lequel j'ai cherché à réunir toutes les connaissances nécessaires pour la culture du mûrier et l'éducation des vers-à-soie. J'entends dire que vos compatriotes ne sont pas encore convaincus des avantages du mûrier nouveau (*Gelso nuovo*) ou *Morus Moret-*

tiana de *Jacquin.* A cet égard, sans me faire le prôneur de cette nouvelle espèce, qu'il me suffise de vous dire que les demandes considérables qu'en font constamment les cultivateurs du royaume Lombard-Vénitien, plus avancés que les vôtres dans cette branche d'économie rurale, suffiraient pour démontrer sa supériorité sur l'espèce commune, (*Morus alba*) et sur toutes les autres recommandées dans ces derniers tems. Sachez donc, mon bon ami, que, tous les ans, il eu soit plus de 500,000 pieds de notre seule ville de Pavie, et encore ne peut-on pas satisfaire à toutes les demandes; depuis 1822, nous en avons fourni plus de 5,000,000 de pieds outre la graine distribuée et qui doit avoir au moins doublé ce nombre. »

Plus loin, le célèbre professeur ajoute :

« ...J'ai envoyé à S.M. l'Empereur, le diplôme que m'a fait l'honneur de m'adresser l'Académie Ébroïcienne; j'espère en obtenir bientôt la permission de l'accepter, et d'ajouter à quelques autres titres scientifiques, celui de Membre Correspondant de cette honorable Société, pour lequel je lui renouvelle tous mes remercimens, vous priant d'assurer aussi Monsieur votre frère, son digne secrétaire perpétuel, de toute ma reconnaissance. »

N. B. Nous avons l'espoir qu'une occasion prochaine nous apportera encore un paquet de graines de ce mûrier, avec quelques autres que nous avons sollicitées de l'obligeance de M. le professeur Moretti.

NOTICE

SUR LA CULTURE

DE L'OXALIS CRENATA,

NOUVEAU LÉGUME,

PAR M. BOSSIN,

Membre Correspondant.

Le procédé que j'emploie, et qui m'a donné cette année de forts beaux résultats en cultivant l'*oxalis crenata*, comme vous pourrez en juger d'après l'échantillon que j'ai l'honneur de vous adresser, consiste, tout simplement, à planter les tubercules fin de février, mars et avril, dans une terre légère, meuble et substantielle, exposée au midi, à la distance de 15 à 18 pouces et à la profondeur de 10 à 12 lignes. Lorsque les tiges ont atteint la hauteur de 8 à 10 pouces, je les fais butter avec de la terre provenant du sol dans lequel ils sont plantés et je continue ainsi l'opération à mesure que les tiges se développent et jusqu'à la fin de septembre. A cette époque, je fais couvrir la sommité des tiges, soit avec de la mousse, soit avec du grand fumier, soit enfin avec des feuilles de chêne ou de chataignier et toujours de manière à priver totalement les tiges du contact de l'air: la sève, se trouvant ainsi contrariée, fait un mouvement rétrograde et en se reportant sur le pied, donne à son passage naissance à une infinité de tubercules, qui se trouvent placés axillairement le long de la tige. J'ai recueilli jusqu'à 400 tubercules sur un seul pied.

La récolte des tubercules n'a lieu que vers la fin de novembre, en décembre et en janvier, après toutefois les avoir garantis des fortes gelées, en doublant la couverture dont j'ai parlé plus haut.

On peut planter les tubercules de l'*oxalis*, soit entiers, soit divisés. Ils viennent parfaitement de boutures, marcottes, etc.

Permettez-moi maintenant de vous entretenir un instant des avantages de l'*oxalis crenata* sous le rapport gastronomique, puisque c'est sous ce point de vue que cette nouvelle plante culinaire fut introduite dans les jardins potagers d'Europe, et que c'est là qu'elle est destinée à occuper le premier rang, concurremment avec les légumes les plus délicats et les plus recherchés.

Pendant l'été, les tiges et les feuilles de l'*oxalis* se préparent à l'instar de la chicorée, des épinards et de l'oseille, son goût acidulé et aigrelet rafraîchit le palais. En supprimant les tiges, on diminue sensiblement la récolte des tubercules; mais on peut obvier facilement à cet inconvénient en en plantant une plus grande quantité, dont la moitié des tiges serait destinée à l'usage de la table et l'autre partie pour la récolte souterraine.

Les tubercules se mangent à la sauce blanche, au jus, en fricassée de poulet ou associés dans les ragoûts comme les champignons et les pommes de terre.

Armoiries

DES PRINCIPALES VILLES DE LA PROVINCE DE NORMANDIE.

PAR M. D'AVANNES,

Président de l'Académie Ébroïcienne.

DEUXIÈME ARTICLE.[1]

Nous devons à de précieuses communications, les armoiries qui suivent et qu'on peut ajouter à la liste que nous avons précédemment donnée.

AIGLE (l') (Orne). *D'or à un aigle à deux têtes, de sable et au chef d'azur, chargé de trois fleurs de lys d'or.*

ARGENTAN (Orne). *A l'aigle impérial de sable (éployé) sur un champ d'or.*

C'est Maltide, fille de Henri Ier, femme de Geoffroi Plantagenne, comte d'Anjou, à qui Argentan avait été promise en dot par son père, qui a accordé à cette ville le privilège de prendre pour armoiries l'aigle impérial qu'elle conservait dans les siennes au droit de son premier mari, l'Empereur d'Allemagne, Henri V, mort en 1125.

DIEPPE (Seine-Inférieure). *Un navire équipé et habillé d'argent, en champ party d'azur et de gueules.*

Le chroniqueur Asseline, dans ses antiquités de la ville de Dieppe, manuscrit de 1682, dit que le navire est d'or.

[1] Voir p. 37 de la 2e partie du vol. de 1836 du Bulletin.

ORBEC (Calvados). *D'azur à trois annelets d'or, 2 et 1, et une fleur de lys également d'or posée en cœur.*

GOURNAY-EN-BRAY. (Seine-Inférieure). *De sable à un cavalier armé d'argent, tenant de la main dextre une lance de même, et une fleur de lys d'or en chef.*

M. De La Mairie, notre honorable collègue, à qui la Société a déjà tant d'obligations, a transmis la notice suivante sur les armes de Gournay.

912.

« En l'an 912, Charles-le-Simple, *de nom comme d'effet*, dit un vieil historien Normand,[1] céda, par le traité de Saint-Clair-Sur-Epte, une partie de son Royaume aux Normands qui, depuis plusieurs années, ne cessaient de le ravager. De chef de pirates, Rollon devint gendre du Roi de France, et prince légitime d'un pays qu'on ne lui aurait pas donné s'il n'avait pas menacé d'étendre plus loin ses conquêtes.

Dans tout ce pays, ce fut un moment d'épouvante quand on sut qu'on allait changer de maître.

Gournay, alors, devint tout-à-coup une ville frontière. Tout changeait pour elle, et elle se demanda, ainsi que toute cette contrée étonnée d'avoir un nouveau nom (la Normandie) à qui elle allait obéir.

On ne tarda pas à le savoir.

Un chevalier aux armes noires, arrive, plante sa lance sur les murailles du château; son écu, noir comme ses armes, ne porte aucun emblème, et dans ce guerrier sinistre la Cité voit son maître. C'était Eudes.

Eudes, un des compagnons intrépides de Rollon.

Les comtes Normands de Gournay avaient pour armoiries un écu de sable pur.

Ce furent les premières qu'eut aussi la ville.

[1] Gabriel Du Moulin.

Vers la fin du douzième siècle, un descendant de cet Eudes, un des Hugues de Gournay, avait environné d'une triple enceinte sa ville devenue riche et populeuse. Bâtie sur un sol uni, elle était l'ornement d'une vallée délicieuse, et les eaux qui l'environnaient la rendaient inexpugnable.[1]

Philippe-Auguste l'attaqua en 1202, parce que Hugues de Gournay s'était déclaré pour Jean-Sans-Terre, après en avoir fait hommage au Roi de France en vertu d'un traité signé entre Gaillon et le Vaudreuil, en 1196, par ce monarque et le Roi d'Angleterre, Richard-Cœur-de-Lion; il inonda la ville pour s'en rendre maître. Il avait arrêté, dans les marais, les eaux de l'Epte et de la Morette: il les avait fait refluer dans d'immenses étangs, aujourd'hui desséchés, et quand il eut amassé assez de flo's et de vengeance, il rompit la digue élevée pour les contenir, et les eaux, dans leur fureur, emportèrent les tours et les murailles qu'elles étaient destinées à défendre.

Philippe entra, par la brèche, avec le torrent. Comme lui il roulait de ruine en ruine. Le temple même où il voulait rendre grâces à Dieu de sa victoire s'écroulait au moment où il allait chanter l'*hosanna* des triomphes.

Emu d'un tel spectacle, il rappelle les habitans effrayés et fugitifs, il leur donne des secours, relève leurs habitations renversées, et comme pour contracter avec eux une alliance solennelle, il fait, dans leur ville, les fiançailles de sa fille Marie

[1] Non procul hinc vicum populosâ gente superbum,
Divitiis plenum variis, famàque celebrem,
Rure situm plano, munitum triplice muro,
Deliciosa nimis, speciosaque vallis habebat
Nomine Gornacum, situ inexpugnabilis ipso,
Etsi nullus ei defensor ab intus adesset.

Guillaume Lebreton. *Philippide*, lib. VI.

avec Arthur, héritier légitime et dépouillé des droits des Plan-
tagenets, qu'il arme chevalier devant eux. Cette cérémonie,
faite sur des débris, semblait n'annoncer rien d'heureux. Peu
de tems après, Arthur fut assassiné par son oncle Jean-Sans-
Terre. [1]

Philippe-Auguste, pour rappeller le souvenir des fiançailles
de Marie de France, sa fille, avec Arthur de Bretagne et de Normandie, plaça l'image du nouveau chevalier dans les armes de
la ville, sur l'écu de sable pur, qu'Eudes y avait apporté en 912.

C'était allier le présent et le passé, le souvenir et l'espérance.

Les armes de Gournay sont depuis cette époque telles qu'on
les a indiquées ci-dessus. »

Toutes les communications qui nous ont été faites, à l'occasion de notre travail sur les armoiries des villes de la Normandie, ne présentent pas assurément un intérêt égal à celui de la
notice que nous venons de transcrire ; mais elles contiennent
des documens précieux que nous offrirons plus tard, et dont
nous prions nos collègues de recevoir nos remerciemens. Nous
citerons seulement aujourd'hui la lettre suivante d'un anonyme
de Bernay :

« Vous placez un lion dans les armoiries de notre ville ; j'avais
pourtant entendu dire que calquées sur les mœurs de ses paisibles habitans, elles consistaient en un *mouton d'argent sur
un champ d'azur*, avec cette devise : LE BARON DE BERNAY.

» Il est vrai que votre lion est *rampant*, et l'on prétendra
peut-être qu'à force de ramper, les tigres, les lions et autres animaux féroces finissent, au tems où nous vivons, par se

---

[1] Nos lecteurs se rappelleront sans doute, à cette occasion, le *Nain
Clichtove*, tradition bretonne publiée en 1833, par madame E. Désormery,
que notre Académie s'énorgueillit de compter au nombre de ses Membres
correspondans, et qui a consigné, dans cet intéressant ouvrage, tous les détails historiques de l'usurpation et du crime du monarque Anglais.

transformer en moutons; de même que les Brutus et les Mutius Scevola de la république *une et indivisible* de 93, sont devenus de serviles sénateurs et d'aristocratiques Pairs de France, en passant par les anti-chambres de l'Empire et de la Restauration.

»Quoiqu'il en soit, vous me permettrez de vous transmettre le récit que m'a fait, ces jours derniers, l'un des anciens du pays; il vient à l'appui de mes *armoiries moutonnières.*

· » Avant la première révolution, les jeunes gens de Bernay *avaient le droit* d'aller, le jour de Sainte-Magdeleine, choisir un mouton dans le troupeau de la ferme de la Magdeleine, appartenant alors à l'hospice; ils le promenaient, conduit par le berger, trois fois autour de la ville, et ensuite en fesaient un repas où les flots dorés de *la vigne Normande* ajoutaient quelques dégrés à la bruyante gaîté de la fête.

»De quelle époque date cette cérémonie? Ce pourrait bien être du tems des Patriarches; mais on aurait de la peine à en administrer les preuves, et voici à cet égard ce que j'ai entendu raconter de plus plausible :

«Il y a bien long-tems, lorsque Bernay était encore une petite ville (il faut toujours parler avec respect du lieu de sa naissance), un berger, menant paître ses brebis, s'apperçut que l'une d'elles s'arrêtait chaque jour pour gratter la terre au même endroit; poussé par la curiosité, il s'empressa d'y fouiller et trouva une statue de la Sainte-Vierge: bientôt le bruit de ce miracle se répandit; les principaux habitans (c'est comme qui dirait aujourd'hui le conseil municipal) se réunirent et résolurent de fonder, en ce lieu, une église sous l'invocation de la mère du Sauveur: mais comme une église ne se bâtit pas en un jour, il advint que quelque *faiseur*, car il y avait dans ce tems là des faiseurs à Bernay, fit changer d'avis sur l'emplacement où l'édifice devait s'élever; on choisit un terrain qu'on prétendit être plus convenable; il était situé, dit-on, au-dessus de l'hospice; on y jeta bientôt les fondemens de Notre-Dame de la Couture, mais chaque nuit, nouveau miracle! Les matériaux se trouvaient reportés au lieu où le mouton inspiré avait découvert la Sainte-Vierge. Force fut donc, après maintes tentatives inutiles, de bâtir Notre-Dame de la Couture, cette charmante église à la flèche élégante et aux brillans vitraux, à l'endroit où on la voit encore aujourd'hui.

« Je ne garantis pas l'exactitude de cette légende, mais au tems de mon grand-père, c'était presqu'un article de foi, et j'aurais plaint le mécréant qui en aurait mal parlé, surtout au repas de la procession annuelle du mouton. »

Un autre anonyme m'a averti que : « Dans l'inscription héral-
» dique en tête du Bulletin, je me suis trompé sur les armoiries
» de Louviers et Bernay » et, à l'appui de son assertion, il cite la description qu'en donne Segoing dans son *Trésor héraldique* ou Mercure armorial; 1 vol. in-f°, imprimé à Paris, en 1642.

J'ai dit précédemment que je dois les armes de Bernay, à l'obligeance de M. Auguste Le Prévost qui possède un ancien sceau de la ville; je crois n'avoir pas besoin d'une meilleure garantie.

Quant à celles de Louviers, j'ai donné la date de la charte qui les concède à cette ville: on serait heureux de s'appuyer toujours sur de pareilles autorités.

Il est présumable que Segoing cite les armoiries de Louviers, telles qu'elles étaient antérieurement aux lettres patentes de Charles VII. Est-il bien constant d'ailleurs que ce soient les armes de la ville qu'il ait données et non pas celles d'une *famille* de cette époque? Le but de son ouvrage, la manière dont il l'a exécuté, permettent au moins des doutes à cet égard. Au surplus, pour ne laisser rien à désirer sur ce point, voici les différentes armoiries qui, dans l'ouvrage dont il s'agit, peuvent s'appliquer à des villes de notre province :

BEAUMONT, [illegible]

BERNAY, D[illegible]

[illegible]

et aux langes de mesme (p. 21).

BRIONNE, De gueules à deux fasces d'or ; accompagnées de trois besans de mesme (p. [illegible]).

EU (comte d'), D'[illegible] (p. [illegible]).

[illegible] semées d'or (p. [illegible]).

EVREUX. De [illegible] d'argent, de gueules (p. 349).

LOUVIERS. D'or à la fasce de gueules, chargée d'un cœur, d'un [illegible]

[illegible]

[illegible]

[illegible]

[illegible]

NORMANDIE [illegible] argent [illegible]

ORNE. D'[illegible]

PONT-AUDEMER. De [illegible] d'un lyon léopardé d'or (p. [illegible]).

SAINT-VALERY. [illegible] (p. 350).

[illegible]

FRAGMENT

INÉDIT

DU VOYAGE EN ORIENT

DE MM. DE CADALVÈNE ET DE BREUVERY,

COMMUNIQUÉ

PAR M. DE CADALVÈNE,

Membre Correspondant.

Nous nous disposions à quitter Damas, quand l'arrivée de trois voyageurs français nous y retint encore quelques jours.

Nos lecteurs n'ont pas oublié deux précédens articles, pleins d'intérêt, détachés, en notre faveur, par notre honorable correspondant, de la partie de cet excellent ouvrage qui rend compte de son excursion en Nubie. Aujourd'hui il veut bien nous offrir encore les prémices de son 3e volume, en nous communiquant, sur sa visite aux ruines de Palmyre, des détails d'autant plus précieux que bien peu de voyageurs ont osé entreprendre, ou pu exécuter ce périlleux voyage. On verra, dans le morceau qu'on va lire, un épisode moitié grave, moitié plaisant, faire un instant diversion aux préparatifs de départ de notre voyageur. Celui qu'il nous promet ensuite, nous peindra la caravane traversant péniblement le désert et toutes les fatigues, toutes les privations, tous les dangers oubliés devant l'imposant spectacle des plus belles ruines du monde.

Nous ne reviendrons pas sur les éloges que nous avons déjà données au *Voyage en Orient*; nous nous bornerons à constater que, presque tous les

MM. Guichard, Lemarchand et Jombert se proposaient, comme nous, de faire une excursion au désert jusqu'aux ruines de Palmyre, et nous résolûmes de la faire ensemble.

Partout ailleurs c'eût été chose agréable pour nous que la rencontre de ces messieurs ; mais à Damas, au milieu d'une population inhospitalière, au moment d'entreprendre une course dangereuse, c'était un véritable bonheur. Il faut avoir été long-tems loin de son pays, exposé aux vicissitudes de la vie aventureuse du voyageur, pour comprendre avec quel transport on accueille alors des compatriotes : rencontrer des Français à Damas, c'était retrouver des amis. Au bout d'une heure nous avions formé avec eux une liaison aussi intime que celle d'anciens camarades d'enfance.

Malgré les difficultés dont le voyageur est sans cesse entouré à Damas, nous avions mieux aimé, jusqu'à l'arrivée de nos nouveaux compagnons, parcourir la ville, suivis d'un seul domestique et mêlés à la foule, que d'attirer sur nous l'attention en reclamant du Pacha un *Kawass* pour nous précéder et nous protéger en cas d'insulte. Notre nombre rendant désormais l'incognito impossible, nous crûmes devoir changer de conduite à cet égard, et nous eûmes, dès le lendemain, à nous applaudir de notre prudence. Le kawass, que nous avions fait demander au Pacha, venait d'arriver, et réunis dans le divan des pères, nous causions tranquillement avec eux de l'emploi de notre journée, quand, tout-à-coup un turc armé, s'introduisant de force dans le couvent, paraît au milieu de nous.

Cet homme était un des gardiens des portes de la ville, qui la

journaux de Paris et de la province lui ont consacré des articles qui confirment pleinement le succès que nous lui avions prédit, et que le public s'est empressé de ratifier ce témoignage unanime de la presse française. (*Note du Rapporteur.*)

veille, avait accompagné les voyageurs pour leur montrer le chemin du couvent. En vain ces messieurs, dont le guide connaissait
la route, avaient voulu refuser ses services; il s'était obstiné à
marcher devant eux, et, dans la confusion inséparable de l'arrivée, il était parvenu, à force d'importunité, à leur arracher quelques piastres. Enhardi par ce premier succès, il revenait alors
à la charge, espérant cette fois leur extorquer une somme
plus forte: — « Ces Francs, dit-il au père supérieur, du ton le
» plus arrogant, me doivent de l'argent. Croient-ils que c'est
» avec quelques misérables pièces de monnaie que des infidèles
» peuvent satisfaire un homme comme moi, quand il a bien
» voulu se déranger pour eux?» — Lançant alors avec violence
sur le tapis cinq ou six piastres : « Il me faut autre chose,
» dit-il; qu'on me paie. »

Quelques minutes se passèrent avant qu'il nous fût possible
de rien comprendre à cette scène étrange, dont nous ignorions
le motif, et, pendant ce tems, notre homme, croyant nous
avoir intimidés, redoublait d'insolence, et nous accablait d'in-
vectives Une fois l'affaire expliquée, comme nous désirions,
dans l'intérêt des pères, éviter une collision, nous l'invitâmes
d'abord à se retirer : il jura qu'il ne quitterait la place que
quand on lui aurait payé par dessus le marché le tems qu'on lui
faisait perdre : nous le menaçâmes du Pacha ; il nous rit au
nez, et nous menaça à son tour de prendre de force ce qui lui
était dû. C'était plusque nous n'en pouvions supporter. Le
Kawass s'était jusque-là tenu prudemment éloigné du lieu de
la querelle; nous l'appelâmes, et, nous disposant à la hâte à
sortir, nous lui donnâmes ordre de nous conduire immédiatement devant le Pacha, avec cet homme, dont il nous répondait.

Interdit à la vue de ce nouveau personnage, notre insolent
visiteur baissa tout-à-coup le ton, et voulut entrer en pour-

parler ; Mais notre tour était venu, et, sans attendre ses explications, nous commençâmes par le jeter par les épaules, hors du couvent. Aussi lâche, quand il vit que l'affaire devenait sérieuse, qu'il était d'abord arrogant, le pauvre diable perdit la tête à la seule idée de paraître avec nous devant le Pacha, croyant déjà sentir sous la plante des pieds les coups de bâton, inévitable résultat de son méfait.

— Frère, disait-il au Kawass, que va-t-il donc m'arriver ? Ces Francs (nous n'étions déjà plus des chiens, ni des infidèles), ne veulent-ils donc rien entendre ? Au nom du ciel, personne n'aura-t-il pitié de moi ?— Appercevant alors le père supérieur qui nous avait suivis jusqu'à la porte : « Prie-les pour moi, lui dit-il ; sauve-moi ; fais que nous n'allions pas chez le Pacha » — Et, le saisissant par le bras avec un mouvement convulsif, il l'entraînait devant nous pour nous barrer le passage.

Enchanté de la tournure que prenait l'affaire, le père Villardella n'avait garde de nous arrêter, mais prenant le ton le plus humble, et ayant l'air de nous implorer : « Bien, nous disait-il ; très bien ; repoussez-moi, ne cédez pas ; il faut que celui-ci serve d'exemple aux autres. Qu'il n'en soit pas quitte au moins sans une bonne peur ; et, fidèles à ses instructions, nous le repoussions en continuant d'avancer. Plusieurs fois le père avait feint de vouloir nous arrêter, et nous avions toujours repris notre marche ; déjà nous étions arrivés au milieu d'un bazar très fréquenté, quand, ne prenant plus conseil que de la terreur dont il était possédé, le malheureux auquel nous faisions si rudement expier son arrogance, tomba à genoux devant nous. Dans un état d'exaspération impossible à décrire, il s'attachait à nos vêtemens, frappait son visage, baisait notre barbe, et, s'adressant tour-à-tour à nous et aux spectateurs que ses cris de détresse avaient attirés : « — Au nom du Dieu puissant, s'écriait-il, faites qu'ils n'aillent pas plus loin, priez-les de ne pas me conduire chez le Pacha. Par la tête de votre père, que son nom soit béni! Soyez miséricordieux, seigneurs, maudit soit le jour où je suis né! Je suis un pauvre homme! C'est le destin qui m'a entraîné!»

Une pareille humiliation, subie en public, valait mieux pour nous que les coups de bâton que nous eussions pu faire administrer au coupable. Elle était la preuve de notre pouvoir, et il nous parut d'autant plus convenable de nous montrer magnanimes, qu'au rassemblement qui se formait autour de nous, nous pouvions craindre d'exciter parmi le peuple un mécontentement qui ne nous aurait pas permis de conduire notre prisonnier jusque chez le Pacha. Nous fîmes donc grâce au malheureux prosterné devant nous, et, retournant gravement sur nos pas, nous le laissâmes raconter sa déconvenue aux musulmans stupéfaits d'avoir vu un des leurs s'abaisser à ce point devant des chrétiens.

Cette aventure, répétée dans la ville, y produisit pour nous le meilleur effet, et les injures, qu'on nous prodiguait auparavant, cessèrent de ce moment. Les marchands des bazars nous considéraient déjà comme des Francs puissants, fort bien en cour auprès du Pacha; quand le hazard vint mettre le sceau à notre réputation.

Nous venions de visiter le palais du Pacha, triste masure de bois vermoulu, lorsqu'à quelques pas delà l'un de nous acheta une pelisse garnie de fourrure de la forme de celles dont les grands ont coutume de revêtir, dans les occasions solennelles, les visiteurs de distinction. Enchanté de sa nouvelle acquisition, il garda sur ses épaules la pelisse qu'il venait d'essayer, et nous continuâmes notre route sans pouvoir nous rendre compte du mouvement de curiosité inaccoutumé qui se manifestait sur notre passage. C'était déjà chose rare et digne de remarque que la présence de cinq Francs réunis à Damas, et cet

évènement extraordinaire fournissait depuis plusieurs jours
matière aux conversations des oisifs des cafés; mais voir ces
Francs admis à de longues conférences avec le Pacha, les voir
revêtus par lui de pelisses d'honneur, c'était à se perdre en
conjectures. Comme c'est toujours l'usage en pareil cas, des
témoins dignes de foi nous avaient vu traiter le Pacha d'é-
gal à égal; on avait rencontré ses officiers qui nous accompa-
gnaient au couvent avec les marques du plus profond respect;
et mille autres contes de la même nature; le tout à propos
d'une pelisse qui ne valait pas 300 piastres! Les Chrétiens, toujours empressés de persuader que les souverains d'Europe les
protègent, pour s'appuyer de leur mieux de cette protection
imaginaire, allaient partout faisant sonner bien haut notre importance, et, au bout de huit jours, il était constant dans Damas
que nous étions venus pour négocier la remise de Jérusalem
entre les mains des Francs.

Cette mission ne nous occupait cependant pas tellement, que
nous n'eussions le temps de donner nos soins aux préparatifs
de notre voyage aux ruines de Palmyre.

Cette excursion, qui présente en tout temps les plus graves
difficultés, en offrait alors plus que jamais. Le choléra, qui venait de se déclarer à Bagdad et à Bassora, avait contribué à
rassembler dans le Nord du désert un assez grand nombre de
tribus fuyant devant le fléau.

M. Baudin avait sollicité pour nous du Pacha un *bouyourdi*
(ordre) pour les Chéikhs du désert; mais celui-ci avait refusé
de nous l'accorder immédiatement.

« Ils sont libres de partir, avait-il dit, mais je ne veux pas
qu'on puisse m'accuser de leur avoir facilité ce voyage, s'il devait leur être funeste: je ferai prendre des renseignemens sur
l'état du désert, et s'ils sont favorables, je leur délivrerai le
bouyourdi. »

En attendant le résultat des informations, nous passions nos journées à parcourir Damas et ses environs. Souvent, dans nos promenades, nous venions nous reposer au pré (*eb Merdji*), jolie vallée verdoyante, arrosée par le *Barrada* avant son entrée dans la ville. Un derviche, seul gardien d'un *Tékié* (couvent) de son ordre, nous vendait quelques tasses de café que nous prenions à l'ombre de vieux platanes, près d'un beau bassin de marbre à demi détruit; deux rangs de chambres élégantes, surmontées chacune d'une petite coupole couverte de plomb, bordaient les deux côtés de la cour du *Tékié*, au fond de laquelle s'élevait une jolie mosquée à deux minarets ; le côté opposé était occupé par un hospice et par de grands fours destinés à cuire chaque jour, pour les pauvres, une certaine quantité de pains de maïs. Les fonds de cette pieuse fondation avaient été détournés ; les cellules des derviches étaient désertes ; l'hospice tombait en ruines; le Muezzim avait cessé d'appeler du haut des minarets les fidèles à la prière, et une destruction prochaine menaçait ce joli monument.

Souvent aussi, à notre retour dans la ville, nous nous arrêtions pour prendre le frais dans quelqu'un des nombreux cafés, cités comme les plus beaux de l'Orient. Qu'on se garde bien de croire cependant qu'aucun des cafés de Damas puisse rien offrir de comparable à la réunion d'objets de luxe que notre civilisation raffinée exige chez nous du moindre établissement de ce genre. De l'air, de la verdure, de la fraîcheur, voilà tous les agrémens des cafés de Damas, tous ceux que demande la simplicité des mœurs de l'Orient. Quelquefois un motif religieux a déterminé le choix de leur emplacement : le tombeau d'un saint personnage est devenu un lieu de réunion; un cafetier s'y établit pour la commodité des visiteurs, et peu à peu de légères galeries de bois s'élèvent autour du tombeau; les fidèles y viennent prier, les voyageurs reclamer l'hospitalité ou déposer leurs bagages sous la protection du Saint, et les oisifs finissent par s'y rassembler chaque jour. Le plus renommé de ces cafés est celui de *Bab Essalam* (la Porte du Salut): ses longues galeries irrégulières s'étendent sur un des bras du *Barrada*, et sur une petite île qu'il entoure de ses eaux; des trembles, des peupliers, des saules entrelaçant leurs branches, le protègent contre les ardeurs du soleil, pendant que la chûte, qui met en mouvement la roue d'un moulin voisin, entretient dans l'air une fraîcheur continuelle. Les galeries du café de *Bab Essalam* sont bien quelque peu vermoulues; leurs planchers percés à jour, semblent bien ne pas présenter toute la solidité désirable; ses balustrades pourries, les escaliers tremblans qui joignent ses étages irréguliers paraissent, il est vrai, plutôt des pièges tendus à l'inexpérience de ceux qui le fréquentent que des moyens de sûreté ou de communication; mais l'air y est si frais, la verdure si bell e, l'eau si limpide, que, malgré tous ces inconvéniens, le café de *Bab Essalam* est le plus fréquenté de la ville, et paraît aux optimistes Damasquins le type du plus beau des cafés possibles.

Pendant que le Pacha faisait prendre des renseignemens sur l'état du désert, nous cherchions de notre côté à nous procurer un guide dont l'expérience pût nous être utile dans cette course périlleuse, et, grâces aux soins de M. Baudin, nous découvrîmes l'homme peut-être le plus capable par sa position de nous donner au désert une protection efficace.

Le vieil *Amid* était, bien que chrétien, procureur à Damas des principales tribus, et cette espèce de *consulat* était, depuis plusieurs générations, héréditaire dans sa famille. C'était à lui que les caravanes payaient, avant leur départ, le droit de sûreté,[1] et, sur son *laisser passer*, elles pouvaient traverser le

[1] Ce droit était alors de 22 piastres par chargé pour les caravanes de Bagdad, et chaque persan payait en outre, pour son passage, un droit personnel de 35 piastres.

désert sans être inquiétées, les Arabes étant sûrs que le tribut accoutumé avait été versé entre ses mains. En considération des services qu'il rendait aux Bédouins, *Amid* jouissait auprès des Chéikhs des vingt-quatre grandes tribus *Anesé* du droit de fraternité pour lequel il leur payait seulement à chacune une paire de bottes ou un *machlah* (manteau) par an. Aussi, fier de ces honorables relations, s'écriait-il avec orgueil qu'il n'existait pas au désert un seul homme de qui son nom ne fût connu. Malgré cette assurance, Amid ne nous inspirait qu'une confiance fort limitée, et le vague de ses explications sur les dangers que nous pourrions courir, joint à l'impénétrable expression de sa physionomie, nous laissant quelque doute sur sa fidélité, nous résolûmes de traiter avec lui à forfait pour toutes les chances de la route. Moyennant 4,000 piastres, il s'engagea à nous défrayer de tout, et à prendre à son compte toutes les avanies dont nous pourrions être frappés en chemin.

Le marché conclu, il fallut présenter notre guide au Pacha, et le lui faire agréer. Il répondit de notre sûreté sur sa tête, sur celle de sa femme et de ses enfans qu'il laissait en ôtage à Damas, et nous reçûmes enfin avec notre *bouyourdi* pour les Chéikhs du désert, la permission de partir.

ADIEUX A LA VIE,

PAR MADAME ÉVELINES DÉSORMERY,

Membre Correspondant.

D'où vient que l'aquilon gémit dans la bruyère?...
Qui m'appelle? Est-ce toi, sinistre voix des morts?....
Mon oreille jamais n'entendit sur la terre
    De si tristes accords.

Un luth mystérieux vibre des sons étranges ;
Ces sons lents et plaintifs ont fait battre mon cœur :
Ils ressemblent aux chants que murmurent les Anges
    Dans un jour de douleur.

Quels accens solennels bercent ma rêverie !
Annoncent-ils des tems purs et divins comme eux ?...
Quand pourrai-je, du ciel, promener sur la vie
    Un regard dédaigneux ?

Comme l'oiseau timide, au sein de la tourmente,
Dans son vol empressé cherche un feuillage épais;
Je cherche la demeure où l'ame indépendante
    Doit reposer en paix.

D'autres yeux, je le sais, ont découvert des charmes
Aux heures que le Sort leur donnait comme à moi :
Pour eux le tems fut calme, et des jours sans alarmes
    N'éveillent point l'effroi.

Quelques heureux mortels voguent sans défiance,
La nef qui les entraîne a deviné l'écueil ;
Le rivage est pour eux beau comme l'espérance,
    Ou comme un doux accueil.

Sans doute qu'à leur char la fortune fidèle
Leur accordait ces biens que je n'ai pas connus :
Les songes du printems envolés sur son aîle
    Ne sont pas revenus.

Près du lit des mourans, une brulante flamme
Ne s'est pas épuisée en efforts douloureux;
Et les premiers objets qui remplissaient leur âme
    Vivent encor pour eux.

Ils n'ont point vu languir sur de lointains rivages
La plante dont leur soin entr'ouvrit le bouton,
La seule qui donnât, après de longs orages,
    L'espoir d'un rejeton.

Tant de revers, peut-être, ont passé sur leurs têtes ;
Mais des cœurs trop légers ne les ont pas sentis :
L'enfant ouvre à regret, sous le ciel des tempêtes,
    Ses yeux appesantis.

Sans guide, sans appui dans ma pénible course,
Ai-je touché le but où j'osais aspirer ?

Mes lèvres ont puisé le poison à la source,
　　Sans se désaltérer.

Que ferai-je des jours que le destin me laisse ?
L'habile nautonnier craint un phare imposteur :
J'abandonne aux heureux l'espoir de la jeunesse;
　　Je garde mon malheur.

Un autre espoir, nourri par les ames pensives,
Me rend ces biens du ciel que j'ai souvent rêvés:
Aux festins éternels, pour de chastes convives
　　Dieu les a réservés.

Sujet d'un autre monde, ami que je révère !
Toi qu'un songe funèbre a parfois reproduit,
Je t'appelle souvent à la douce lumière
　　Des filles de la Nuit.

Habitant des lieux saints ! vers la route inconnue,
Où tes heureux esprits dirigent leur essor,
Pareils au doux rayon qui se perd dans la nue,
　　Mon œil te cherche encor.

Endormi mollement entre les bras des Anges,
Tu n'as plus du passé gardé le souvenir ;
Nos ennuis et nos jeux sont de tristes mélanges
　　Que tu ne peux sentir.

Si la voix de ta fille aux célestes demeures
Eût porté le récit des maux qu'elle a soufferts,
Elle aurait vu changer en de paisibles heures
　　Ses jours les plus amers.

Le cercle de la vie autour de moi s'achève ;
Le moment qui s'enfuit terminera son cours :
Attends une saison, et mon pénible rêve
    S'efface pour toujours.

Comme un frêle rameau se détache de l'arbre,
Et meurt inaperçu dans l'ombre des côteaux,
Mon nom sevré d'éclat s'éteindra sous le marbre
    Qui cèle les tombeaux.

Pourtant je crus presser une harpe sonore ;
Mais ses cordes d'airain ne m'ont rien répondu,
Et le frémissement du son qui s'évapore
    Sous mes doigts s'est perdu.

DESCRIPTION

DES DIVERS GENRES

DE LA PEINTURE,

EXTRAIT D'UN POÈME INÉDIT, CH. Ier.

PAR M. FOURNIER-DES-ORMES,

Membre Correspondant.

—————

. . . .

Mais aux ordres du Dieu dont le flambeau t'éclaire,
Déjà s'ouvre à tes yeux la brillante carrière!
Tout palpitans d'espoir, de crainte, de plaisir,
Vois-tu ces fiers rivaux s'empresser d'y courir ?
Celui-ci va puiser aux sources de l'histoire ;
Les sièges, les combats présens à sa mémoire,
Il les peint, et ces feux lancés de toutes parts,
Et la flamme ondoyante embrasant les remparts ;
De cadavres sanglans les campagnes fumantes,
Sur leurs enfans meurtris les mères expirantes,
Des rois en leur délire épouvantables jeux,
Flattent de ses pinceaux les élans généreux :
Heureux, quand d'une main par l'honneur affermie,

D'une coupable gloire il trace l'infamie,
Et que du sceau hideux de leurs crimes divers
En flétrissant leurs fronts, il venge l'univers !
Celui-la loin du monde, assis sur la verdure,
Des déités des bois imite la parure ;
Le Zéphir qui se joue, un gazon qui sourit,
Les flots qui mollement serpentent dans leur lit,
De gras troupeaux errant dans de gras pâturages,
Et la chèvre pendante à des roches sauvages ;
Des Dryades en chœur et les bras enlacés
Il offre le sourire et les pas cadencés;
Et Perette joyeuse, au retour de la ville,
Sous ses pinceaux légers, court et fuit plus agile !...
L'autre, habile à saisir la vérité des traits,
Semble d'un feu céleste animer ses portraits;
Par lui, de l'amitié je possède le gage;
Par lui, l'épouse absente adoucit son veuvage :
Et, par la tombe enfin vainement séparé,
Vit près de nous encore un objet adoré.

Un plus vaste génie, en nos saints tabernacles,
De l'antique Israël reproduit les miracles ;
Sous ses traits enflammés Dieu réveille les morts,
Le flot épouvanté s'enfuit loin de ses bords,
Et les foudres vengeurs éclatent dans la nue.

Un autre, des objets resserre l'étendue;
Et, peignant et les cieux, et la terre, et les mers,
Son art en abrégé nous montre l'Univers.
Un magique pouvoir, et non moins doux encore,

Transporte mes esprits dans l'empire de Flore;
De toutes parts, mes yeux demeurent éblouis
De l'éclair des saphirs et du feu des rubis ;
Le Zéphir semble encor, par sa douce influence,
De mes sens rafraîchis raffermir la puissance ;
Et nos cœurs abusés demandent, tour-à-tour,
Un laurier pour Bellone, un myrthe pour l'Amour.

Que dirai-je de ceux dont le noble délire,
Sur la toile indignée appellant la satyre,
Se montre, par des traits dignes des plus beaux vers,
L'appui de l'innocence et l'effroi des pervers ?

Il en est dont le goût pour le genre burlesque,
Comme Callot, se plaît à peindre le grotesque.
Quelquefois une vieille, aux genoux chancelans,
Offre son front flétri que sillonnent les ans :
De son dos arrondi l'inégale structure,
Ses haillons des ruisseaux balayant l'onde impure,
Autour d'elle à l'envi rassemblent les railleurs ;
Elle en rit la première et nargue les moqueurs.

Une table plus loin, propre et non magnifique,
Se charge des apprêts d'un déjeuner rustique :
L'un, d'un ais chancelant s'accommode et s'y plaît;
L'autre, d'un vieux tonneau se fait un tabouret ;
Gais convives, les bras appuyés sur la table,
Ils s'enivrent gaîment de leur jus détestable :
Mais les airs ont frémi sous les pipeaux joyeux,
Et la danse a formé ses cercles amoureux :

Lyeas, à la faveur du tambour qui résonne,
Ose un double attentat que Lise lui pardonne;
On sourit, on s'embrasse et, dans cet heureux jour,
La gaîté tourne encore au profit de l'amour,
Et leurs ébats bruyans que le côteau renvoye
Aux châteaux d'alentour font connaître la joie.....,
....

A UNE MÈRE CHRÉTIENNE,

PAR M. LE VICOMTE IS. DE GAILLON,

Membre Correspondant.

Pourquoi me demander (c'est un soin qui me touche,
Mais la réponse, hélas! trompera votre espoir)
Si le nom du Seigneur est souvent sur ma bouche,
Et si je joins les mains pour l'oraison du soir?
Si, quand pour m'endormir j'ai soufflé sur ma lampe,
Mon cœur comme autrefois s'offre à Dieu tout entier?
Si je signe mon front, et si mon doigt se trempe
  Dans l'eau sainte du bénitier?

Hélas! non... cependant le Christ, dans mon alcôve,
Est encore à l'endroit où vous l'avez placé :
Mais je n'ai déjà plus, et c'est la foi qui sauve,
Le portrait qu'en mon cœur vous en aviez tracé.
L'image de Marie est suspendue encore
Au chevet de mon lit (qu'elle y reste à jamais!)
Mais ces mots consacrés, par lesquels on l'implore;
  Depuis long-tems je les omets.

C'était, il m'en souvient, une douce prière,
Et je la récitais, enfant, sur tes genoux ;
Et ma voix s'unissant à la tienne, ô ma mère!
Je lui disais : « Marie! ayez pitié de nous! »

Ensemble, que de fois nous l'avons invoquée !
Nous pleurions avec elle au pied du crucifix,
Afin que notre place un jour nous fût marquée
    Dans le royaume de son fils.

Mais le tems éteignit cette première flamme ;
Ma ferveur ne jeta qu'un éclat passager.
Aux profanes pensers j'abandonne mon ame,
Courant sans cesse après un bonheur mensonger.
Mon cœur toujours en guerre au dedans de lui-même,
Et passant du désir à la satiété,
Ne trouve en chaque objet qu'il poursuit et qu'il aime,
    Qu'une ombre de félicité.

J'ai trop vîte oublié tes leçons, ô ma mère !
Et la loi de ce Dieu que tu m'avais prêché.
Depuis ces jours mon ame est devenue amère,
Comme si j'avais bu quelque absynthe caché.
Hélas ! dans les plaisirs vainement on se noie,
Même nos voluptés se tournent en douleurs ;
Un charme nous aveugle, et nous cherchons la joie,
    Où nous allons trouver les pleurs.

En quel dénûment suis-je ! et que mon joug est rude,
Près du joug du Seigneur qu'autrefois j'ai porté !
Toujours changeant au gré de mon inquiétude,
Je ressemble au vaisseau sur les flots balloté.
Ne pouvant m'élever, de l'abyme où je tombe,
Vers ces biens éternels que la foi nous promet,
O douleur ! j'ai déjà regardé sous la tombe
    Pour voir comment on y dormait.

Ma mère, toi du moins qui sais prier encore,
Toi qui, soir et matin prosternée humblement,
Lèves vers le Seigneur une voix qui l'implore,
Porte-lui de ma part ce long gémissement :
Dis à Dieu que je souffre, et que tu m'as vu triste,
Et que déjà vers lui pressentant mon retour,
Je doute si pour nous quelque bonheur existe,
    Ma mère, ailleurs qu'en son amour.

Surtout quand vient la nuit, quand c'est l'heure où je vole
Vers ces plaisirs qui m'ont follement attiré,
Quand sur son crucifix ta bouche alors se colle,
Ou que contre ton sein ton bras le tient serré,
Ma mère, dis-lui bien, durant ta sainte veille,
Dis-lui bien que, suivant ce dangereux chemin,
J'ai toujours expié les plaisirs de la veille
    Par les regrets du lendemain.

Rappelle-lui surtout ces jours de ma jeunesse
Où j'avais pour son temple un zèle si fervent :
Peut-être il permettra que cet amour renaisse,
Car à ces souvenirs je retourne souvent.
Oui, je me représente encore la chapelle
Où je communiai pour la première fois ;
Et je crois voir alors mon Dieu qui me rappelle,
    Et mon oreille entend sa voix.

Puis il me parle aussi par la tienne, ô ma mère !
Combien de fois déjà tu m'as sollicité !
Mais je n'ai pas cessé de suivre ma chimère,
Mais à ton doux appel j'ai toujours résisté.
Tes plus sages conseils me trouvent indocile,

Et lorsque tout en pleurs vers moi tu tends les mains,
Comme ce fils ingrat dont parle l'Evangile ,
    Je vais errant par les chemins.

Console-toi pourtant : mon ame n'est qu'absente ;
Peut-être quelque jour reviendrai-je vers toi.
Mais qui sait les douleurs qu'il faut que je ressente,
Pour mériter de Dieu qu'il me rende la foi ?
Qui sait par quels sentiers il faudra que je passe ?
Des monts que je gravis qui connaît la hauteur ?
Console-toi pourtant : quand la brebis est lasse,
    Elle revient au bon Pasteur.

Traité

DE LA

CULTURE DU MURIER

ET DE

L'Education des vers-à-soie

PAR M. LE DOCTEUR MORETTI,

PROFESSEUR DE BOTANIQUE A L'UNIVERSITÉ I. ET R. DE PAVIE,

TRADUIT DE L'ITALIEN ET ABRÉGÉ

PAR M. EDMOND MARC,

Membre Résidant.

DEUXIÈME ARTICLE.[1]

Transplantation définitive du mûrier dans les champs.

Toutes les espèces de terre ne sont pas également propres au développement de cet arbre. Celles qui sont un peu argileuses, mêlées d'une forte dose de chaux carbonique, lui-

[1] Voir volume de 1836, 2ᵉ partie, page 292.

conviennent mieux que celles qui sont trop pierreuses. Dans celles-ci, qu'on appelle aussi terres légères, il croit vigoureusement les premières années, surtout si elles sont bien fumées, mais peu à peu, si on ne lui donne pas beaucoup de soins, il languit et donne très peu de produit; quant aux terrains tout-à-fait humides, ou à ceux où l'eau est stagnante pendant quelque tems de l'année, il faut se garder d'y mettre des mûriers, qui y périraient tous plus ou moins promptement.

Les trous doivent être ouverts six mois au moins à l'avance; ils doivent avoir au moins cinq pieds et demi sur chaque face, et quatre de profondeur; il faut aussi qu'au fond des trous, la terre soit bien remuée et ameublie à une certaine profondeur; on a même observé qu'en creusant les trous encore plus qu'il n'est d'usage, on obtient des sujets d'autant plus vigoureux. Il est en outre très avantageux de jeter au fond des trous une certaine quantité de sable silico-calcaire, dans le cas où le sol serait trop argileux et humide, pour faciliter l'écoulement de l'eau, et éviter que les racines ne pourrissent. Au contraire, si le terrain était naturellement aride, sablonneux et très perméable, il serait bon de mêler une terre argileuse à celle qui garnit le fond, et de disposer celle de la superficie en entonnoir, autour du tronc; quoiqu'ait pu dire *Verri*, il nous a toujours très bien réussi de déposer aussi au fond des trous une certaine quantité de substances végétales ou animales d'une décomposition difficile, comme, par exemple, des genêts, des ronces sauvages, des épines noires et blanches, etc., des morceaux de vieux cuirs, des raclures de cornes et autres semblables. On jette quinze à vingt centimètres de terre, par-dessus la couche plus ou moins épaisse que forment ces substances.

On ne saurait être assuré de la bonne végétation d'un mû-

rier planté à cet âge, s'il n'a pas été déraciné avec soin , sa vie
dépendant précisément du plus grand nombre de racines
qu'on lui laisse, et particulièrement des derniers filets qui sont
destinés à absorber les sucs nécessaires à la nutrition et à la vie
de l'arbre. Toutefois cette opération délicate (pour laquelle il
faudrait, pour bien faire, laisser autour du tronc au moins un
pied de terre, en creusant autour un petit fossé pour soulever
les racines à l'aide d'une fourche; ou mieux encore avec les
mains) est généralement pratiquée avec autant de négligence
que si les racines étaient inutiles au mûrier ; aussi ne lui mé-
nage-t-on pas les secousses, et n'est-ce d'ordinaire que déchi-
rés et mutilés que sortent de terre ces organes si essentiels à sa
vie. Il y en a même qui croient faire preuve d'intelligence en
arrachant la plus grande partie de ses racines, pour que l'arbre
en en poussant de nouvelles, devienne plus vigoureux. .

Lors donc que le mûrier aura été le mieux possible arraché
en automne ou au printems, quand la lymphe est en repos,
on choisira un jour doux, un peu humide, et une atmosphère
calme, et alors on étalera dans la fosse les racines en leur donnant la direction qu'elles avaient auparavant, si cependant
quelques unes avaient été en partie gâtées ou déchirées, il faudra les couper bien net, de peur que ces lacérations ou contu-
sions venant à se pourrir, ne déterminent quelques maladies,
et spécialement le chancre.

Le mûrier déposé dans le trou, et ses racines régulièrement
placées, il est bon de les couvrir de quatre ou cinq doigts de
terre, sur laquelle on jetera un composé de feuilles d'arbres,
de tiges de maïs et de fumier d'écurie. Ensuite on remplira
les trous avec la terre qu'on en avait tirée pour les faire; la
profondeur à laquelle devra être enterré le mûrier ne devra
pas excéder un pied : en outre si la terre était un peu sèche,

il n'y aurait pas de mal de la faire arroser aussitôt après la plantation.

Après cette opération, il faut songer à garantir l'arbre des nombreux accidens qui peuvent lui arriver. Il souffre extrêmement des secousses que lui font éprouver les grands vents et les bestiaux. Pour éviter les premières, on le fixera à un gros pieu, jusqu'à ce qu'il soit assez fortement attaché à la terre par ses racines. Le comte *Verri* a sagement recommandé de planter ce soutien avant de jeter dans le trou la terre qui en avait été tirée, parce qu'en le plantant après, on courrait risque de ne pas le fixer bien solidement, et de faire du tort aux racines ; mais il y a d'autres secousses à éviter, celles des chevaux et des bestiaux qui sont une cause de ruine totale pour tous les jeunes mûriers, dans presque toute la plaine de Lombardie, où l'on mène paître en pleine campagne de nombreux troupeaux de vaches. Nos cultivateurs les plus soigneux savent éviter ce grave inconvénient, en entourant chaque individu de trois pieux liés entr'eux par de petites traverses qui empêchent les animaux de s'en approcher. Si l'on ne peut supporter ces frais, il faut renoncer à cultiver les mûrier dans ces sortes de champs ; ce serait perdre son tems et son argent.

Les grandes ardeurs du soleil d'été, les fortes gelées d'hiver, et la morsure envenimée des chèvres ne font pas moins de tort aux jeunes mûriers. Il n'y a pas de meilleur moyen de les en défendre que de les garnir de paille, de roseaux, ou d'épines, qu'il faut y attacher assez lâche, de peur de gêner le developpement des arbres ; on leur laissera cette défense pendant trois ou quatre ans ; seulement, à chaque printems, il sera bon de changer les liens et d'attacher les nouveaux à une autre place que les premiers, de peur que le tronc, en grossissant, ne souffre de leur contact.[1]

---

[1] Nous ne pouvons passer sous silence une pratique que nous avons mise en

Soins à donner aux mûriers définitivement transplantés, pendant les cinq premières années.

Nous avons déjà vu que notre mûrier, en sortant de la seconde pepinière, a trois rameaux qui, en s'allongeant, deviendront les branches principales de l'arbre. Ces rameaux devront être coupés avant ou aussitôt après la transplantation à la hauteur d'au moins une palme. Cette opération se pratiquera horizontalement, et immédiatement au-dessus du dernier bourgeon placé en dehors du rameau; on n'en laissera subsister qu'un seul au-dessous et, autant que possible, ce second bourgeon sera placé du côté opposé au premier. Comme ces rameaux sont destinés à former les principales branches de l'arbre, il est bon de les diriger de manière à ce qu'ils soient également distants les uns des autres, et à ce qu'ils forment avec le tronc un angle de quarante-cinq dégrés, en convergeant en demicercle. Si obéissant à leur nature, les rameaux d'une certaine variété de mûrier, tendaient, comme ceux de la seconde espèce, à se trop écarter on les attacherait les uns aux autres avec de l'osier ou des ficelles, afin d'éviter qu'ils ne forment des branches presqu'horizontales, qui, outre la mauvaise figure qu'ils donnent à l'arbre, sont moins propres à pousser les ra-

usage et dont l'extrême beauté de nos plantations ne nous permet pas de regretter l'application: on ne la prescrit point rigoureusement, mais les personnes attachées à leurs plantations ne négligeront peut-être pas de la suivre. Il s'agit d'empailler les jeunes mûriers depuis le bas de la tige jusqu'à la tête, cette attention garantit l'écorce des ardeurs du soleil et des grands froids de l'hiver, qui font quelquefois éclater l'écorce et occasionnent par suite une déperdition de sève désavantageuse à l'arbre. Au surplus, une claie de paille de seigle suffit pour plusieurs; la dépense est modique, et l'objet en est intéressant.—*Thomé, Mém. sur la culture du mûrier blanc, p, 41.*

meaux de deuxième et de troisième ordre, qui produisent la feuille. On opérera d'une manière toute contraire pour les mûriers dont les rameaux ont une tendance à s'élever verticalement, comme dans la sous-variété assez rare chez nous, appelée *Mûrier Cyprès* (*Gelso cipressino o pirolo*). Dans ce cas on emploie, pour les écarter, de petits poids qu'on y attache, ou mieux encore de petites fourches de bois, qui se placent entre deux rameaux et les tiennent à une bonne distance. Nous ne saurions trop recommander ces opérations qu'ont généralement négligé de prescrire ceux qui ont le mieux écrit sur ces matières.

Les printems suivant, on coupe les pousses de l'année précédente à la hauteur de vingt à vingt-cinq centimètres toujours horizontalement et bien net, immédiatement au-dessus d'un bourgeon placé en dehors ou au moins de côté. On en laissera de même un second du côté opposé ; si par hasard les bourgeons supérieurs ne faisaient pas bonne figure, ou étaient trop faibles, il n'y aurait pas de mal d'en laisser deux autres au-dessous, en ayant toujours soin de conserver ceux qui sont placés le plus haut ; pendant le travail de la végétation, il ne faut pas négliger de visiter souvent les mûriers, dont il faudra détacher toutes les pousses excepté les deux qu'on conserve sur chaque rameau ; puis, on retranchera sur ces dernières, et particulièrement sur la pousse supérieure, qui doit former le prolongement d'une branche principale, les petits rameaux latéraux qu'elle pourrait pousser de tems en tems, de manière à ce qu'elle reste tout d'une venue, et ne porte que des feuilles.

Au commencement du même printems, il ne faut pas oublier d'enlever autour du pied de l'arbre quatre ou cinq doigts de terre, et de couper toutes les racines qui seraient venues à fleur de terre, ce qu'il sera bon de répéter chaque année jusqu'à la cinquième.

La troisième année, il s'agira de tailler les rameaux qu'aura produits la deuxième, et on y procédera suivant les règles prescrites pour ceux de la première. S'il est poussé de nouveaux rameaux en dedans, on les coupera le plus près possible du bois, afin d'éviter les bourlets. On raccourcira tous les rameaux latéraux qu'on a conservés, en prenant garde qu'ils ne s'entrelacent les uns avec les autres, et en supprimant encore les plus minces, ceux qui sont morts, ou qui ont une apparence maladive, ce qui donne ordinairement au mûrier l'aspect d'un buisson.

Quant aux rameaux intérieurs, qui absorberaient inutilement une partie de la force végétative, l'agriculteur qui aura soin de détacher, la seconde année, les bourgeons dès qu'ils se montreront à l'intérieur, les aura bientôt fait entièrement disparaître.

Cet ordre une fois établi, il faut émonder toutes les petites branches qui montent en l'air, pour les empêcher de trop s'élever, et leur faire multiplier leurs rameaux, la règle générale étant qu'on double une branche en la taillant ; alors, quand elles sont ainsi coupées à une hauteur égale et modérée, l'arbre se couvre bientôt de branches assez bien disposées pour qu'on puisse les atteindre avec la main, et faciliter la récolte en les pliant. Il faut aussi supprimer toutes celles qui s'entrelacent, et dans ce cas, un agriculteur intelligent, sans faire disparaître toute une branche, n'en détachera que la partie défectueuse, en ayant soin de couper au-dessus d'un bourgeon placé dans une bonne direction.

Lorsque le vide sera formé au milieu de l'arbre, et qu'on se sera conformé à toutes les recommandations précédentes, il faudra raccourcir à leur tour toutes les petites branches extérieures, pour qu'elles se multiplient, et pour éviter qu'en grossissant et en s'allongeant par trop, le cueilleur ne puisse plus que difficilement les tirer à lui pour les dépouiller.

Après ces trois opérations, il faut couper encore les rameaux trop grêles ou trop faibles.

Après trois ans de transplantation définitive il y en a qui commencent à cueillir la feuille ; mais, à moins d'une nécessité impérieuse, il vaudrait mieux attendre pour cela au moins la cinquième ou la sixième année. On continue à faire disparaître les rameaux intérieurs, surtout ceux qui se presseraient trop sur un même point, ou qui s'entrelaceraient les uns dans les autres. On coupe de même les petites branches faibles, celles qui sont mortes, celles encore que le vent aurait cassées, et enfin la tête des hautes branches. Ces travaux s'exécuteront au printems, lorsqu'on n'a plus rien à craindre des gelées ; si cependant on voulait en cueillir la feuille, alors on y procéderait immédiatement après la taille.

Le cultivateur doit faire son profit pour les années suivantes, des règles que nous avons prescrites pour les quatre premières, en observant toutes fois qu'il devra couper la branche d'autant plus bas, qu'elle sera plus faible et plus délicate, afin de lui donner de la vigueur ; ce qui lui réussira surtout quand cette branche aura formé en s'élevant un angle de vingt à trente dégrés avec le tronc principal auquel elle s'attache : le contraire se pratiquera sur les branches vigoureuses, que l'on tiendra plus longues.

HISTOIRE

DE LA

TRANSFUSION DU SANG,

PAR M. RAMAUGÉ,

Membre Correspondant.

Premier article.

De toutes les doctrines thérapeutiques qui se sont succédées depuis la naissance de la médecine, il en est une qui, pendant quelques années, excita au plus haut point l'attention des médecins et des philosophes ; je veux parler de la transfusion du sang.

Ce fut vers le milieu du XVIIe siècle, quelques années après la découverte de la circulation, faite en 1628, par le célèbre Harvey, médecin anglais, que la transfusion fut, pour la première fois, tentée sur l'homme. Reçue d'abord avec transports, avec applaudissemens, comme tout ce qui est nouveau, et appliquée sans ménagement, cette opération devait bientôt occasionner des accidens qui la feraient défendie ; en effet, une sentence du Châtelet fut rendue le 17 avril 1668, qui menaçait de prison quiconque ferait la transfusion, sans l'approbation des médecins de la Faculté de Paris. Cette société savante n'ayant jamais accordé son suffrage, depuis cette époque la transfusion tomba dans un oubli qu'elle méritait alors. Mais comme, depuis plusieurs années, de nouvelles expériences de transfusion sur l'homme, publiées en France et en Angleterre, pratiquées d'une manière plus rationelle et dans des cas spéciaux, semblent avoir obtenu des conséquences plus heureuses ; comme aussi, un certain nombre des médecins les plus distingués de notre époque, se montrent partisans, du moins pour ces cas spéciaux, de la transfusion du sang, nous croyons qu'il ne sera pas sans intérêt, même pour les adeptes de toute science étrangère à la médecine, de connaître l'histoire et le mode d'application de cette méthode thérapeutique. Ces deux points nous serviront de matière pour deux articles séparés ; nous n'aurons donc à nous occuper dans celui-ci que de l'histoire de la transfusion, des expériences qui furent faites à l'époque de sa découverte, et des querelles médicales auxquelles elle donna lieu.

—

Vers l'année 1664, des médecins plutôt anatomistes que physiologistes s'imaginèrent que, puisque toutes les maladies dépendaient d'un sang vicié, on pourrait les guérir toutes en injectant dans les veines des malades, le sang d'animaux ou d'adultes bien portans. Ils n'espéraient par là, comme on voit, rien moins qu'un entier renouvellement de la médecine.

Quelques médecins et philosophes, par suite d'une infinité

d'expériences curieuses, crurent non seulement à la possibilité d'obtenir la guérison de toutes les maladies ; mais leurs idées extravagantes s'élevèrent jusqu'au point de croire que, par la transfusion, on pourrait changer les vices du caractère et modifier heureusement les organisations défectueuses ; que le sang d'un lion, par exemple, guérirait la poltronnerie ; que celui d'un agneau ou d'un lièvre, adoucirait les téméraires et les audacieux, et que celui d'un fameux mathématicien rendrait apte à l'étude des mathématiques : en un mot on espéra guérir tous les maux à l'aide des contrastes, et par des combinaisons convenablement raisonnées et bien entendues.

On conçut donc de cette opération les espérances les plus flatteuses : mais ce qui intéressa encore plus tout le monde, c'est qu'on la regarda comme une autre fontaine de Jouvence où chaque vieillard aurait le droit d'aller puiser, non seulement la guérison de ses infirmités, mais encore la fraîcheur et la vivacité du jeune âge. Une opération de cette importance et qui promettait tant de merveilles, fixa vivement l'attention, surtout en France et en Angleterre, et l'on ne manqua pas de se disputer l'honneur de sa découverte.

Essayée d'abord en Angleterre par Wren, en 1664, et par Richard Lower, en 1665, sur des animaux, ce fut en 1666 et en France qu'elle fut pratiquée pour la première fois sur l'homme par Jean Dénis, professeur de philosophie et de mathématiques à Paris. En 1667, il publia dans le Journal des Savans, le résultat de ses expériences, et prétendit avoir, le premier, pratiqué la transfusion d'un animal à un homme. Claude Jardy, docteur régent de la faculté de Paris, se glorifia d'avoir été le premier à la faire d'un homme à un autre.

Deux médecins italiens, Riva et Manfrédi, firent aussi des expériences de transfusion sur l'homme. Manfredi rapporte un exemple heureux de cette opération pratiquée par lui sur un vieillard et donne les résultats de plusieurs expériences faites sur des chiens. *Latinè* (Romœ 1668).

En Allemagne, Major en fut le plus zélé défenseur et Irenée Wher, dans une thèse qu'il soutint sur ce sujet , avait attribué l'honneur de la découverte à Maurice Hofmann , professeur d'anatomie et de chirurgie à Altdorf ; mais l'attention du public fut surtout attirée à Paris par les opérations de Dénis. Celui-ci s'était associé son chirurgien nommé Emmerez , et ils pratiquaient de concert la transfusion. Dénis dans le Journal des Savans, années 1667 et suivantes, a publié le résultat de leur communes expériences. Elles excitèrent les plus vives rumeurs; la transfusion devint un sujet de discorde parmi les médecins , et le principal élément de leurs entretiens et de leurs écrits. Il se forma bientôt deux partis opposés. Il y eut alors des médecins transfuseurs et des médecins anti-transfuseurs, comme de nos jours il y a des médecins éclectiques et des médecins partisans exclusifs de la doctrine physiologique; et comme de nos jours encore, des discussions, on en vint aux injures.

Cantwell et Lamartinière, médecins de l'époque , combattirent de toutes leurs forces, cette doctrine thérapeutique. Ce dernier, le chef des anti-transfuseurs français, écrivait aux magistrats, à des prêtres, à des dames et répétait partout que la transfusion était une opération barbare *sortie de la boutique de Satan*, que ceux qui l'exerçaient étaient des cannibales ; que Dénis , entr'autres , surpassait en extravagance tous ceux qu'il avait connus et il lui reprochait d'avoir fait jouer les marionnettes à la Foire. D'un autre côté, Dénis à la tête des transfuseurs appelait jaloux, envieux, faquins, ceux qui pensaient autrement que lui et traitait Lamartinière de misérable arracheur de dents et d'opérateur du Pont-Neuf.

Claude Perrault, le même qui, selon Boileau,

> Laissant de Galien la science suspecte ,
> De méchant médecin, devint bon architecte ,

Claude Perrault, disons-nous, prit une part assez vive dans l'affaire de la transfusion dont il chercha à démontrer et les dangers et l'absurdité des merveilles que ses partisans en espéraient. C'est à cette occasion qu'il dit avec assez d'esprit qu'il serait singulier que l'on pût changer de sang comme de chemise.

Quoiqu'il en soit, on lit dans le Journal des Savans, année 1668, le résultat d'une expérience faite sur un chien âgé de treize ans, qui était devenu sourd depuis trois ans, de telle sorte, que quelque bruit qu'on fît, il ne donnait aucun signe d'audition, de plus il marchait avec peine ou plutôt ne faisait que se traîner. Après qu'on lui eut transfusé le sang d'un agneau, il devint plus agile et se mit à courir ; mais ce qui surprendra le plus, c'est que dès lors il prouva qu'il entendait de nouveau, puisqu'il se retournait à la voix de son maître.

Le docteur King , en Angleterre, ayant tiré à un mouton vingt-neuf onces de sang qu'il remplaça par une même quantité de sang d'un veau dont il avait ouvert la veine jugulaire , le mouton après l'opération parut aussi fort et aussi vigoureux qu'auparavant. Encouragé par cette expérience le docteur King se décida à agir sur un homme. Il lui transfusa du sang d'agneau, et cet homme s'en trouva si bien , dit King , que quatre jours après, il pria qu'on réitérât l'opération.

Duhamel nous rapporte qu'étant à Londres, en 1669, il vit un homme très robuste, sur lequel on avait fait la transfusion, pour le guérir de la folie. Il n'en était pas moins resté fou, et n'en courait pas moins les rues de Londres comme auparavant ; mais ce qu'il avait de plus raisonnable, c'est qu'il se nommait lui-même le martyr de la société royale de médecine.

Néanmoins, les expériences allaient se multipliant de jour en jour, et chacun, suivant son opinion, en racontait les résultats.

Dans tous les journaux, dans toutes les conversations de l'époque on ne parlait que de la transfusion. En Italie, un médecin nommé Sirribalbus, voulut bien s'y soumettre lui-même. Les médecins, partisans de cette méthode, la regardaient comme le seul remède infaillible. « Car ceux que l'on prend par la » bouche, disaient-ils, changent non seulement de nature en » passant par l'estomac et les intestins, mais perdent encore » une partie de leurs forces, avant d'avoir pu se mêler avec » la masse du sang. » Ils ajoutaient qu'ils y avait aussi des cas où l'on ne saurait avaler aucun remède, comme dans la rage et l'esquinancie.

Ces médecins pensaient encore qu'une pareille méthode ne pouvait manquer de guérir les maladies invétérées qui proviennent d'une altération du sang, telles que la lèpre, la goutte, la chlorose, la siphilis, et le scorbut.

Arrivons enfin aux expériences de Denis et Emmerez, et surtout à cette malheureuse opération qui, en donnant lieu à la sentence du Parlement, anéantit tout-à-coup la sublime renommée de la transfusion.

Denis et Emmerez l'avaient d'abord pratiquée d'une vieille chienne sur un jeune chien, puis d'un veau sur un chien. Ils avaient réussi, et ces succès les portèrent à faire leurs premiers essais sur l'homme. Ils pratiquèrent d'abord la transfusion sur un vieillard paralytique, puis ensuite sur un jeune garçon âgé de 15 ans, devenu faible et languissant, après une fièvre violente de deux mois, pendant le cours de laquelle il avait été saigné vingt fois. Ces essais eurent des suites plus ou moins funestes. Mais l'observation la plus remarquable, celle qui fit le plus de bruit, soit en France, soit à l'étranger et qui donna lieu, comme nous l'avons dit, à la défense du Parlement, ce fut celle d'un fou qui subit deux fois la transfusion et qui finit par succomber à la troisième opération. M. Pâtissier, dans l'article

Transfusion, du dictionnaire des Sciences Médicales, a reproduit en abrégé, la lettre que Denis lui-même publia sur la maladie de ce fou et sur les succès de la transfusion : c'est à cet article que nous empruntons une partie des détails qu'on va lire.

» La folie de ce malade était périodique : différens remèdes qu'on avait essayés depuis huit ans, entr'autres dix-huit saignées et quarante bains, n'avaient eu aucun succès; on avait même remarqué que les accidens se dissipaient plus promptement, lorsqu'on ne lui faisait rien, que lorsqu'on le tourmentait par des remèdes; on se proposa de lui faire la transfusion. Dénis et Emmerez consultés à ce sujet, jugèrent l'opération très utile et très praticable; ils répondirent de la vie du malade, mais n'assurèrent pas sa guérison ; ils firent cependant espérer quelque soulagement de l'intromission du sang d'un veau dont la fraîcheur, disaient-ils, et la douceur pourraient tempérer les ardeurs et les bouillons du sang avec lequel on le mêlerait; cette opération fut faite le lundi 19 décembre, en présence de M. de Montmor, premier maître des requêtes et d'un grand nombre d'autres personnes de l'art et de distinction : on tira au patient dix onces de sang du bras, et l'opérateur gêné, ne pût lui en faire entrer que cinq ou six de celui de veau ; on fut obligé de suspendre l'opération, parce que le malade avertit qu'il était près de tomber en faiblesse; on n'aperçut les jours suivans aucun changement; on en attribua la cause à la petite quantité de sang transfusé; on trouva cependant le malade un peu moins emporté dans ses paroles et ses actions, et l'on en conclut qu'il fallait réitérer encore une ou deux fois la transfusion.

On en fit la seconde épreuve, le mercredi suivant, 21 décembre, et on ne tira au malade que deux ou trois onces de sang et on lui en fit passer près d'une livre de celui de veau ; la dose du remède ayant été cette fois plus considérable, les effets en furent plus prompts et plus sensibles. Aussitôt que le sang commença d'entrer dans ses veines, il sentit une chaleur extraordinaire le long du bras et sous l'aisselle ; son pouls s'éleva et peu de tems après une grande sueur lui coula du visage ; son pouls varia fort dans cet instant, il s'écria qu'il n'en pouvait plus des reins, que l'estomac lui faisait mal et qu'il était prêt à suffoquer.

On retira aussitôt la canule qui portait le sang dans ses veines, et pendant qu'on lui fermait la plaie, il vomit beaucoup d'alimens qu'il avait pris demi heure auparavant, passa la nuit dans les efforts du vomissement et s'endormit ensuite. Après un sommeil d'environ dix heures, il fit paraître beaucoup de tranquillité et de présence d'esprit, se plaignit de douleurs et de lassitudes dans les membres et resta pendant toute la journée dans un assoupissement continuel ; il dormit très bien la nuit suivante.

Du reste, pendant quelque temps le malade ne donna aucune preuve de folie, se confessa et communia pour gagner le jubilé, et reçut avec beaucoup de joie et de démonstrations d'amitié sa femme contre laquelle il était particulièrement déchaîné dans ses accès de folie. Un changement si considérable fit croire à tout le monde que la guérison était complète. Dénis n'était pas aussi content que les autres; il apercevait de temps en temps encore quelques légèretés qui lui firent penser, que pour perfectionner ce qu'il avait si bien commencé, il fallait encore une troisième dose de transfusion. Vers la fin de janvier, ce fou qui avait donné de grandes espérances, et qui avait prodigieusement enflé le courage des transfuseurs, tomba malade; (Dénis n'indique pas le caractère de sa maladie). Sa femme, lui ayant fait prendre quelques remèdes qui n'eurent aucun effet, s'adressa à Dénis et le pria instamment de réitérer sur lui la transfusion. Ce médecin assure que ce ne fut

qu'à force de prières, qu'il s'y résolut alors : à peine avait-on commencé l'opération, qu'on fut obligé de la cesser. Le malade fut saisi d'un tremblement de tous les membres, les accidens redoublèrent, et il mourut pendant la nuit. Dénis soupçonnant que cette mort était l'effet du poison que la femme avait donné à ce fou pour s'en délivrer et alléguant quelque poudre qu'elle lui avait fait prendre, demanda l'ouverture du cadavre, et dit ne l'avoir pu obtenir ; il ajoute que la femme lui raconta qu'on lui offrait de l'argent pour soutenir que son mari était mort de la transfusion et qu'il refusa de lui en donner pour assurer le contraire. A son refus, la femme se plaignit, cria au meurtre : Dénis eut recours aux magistrats, et de ces contestations, résulta cette sentence du Châtelet dont nous avons parlé au commencement de cet article et qui : « *Fait défense à toutes personnes de faire la trans-*
» *fusion sur aucun corps humain, que la proposition n'ait été*
» *reçue et approuvée par les médecins de la Faculté de Paris,*
» *à peine de prison.* »

Lamartinière, ce chef des anti-transfuseurs, qui assure savoir exactement ce qui s'est passé, dit au contraire que le fou après avoir subi deux fois la transfusion, dont il fut très incommodé, resta pendant quinze jours, hors de l'accès de folie, mais que la maladie recommença ayant changé de nature ; le délire auparavant léger et bouffon, était devenu violent et furieux, en un mot, maniaque. Sa femme lui fit prendre alors les poudres de claquenelle qui passaient pour excellentes dans pareils cas : ce sont ces poudres que Dénis a voulu faire regarder comme un poison. Ces remèdes n'ayant produit aucun effet, Dénis et Emmerez résolurent de faire de nouveau la transfusion ; ils vainquirent par leur importunité les refus du malade et de sa femme ; mais à peine avaient-ils commencé à faire entrer du sang d'un veau dans ses veines, que le malade s'écria : « *Arrêtez, je me meurs, je suffoque* ». Ces transfuseurs ne discontinuèrent pas pour cela leur opération, ils lui disaient: « *Vous n'en avez pas encore assez, monsieur* »; et cependant il expira entre leurs mains. Surpris et fâchés de cette mort, ils n'oublièrent rien pour la dissiper ; ils employèrent inutilement les odeurs les plus fortes , les frictions , et après s'être convaincus qu'elle était irrévocablement décidée , ils offrirent à la femme, suivant ce qu'elle a déclaré, de l'argent pour se mettre dans un couvent, à condition qu'elle cacherait la mort de son mari, et qu'elle publierait qu'il était allé à la campagne ; elle n'avait pas voulu accepter leur proposition et donna lieu, par ses cris et ses plaintes, à la sentence du Châtelet. »

L'arrêt fut prononcé ; reste à savoir s'il était juste, et si les accidens reprochés à la transfusion, ne pourraient pas être attribués à l'imperfection du mode opératoire bien plus qu'à l'opération elle-même : mais le parlement avait parlé, et personne n'osa faire révoquer sa sentence.

Quoiqu'il en soit, les douces espérances qu'elle avait fait naître, ne tardèrent pas à être rangées au nombre des plus ridicules chimères. Ainsi s'évanouit la renommée de cette fameuse transfusion qui avait fixé pendant assez long-tems l'attention de la cour et de la ville, et avait tenu pendant plusieurs années , en mouvement , les esprits des savans et des philosophes.

LITTÉRATURE.

LE
BON ANGE.

STANCES.

PAR MADAME ROSA DE SAINT-SURIN,

Membre Correspondant.

Quel être pur, de mon sommeil
Vient enchanter les doux mensonges,
Et prolonge, après le réveil,
Toute l'ivresse de mes songes?
Il s'approche, il descend de la céleste cour ;
   C'est mon bon Ange,
   Adorable mélange
   De lumière et d'amour;
   C'est mon bon Ange.

Si la douleur bien loin de nous,
Compte la nuit, heure par heure;
Priant le Seigneur à genoux,

Qui guidera vos pas [illegible] saint séjour ?
C'est mon bon ange,
Adorable [illegible]
[illegible]
C'est mon bon ange.

De son [illegible] feux, et trompeur,
Si le monde en riant m'énivre ;
Aux longs orages de mon cœur,
[illegible]
Dans cette [illegible] nuit, qui ramène le jour ?
C'est mon bon ange,
Adorable [illegible]
De lumière et d'amour ;
C'est mon bon ange.

LES
CHEMINS DE FER,

PAR M. THÉODORE MURET,

Membre Correspondant.

Vivent les chemins de fer !
O merveille
Sans pareille !
Comme l'éclair
On fend l'air.
Vivent les chemins de fer !

A l'envi prenant leurs vacances,
De leur métier tant soit peu las,
Tous les chevaux des diligences
Vont désormais croiser les bras.
Vivent les chemins de fer, etc.

Piqué des malheurs qu'il éprouve,
L'actionnaire a dû penser
Que dans du fer au moins l'on trouve
Peu de chances de s'*enfoncer*.
Vivent les chemins de fer, etc.

Musique de M. Charles Plantade.

Le même char, c'est très cocasse,
Traîne par un commun destin,
L'équipage d'un homme en place
Et les lions du sieur Martin.
    Vivent les chemins de fer, etc.

En un jour, par cette machine,
Mangeant sa glace au Kamschatka,
L'on prendra son thé dans la Chine,
Et sa demi-tasse à Moka.
    Vivent les chemins de fer, etc.

Lorsqu'il faut se mettre en voyage,
Avant de lancer le *wagon*,
Au lieu d'avoine, l'attelage
Mange dix boisseaux de charbon.
    Vivent les chemins de fer, etc.

Soit par plaisir, soit pour affaire,
Voyager n'est plus qu'un vrai jeu.
Tout en cheminant on peut faire
La lessive et le pot au feu.
    Vivent les chemins de fer, etc.

Exilé loin de votre belle,
Grâce à ce magique secours,
Un instant vous porte auprès d'elle :
C'est tout profit pour les amours.
    Vivent les chemins de fer, etc.

En cas d'accident incommode,
Le *progrès* du moins est tout clair :

NOTICE NÉCROLOGIQUE
SUR M. LIBERT,

MÉDECIN EN CHEF DES HOSPICES D'ALENÇON, MEMBRE DE LA CHAMBRE DES DÉPUTÉS ,
DE L'ACADÉMIE ÉBROICIENNE ET DE PLUSIEURS AUTRES SOCIÉTÉS SAVANTES,

PAR M. LÉON DE LA SICOTIÈRE,

Membre Correspondant.

Au milieu de nos tristes divisions, il est encore des hommes
qui ont le rare privilège de n'avoir point d'ennemis, et d'accom-
plir leur destinée sans ressentir et sans inspirer rien qui ressemble à la haine ou à l'envie. En eux, comme autour d'eux,
tout est sympathie généreuse et bienveillance ; ils traversent
des tems difficiles, et la vue des exagérations et des injustices
ne fait qu'ajouter à l'esprit de tolérance et de modération qui
leur est propre ; ils sont d'un parti, et tous les partis les
aiment, les respectent, les honorent ; des fonctions délicates,
de périlleux honneurs leur sont décernés, et tout le monde
rend hommage à la pureté de leurs sentimens, à la loyauté de
leur conduite. Ils savent se faire pardonner leur fortune par
l'usage qu'ils en font ; leur position sociale, par la grâce et l'af-
fabilité de leurs manières ; la supériorité de leur esprit, par celle
de leur cœur. Sur le compte de tels hommes, il ne saurait y
avoir diversité d'opinions : ils semblent communiquer à tous
ceux qui les approchent quelque chose des sentimens de bien-

veillance dont eux-mêmes sont animés ; l'affection générale les juge pendant leur vie, et les regrets universels les jugent après leur mort.

M. Libert était un de ces hommes ; et le lendemain de sa mort, nous avons pu écrire ce que nous savions de sa vie.

JACQUES-FRANÇOIS LIBERT, naquit à Alençon, le 6 mai 1792. Fils d'un médecin distingué, que son zèle et son habileté, non moins que ses vertus, avaient fait chérir et respecter de toute la ville, M. Libert fut destiné de bonne-heure à la carrière qu'avait suivie son père, et, après avoir achevé au lycée de Caen d'excellentes humanités, il alla étudier la médecine à Paris. La littérature et la poésie vers lesquelles l'entraînaient la pente de son esprit et l'ardeur de la jeunesse , occupaient ses loisirs. Une heureuse conformité de goûts le mit en relation avec des hommes dont les uns étaient déjà célèbres dans les lettres, et dont quelques autres le sont devenus depuis. Parmi ceux dont nous lui avons plus d'une fois entendu rappeler les noms, nous citerons Delavigne et Saintine. Admis dans l'intimité de ce que Paris comptait alors de jeunes gens les plus distingués par leur esprit et leurs connaissances, M. Libert devint le confident de leurs essais, et l'on eut fait un délicieux volume des souvenirs littéraires inédits qu'avait conservés sa mémoire et dont il usait avec une grâce et une discrétion charmantes. A cette époque (1812 — 1820), il écrivit beaucoup lui-même et publia quelques poésies dont nous aurons occasion de reparler.

De retour à Alençon, M. Libert se livra à l'exercice de la médecine, plutôt par condescendance pour le désir de son père que par goût; il aurait pu ne s'y prêter qu'avec molesse et insouciance; son âge, sa fortune, les plaisirs et les succès du monde, les études littéraires et les travaux archéologiques qu'il aimait par dessus tout, les soins et les affections de famille, que de choses pour l'excuser ! Il n'en fut pas ainsi : son pieux

respect pour la volonté de son père, son vif désir d'être utile,
prévalurent, et M. Libert fut médecin dans toute l'étendue, dans
toute la rigueur du mot : un pareil dévouement devait porter
bonheur, et ce ne fut pas seulement dans sa conscience que
M. Libert trouva sa récompense ; il la trouva encore dans l'estime et la reconnaissance de tous ses concitoyens.

Un jugement sûr et prompt, ce tact, ce *sens* médical, pour
ainsi parler, qui ne se rencontre pas toujours, même chez les
hommes les plus instruits, une bienveillance affectueuse qui
lui gagnait la confiance de tous ceux qui l'appelaient, un dévouement sans bornes [1] dans l'accomplissement de ses pénibles
devoirs, recommanderont toujours la mémoire de M. Libert,
comme médecin. Son désintéressement égalait son humanité ;
c'était avec une bonté, une douceur inépuisables qu'il accueil-
lait les pauvres et qu'il leur prodiguait tour-à-tour d'abondantes
aumônes, des soins meilleurs que ses aumônes et des conso-
lations meilleures que ses soins. Le bonheur de soulager les
indigens et les malheureux lui tenait lieu de tout. Aussi les
pauvres avaient une sorte de foi en lui, et c'était vers M. Libert que, du fond de leurs miserables réduits et dans leurs souffrances les plus désespérées, criaient ceux de la ville et des
campagnes voisines !

M. Libert était directeur du service de vaccine dans l'Orne,
depuis 1825. Les vues sages et philantropiques de l'administration qui avait organisé ce service, avaient été secondées par
lui avec un zèle et un désintéressement au-dessus de tout
éloge. Jamais il ne s'était réservé aucune des récompenses qu'il

---

[1] Atteint de la maladie à laquelle il a succombé et déjà fort souffrant, M.
Libert s'arrachait de son lit pour porter ses soins à un malade qui les réclamait; sa famille et ses amis voulaient le retenir. « Il est plus malade que
moi », s'écria-t-il, et il partit. Tout l'homme est dans ce mot.

faisait distribuer à ses confrères. Il était de plus médecin en chef des hospices[1] et des prisons, et médecin du collège ; long-tems adjoint à son père dans l'exercice de ces diverses fonctions, il avait fini par l'y remplacer.

Lors des élections générales de 1834, les légitimistes d'Alençon choisirent M. Libert pour leur candidat à la députation. C'était un hommage rendu à la fois à la constance de ses principes et de ses affections, à l'indépendance de son caractère, et aux services de plus d'un genre qu'il avait rendus à son pays.

Nommé député, M. Libert réalisa toutes les espérances que l'on avait conçues de lui et se montra également fidèle à ses antécédens et au discours plein de tact et de noblesse qu'il avait adressé immédiatement après sa nomination aux électeurs qui l'avaient choisi. Il se fit remarquer à la chambre par son assiduité et la sage indépendance de ses votes. Homme d'ordre et de progrès tout à la fois, ami de toutes les idées larges et généreuses, M. Libert ne trahit, ni la cause de la liberté, ni celle des principes monarchiques ; toujours il se montra le digne représentant des véritables intérêts de la France, le mandataire consciencieux et zélé de ses commettans.

Une seule fois M. Libert aborda la tribune ; ce fut dans la discussion du deuxième projet de loi sur les douanes[2]. Il proposait le maintien du droit existant sur les chevaux étrangers, et réclamait une légère augmentation sur le prix d'importation des poulains. Son discours, remarquable par la justesse des idées et l'élégance du style, fut écouté avec un vif intérêt, et l'amendement, appuyé par les députés de Normandie, ne fut rejetté qu'à une faible majorité. « Après des secousses violentes, avait-» il dit en terminant, honorons, encourageons d'avantage l'a-

[1] Arrêté du 10 avril 1834.

[2] Séance du 1 mai 1836.

» griculture; évitons toutes les innovations brusques, incer-
» taines, dangereuses; ne cherchons que chez nous notre véri-
» table grandeur; ne cherchons la richesse de la France , que
» dans ses nombreuses industries et ses productions natu-
» relles. » Ce peu de mots résume sa pensée sur les intérêts et
les besoins actuels de la France. M. Libert aurait plus d'une
fois reparu à la tribune et sa voix serait devenue chère au
pays; nous savons qu'il se proposait de prendre la parole dans
la discussion de la loi sur l'instruction secondaire.

Avec son caractère et son esprit, M. Libert devait trouver
beaucoup d'amis parmi ses collègues. A la tête de ceux qui
l'honorèrent de leur amitié, nous citerons deux grands noms,
celui du premier poète et celui du premier orateur de nos
jours, Lamartine et Berryer. Nous avons été assez heureux
pour entendre ce dernier exprimer tous ses sentimens pour
M. Libert avec une chaleur et une effusion que nous n'oublirons jamais.[1] Un homme aussi qui, dans sa haute position, n'a

[1] Nous ne pouvons résister au désir de transcrire ici une lettre écrite par
M. Berryer, à l'honorable M. Verrier, à l'occasion de la mort de M. Libert.
Elle honore à la fois celui qui l'a écrite et celui qui en est l'objet. Les nombreux amis de M. Libert seront bien aises que nous les fassions profiter de la
communication que nous devons à l'obligeante amitié de M. Verrier.

» MONSIEUR ET HONORÉ CONFRÈRE,

» Je reçois aujourd'hui votre lettre qui me confirme la triste nouvelle que
les journaux de ce matin nous avaient donnée et que j'étais si loin de pres-
sentir; c'est dans la force de l'âge; c'est avec toutes les appalences d'une
ferme santé que M. Libert nous est enlevé, il est resté trop peu de tems au
milieu de nous, mais ces relations si courtes avaient fait apprécier de tous
ses collègues, nos amis, la noblesse de son caractère, la loyauté de son
cœur, la justesse de son esprit, et tous seront profondément affligés de sa
perte. Plus que tout autre, j'ai reçu de lui des témoignages d'une bienveil-

cherché (et c'est une belle louange pour lui), ni à oublier, ni à faire oublier que les lettres et les sciences avaient été la source de sa fortune, M. Guizot avait distingué sur les bancs opposés à ceux où il siégeait lui-même, cet homme de tant d'esprit et de cœur, un échange de rapports affectueux et de communications scientifiques s'était établi entr'eux. M. Libert avait fait tourner au profit de la ville d'Alençon, ses relations avec le ministre et plusieurs beaux ouvrages parmi lesquels *les Documens inédits relatifs à l'Histoire de France; les Monumens inédits de l'Egypte et de la Nubie; le Voyage d'Alcide d'Orbigny en Amérique; celui de Victor Jacquemont dans l'Inde; les Vues des côtes de France; la Grande Collection des Philosophes; la Nouvelle édition du Thesaurus linguæ græcæ d'Estienne* et plusieurs autres étaient venus, grâce à ses soins, enrichir notre bibliothèque publique.

Iante amitié qui me l'avait rendu cher, comme si nous nous étions connus depuis longues années; aussi je sens avec tous ses anciens amis et comme eux, la douleur du coup inopiné qui nous l'enlève. Nos collègues de la Chambre sont en ce moment absens de Paris; mais je suis bien sûr d'être l'interprète de leurs sentimens pour Libert, en vous priant d'exprimer à sa famille et à ses amis la douleur et les regrets de chacun de ses collègues ; tous sont déjà sans doute instruits de cette fatale nouvelle, et tous redisent avec moi qu'ils ne perdront jamais le souvenir de l'homme d'esprit et de cœur qu'ils avaient été si heureux de connaître et d'aimer et dont l'amitié était un titre d'honneur pour chacun d'eux.

» Je vous remercie d'avoir bien voulu prendre le soin de me dire que cet ami avait gardé souvenir de moi jusqu'à ses derniers momens; si cette pensée ajoute à mes regrets, elle me soulage en me prouvant qu'il avait bien connu tout mon attachement pour lui.

» Veuillez, Monsieur et honoré confrère, exprimer tous nos regrets et dire nos condoléances à la famille de cet excellent collègue.

Recevez, etc.

BERRYER FILS.

Paris, 24 novembre.

Nous avons parlé du goût de M. Libert, pour la littérature et les études archéologiques : elles se partageaient en effet ses loisirs pendant son séjour à Paris, et dans les premiers tems qui suivirent son retour ; il avait composé une prodigieuse quantité de vers, dont un très petit nombre a été publié, et la grâce, la facilité de ceux que l'on connait, font regretter que sa modestie lui en ait fait garder en porte-feuille ou détruire la plus grande partie. Nous ne croyons pas qu'il ait publié d'autres poésies qu'une épitre à un ami sur les *projets de mariage* [1] et quelques chansons de circonstance lors du retour des Bourbons et des fêtes qui saluèrent ce retour à Alençon, comme partout ailleurs; quelques uns de ses couplets eurent les honneurs de la popularité et sont restés gravés dans beaucoup de mémoires. [2]

[1] In-8° de 4 p. sans nom d'imprimeur et sans date.

[2] Voici quelques vers trouvés par M. Libert dans les papiers de Paul Gaspard-Mauson ou mieux Manson de Saint-Aquilain, né à Alençon en 1707, mort dans la même ville en 1769 et publiés dans le journal d'Alençon 1826, N° 6.

A UNE CHARLOTTE.

Le fameux Charles Borromée
Docte et saint, quoique cardinal,
N'en déplaise à sa renommée,
Fit moins de bien que vous de mal.

Si le destin vous eût fait naître
En mêmes tems, en mêmes lieux,
Trop satisfait de vous connaître,
Il n'eut adoré que vos yeux.

Infidèle au goût du conclave,
De son cœur il vous eut fait don;
Il aurait été votre esclave,
Au lieu qu'il est votre patron.

Les écrits en prose de M. Libert sont également fort peu
nombreux : malgré son extrême facilité ; M. Libert rédigeait
peu, distrait qu'il était sans cesse par les soins du monde et
par les soins plus austères de ses devoirs de médecin et de député : nous connaissons de lui deux articles dans le journal d'A-
lençon, 1826, l'un relatif à quelques points de bibliographie
Normande,[1] l'autre sur l'ancien monastère des religieuses de
Sainte-Claire, à Alençon,[2] et deux notices sur les caveaux de
l'église Notre-Dame d'Alençon et sur le cérémonial usité pour
la réception des évêques de Séez pendant les XIVe, XVe et
XVIe siècles. Ces notices avaient été lues par lui, à la réunion
générale de l'Association Normande à Alençon, en septembre
1836. La première a paru dans l'Annuaire Normand, 1837, p. 331
à 335 ; la seconde était destinée à la Société des Antiquaires de
Normandie. M. Libert avait communiqué à cette societé un
mémoire sur la voie romaine connue sous le nom de *Chemin*
Haussé,[3] par M. de Lavegne, ingénieur. Ce mémoire, écrit il y
a plus de soixante ans, n'a pas été imprimé ; seulement une
commission fut nommée pour completter le travail au moyen
de fouilles et de nouvelles observations.[4] M. Libert avait
fourni quelques renseignemens à M. O. Desnos,[5] pour la composition de sa statistique du département de l'Orne et de précieux matériaux à M. Pattu de Saint-Vincent pour celles des
Vues pittoresques du Perche et de l'Alançonnais ; les détails

[1] Nº 4, cet article devait avoir une suite : elle n'a pas paru.

[2] Nº 24.

[3] Voir le T. 2 du Cours d'antiquités monumentales de M. de Caumont ; et la
Statistique de l'arrondissement de Falaise, par M. F. Galeron.

[4] Renseignemens fournis par M. de Caumont, secrétaire de la Société des
Antiquaires de Normandie.

[5] In-8º, Paris, 1834, Verdière, éditeur.

neufs et curieux sur Saint-Cénery lui appartiennent ; il avait
également promis sa coopération à M. Pesche pour la rédaction
de son *Dictionnaire Historique, Topographique et Statistique du
département de la Sarthe*, notamment pour ce qui concernait
l'histoire du Sàonnais.[1] La mort l'a surpris avant qu'il eut pu
remplir sa promesse.[2]

M. Libert préparait une histoire de la maison de Montgommery d'après un manuscrit précieux d'O. Desnos ; ce travail
qui n'intéressait pas seulement le pays où Montgommery avait
en quelque sorte achevé sa fatale carrière, doit être vivement
regretté. Peut-être aussi M. Libert se serait-il décidé à éditer
des recherches importantes sur l'Echiquier d'Alençon et sur
l'échange d'Exmes avec le Châtel Josselin ; enfin nous savons
qu'il avait songé à publier les aventures du parc d'Alençon,
par Corneille Blessebois, ouvrage, inédit d'un libelliste fort
connu des bibliomanes et qui, n'en déplaise à l'autorité du plus
savant de nos hommes d'esprit et du plus spirituel de nos éru-
dits, Charles Nodier, lequel veut que Corneille Blessebois, n'ait
jamais existé nominativement que dans les livres,[3] était bien

[1] Renseignemens fournis par M. Pesche, lui-même.

[2] *L'Écho de la Jeune France*, deuxième année, p. 352, donne le nom de M.
Libert dans la liste *des députés associés à la Jeune France* ; plus tard nous
voyons ce nom figurer au nombre de ceux des collaborateurs du journal et
même des écrivains dont les articles devaient paraître *dans les prochaines
livraisons*. Enfin le nom de M. Libert se trouve avec celui de huit de ses
collègues au bas d'une sorte de circulaire adressée à *tous les amis du pays* en
faveur de l'œuvre de la société de la Jeune France. *Cette entreprise réalise la
grande idée qu'on a souvent invoquée; la liberté se suffisant à elle-même et la
société contrôlée par la société*, dit la circulaire. M. Libert n'a jamais rien
écrit dans l'*Écho de la Jeune France*.

[3] Mélanges tirés d'une petite bibliothèque, p, 368.

réellement né à Alençon[1] et n'avait pas craint d'attacher son
véritable nom au frontispice de ses livres dévergondés,comme
à une sorte de Pilori. Cet ouvrage, beaucoup plus réservé que
la plupart de ceux du même auteur,avait été long-tems perdu,
» *C'est un mélange de prose et de vers contenant les aventures*
» *galantes des citoyennes d'Alençon, dans ce lieu délicieux*
» *déjà en ruine alors.[2]* » A la suite se trouvent quelques pièces
inédites assez insignifiantes.

M. Libert était membre de plusieurs sociétés savantes; nous
citerons entr'autres la société des Antiquaires de Normandie à
laquelle il appartenait depuis sa fondation ; la Société Linné-
enne de Caen, qui le comptait dans ses rangs depuis trois ou
quatre ans; l'Institut Historique et l'Association Normande dont
il avait présidé la troisième section[3] (Sciences, Arts , Littérature) à la réunion générale d'Alençon. En le voyant, à nos
séances plein de gaité,d'enjouement et,en apparence,de santé,
aurions-nous pu croire que trois mois plus tard il nous serait
si cruellement enlevé?

L'Académie Ébroïcienne s'honorait aussi de compter M. Libert au nombre de ses membres correspondans depuis sa réorganisation ; il n'avait encore rien publié dans le Bulletin ,
mais l'Académie avait la promesse positive de plusieurs communications intéressantes. Fatale promesse! le premier article
fourni par M. Libert au Bulletin devait être sa nécrologie !...

[1] O. Desnos, Mémoires historiques sur Alençon, t. 2 p. 517. — Le même
ouvrage avec notes et additions, Mss. — Louis Dubois, journal d'Alençon,
année 1829, N° 29.

[2] O. Desnos, Mém, hist. sur Alençon, t. 2 p. 518.

[3] L'Académie Ebroïcienne avait fourni presque tous les dignitaires de cette
section,qui avait pour président M. Libert, pour vice président M.d'Avannes,
et pour secrétaire M. de la Sicotière, auteur de cette notice. (*Note du Rapporteur*).

Il était correspondant du Ministère de l'Instruction publique
pour les travaux historiques. Il avait, en cette qualité, visité les
archives de la préfecture de l'Orne, dont il déplorait, avec tous
les hommes de science et de cœur, l'abandon en effet si déplo-
rable.[1]

Comme presque tous les amateurs d'archéologie, M. Libert
s'était plu à recueillir des objets antiques et des curiosités diverses. Il avait formé une collection de médailles et une suite
assez curieuse d'autographes. Mais c'était spécialement à la bibliographie Normande qu'il s'était attaché, et il était parvenu à
se composer une des plus riches bibliothèques que possède
notre province sur son histoire en général, et la plus riche
sans contredit pour tout ce qui concerne le Perche et l'Alen-
çonnois. Le fonds de cette bibliothèque provenait de celle d'O.
Desnos son aïeul du côté de sa femme. Les manuscrits de ce savant infatigable forment à eux seuls près de 100 vol. in fol. ou
in-4° de notes et de recherches. Desnos avait eu outre rassem-
blé les manuscrits de Pilastre, de Cosnard, de Lautour de Mont-
fort, de Bar des Boulais, de Lequeu, de M. de Betz, de Courtin,
de Simon Prouverre (ces deux derniers autographes) et beaucoup d'autres,[2] ainsi qu'un grand nombre de livres rares sur la
Normandie dont quelques uns sont annotés par les Sainte-
Marthe et d'autres par lui. Devenu possesseur de la bibliothèque de son aïeul par suite d'arrangemens de famille, M. Libert
l'avait enrichie de la plupart des ouvrages modernes publiés sur
la Normandie ou par des auteurs normands. Cette belle collec-

[1] M. Libert avait assisté au congrès scientifique de Caen, en juillet 1833.

[2] M. F. Galeron dans une note sur *les principaux livres ou manuscrits qui
concernent l'histoire du département de l'Orne*, publiée dans la Revue Normande, donne le catalogue d'une partie des manuscrits que possédait M.
Libert. On attend avec impatience le supplément promis par ce savant à
son curieux travail.

tion dont M. Libert faisait les honneurs avec la plus gracieuse obligeance ne sera pas perdue pour la science, et sa famille, nous n'en doutons pas, saura veiller à la conservation de ce précieux dépôt, tout en permettant aux amis de l'histoire et de leur pays de le consulter.

Médecin, député, littérateur, savant, M. Libert s'était concilié l'attachement et l'estime de tous; toutefois ceux qui ne l'ont connu que dans les relations de la vie publique ne peuvent lui rendre qu'une justice imparfaite ; c'était dans son intérieur qu'il fallait le voir pour bien apprécier tout ce qu'il y avait en lui de noble et de délicat; c'est dans les secrets de la vie de famille, s'il nous était permis de les dévoiler, que M. Libert se montrerait à nous dans toute la tendresse, dans toute la bonté, dans toute l'élévation de son cœur. Mais il est une pudeur à garder dans la louange, comme une sorte de réserve dans l'expression de la douleur la plus sincère : nous ne l'oublirons pas. Assez de personnes d'ailleurs savent et ce que devait éprouver de regrets en quittant ce monde M. Libert, et ce qu'il a du en laisser après lui. Béni dans toutes ses affections de fils, d'époux et de père, entouré d'une famille dont il était la joie et l'orgueil, il aimait les siens de tout son amour, de tout son bonheur. Il semble que la vie ne s'était montrée à lui que dans ce qu'elle a de plus doux et de plus beau, pour lui rendre plus amer le moment de la quitter.

La conversation de M. Libert était pleine d'esprit, de charme et de finesse. Il racontait avec une grâce et une verve singulièrement mordante. Sa physionomie heureuse, ses manières engageantes jointes à l'attrait de sa conversation lui gagnaient d'abord tous ceux qui l'approchaient; mais, quand on le connaissait mieux, on oubliait presque la grâce et la séduction des dehors, pour ne s'attacher qu'à la bienveillance, à la bonté qui étaient comme le fonds naturel de son caractère. Plein d'égards pour les jeunes gens, il recherchait leur société avec autant d'empressement qu'ils pouvaient en mettre à rechercher la sienne. Personne n'obligeait avec plus de zèle, avec plus de simplicité. On eût pu se croire dispensé de la reconnaissance, si la reconnaissance elle-même ne fût devenue un plaisir. M. Libert a dû faire peu d'ingrats!...

C'est au sein de toutes ces joies, de toute cette estime, de toute cette affection ; c'est au milieu de ces généreux projets, de ce modeste et digne accomplissement de tous ses devoirs que la mort est venue surprendre M. Libert. Depuis quelques années il avait comme une sorte de pressentiment de sa fin prochaine : à plus d'un ami il avait dit qu'il ne passerait pas quarante-cinq ans. Hélas! il disait trop vrai! au mois d'octobre 1836, au retour d'un séjour à la campagne près de Fresnay, où regnaient quelques fièvres contagieuses, il tomba sérieusement malade, une fièvre maligne se déclara et bientôt il fut en danger. Les secours de l'art, les soins empressés des médecins qui le chérissaient tous comme un frère, l'admirable dévoûment des siens, essayèrent en vain de lutter contre la force du mal. Tout fut inutile. Les secours de la religion adoucirent l'amertume de ses derniers momens ; il les reçut avec une foi sincère et la reconnaissance la plus affectueuse pour le digne prêtre qu'il avait appelé; et le 21 novembre, après un mois environ de maladie, M. Libert rendait à Dieu une vie bien courte d'années, mais riche de vertus et de bonnes œuvres.

La ville d'Alençon avait suivi avec anxiété les progrès du mal et, lorsque le dernier coup fut frappé, la douleur fut universelle. Le jour du service, l'église pouvait à peine contenir la foule, tous les rangs, toutes les classes, toutes les opinions avaient voulu venir rendre un dernier hommage à la mémoire de l'homme de bien, du député loyal et consciencieux, du mé-

decin habile et désintéressé. Les pauvres étaient nombreux ;
ils venaient acquitter la dette de la reconnaissence. La tristesse
était dans tous les cœurs, sur tous les visages. On songeait à
cette vie si heureuse et si douce, si cruellement interrompue ;
à ceux aussi qui avaient mérité de l'embellir et de la partager,
et qui restaient seuls avec leur affliction. On eût dit que chacun
se sentait frappé dans ses plus vives sympathies, dans ses affections les plus chères ; et cette foule recueillie à la tête de laquelle marchaient, le cœur navré, les confrères du défunt,
était le plus bel éloge de sa vie, la plus douce récompense
qu'eût pu désirer son ame noble et généreuse.

Les restes de M. Libert furent, selon son désir, transférés à
Colombier, près Alençon, où il passait une partie de la belle
saison. Là et dans la plupart des paroisses voisines, des services
furent célébrés pour le repos de son ame, et partout l'affluence
des fidèles de toutes les classes et leur recueillement purent témoigner de la vivacité des regrets.

M. Libert est mort ; mais son souvenir vivra toujours dans
le cœur de sa famille, de ses amis, de tous ceux qui l'ont connu ; il laisse dans le monde savant, dans la société et à la
chambre un vide difficile à remplir. Nous avons raconté ce que
nous savions de cette vie si modeste et si bien remplie. D'autres
voix, sans doute plus imposantes que la nôtre, lui rendront
l'hommage dont elle est digne, mais nous avons voulu payer
nous-mêmes la dette de notre cœur. Personne ne devait plus
que nous regretter M. Libert, personne ne l'a plus regretté :

> *Multis ille bonis flebilis occidit,*
> *Nulli flebilior quàm mihi.*

A PHARAMONGUE.

[...] **49.**

[Le corps du texte est presque entièrement illisible.]

De bois sur les buissons ardens.

Alors qu'[...] coupe vermeille
S'emplira de flots d'un vin vieux,
Et puis [...], vermeille,
Laissant le reste au soin des Dieux.

Dès que sur la liquide arène
Ils calment les vents et les eaux ;
Le noir cyprès, l'antique chêne
Ne balancent plus leurs rameaux.

Pourquoi te dire avec envie :
Comment demain sera t'il fait ?
Quelque soit le cours de ta vie,
Prends chaque jour comme un bienfait.

Tant qu'une morose vieillesse
N'aura point blanchi tes cheveux,
Aux amours livre toi sans cesse,
Ne fuis pas les Ris et les Jeux.

Promène aussi tes rêveries
Au champ de Mars, heureux séjour,
Où de folâtres causeries
Murmurent au déclin du jour ;

Au doux rire de ton amante,
Que cache un toît mystérieux,
Viens ravir à sa main charmante
D'amour un gage précieux.

LE JUGEMENT DERNIER.

POÈME EN TROIS CHANTS.

PAR M. VACQUERIE,

Membre Correspondant.

PREMIER CHANT.

ARGUMENT.

Invocation à l'Esprit-Saint. — Sujet du poème. — La Terre au matin du dernier jour. — Quelles étaient les occupations des hommes. — Nuls symptômes de changement. — Soudaines ténèbres. — Consternation des hommes. — Apparition de l'Ange qui annonce la fin du Tems. — Chant funèbre sur la mort de la Nature. — Silence universel, universel trépas. — Le son de la trompette. — Réveil des morts. — Les Alleluia des ames justes qui viennent reprendre possession de leurs corps, et le désespoir des damnés évoqués de l'Enfer. — La Terre partout rend les morts qui dormaient dans son sein. — L'Hermite et le Barde qui s'étaient crus ensevelis dans la solitude. — La famille avec toutes ses générations. — L'Homme charitable et l'Avare. — Réveil des anciennes cités de la

*terre. — Résurrection des millions de combattans morts
sur les champs de bataille, des légions romaines, et des armées de l'Antéchrist. — Apostrophe à l'Océan. — Son calme
profond au matin de la résurrection.*

O toi de qui les cieux racontent la puissance
Viens, Esprit éternel, gracieuse influence!
Daigne toucher mon cœur de ce souffle enflammé
Qui ravit autrefois le mortel bien aimé;
Lorsque dans le transport d'une vision sainte,
A la fois palpitant et d'amour et de crainte,
Pendant son sacrifice il vit Adonaï,
Il vit l'Ancien des jours près des eaux d'Ulaï:
Et que du Tout-Puissant le ministre fidèle,
Devant ses yeux frappés d'une clarté nouvelle,
Gabriel fit passer les siècles à venir.
O Dieu de vérité, vers moi daigne venir!
Viens, épure mon cœur, et verse dans mon ame
Un rayon immortel de cette vive flamme
Qui du sombre avenir découvre les secrets.
Viens, éclaire ma nuit, Dieu puissant, et permets
Que des siècles futurs, spectacle magnifique,
Se déroule à mes yeux l'image prophétique;
Tandis que sur la harpe aux accords inspirés
Ma muse va chanter dans ses rythmes sacrés
Le saint jour, le grand jour de la gloire infinie,
Que ne doit pas nommer la bouche de l'impie,
Le grand jour de terreur et d'épouvantement,
Le jour sans lendemain, le jour du jugement.

Les siècles expiraient;... long-tems de sa victoire
Le crime avait joui...... sur son trône de gloire

Allait paraître armé de son sceptre immortel
Le Fort, — lui, le Seigneur, — le fils de l'Eternel.
Les hommes avaient vu maint effrayant prodige :
Mais leur esprit, conduit par l'esprit de vertige,
Toujours avait gardé son endurcissement,
Jusqu'au jour du dernier, du grand avènement.

Au matin de ce jour, dans sa sphère enflammée
Le Soleil reprenant sa course accoutumée,
Superbe roi des airs sortit de l'Orient :
Joyeuse et belle encor la Terre, en souriant,
Sous ses regards d'amour tressaillait d'allégresse :
Il paraissait encore aussi beau de jeunesse,
Aussi prompt à monter vers la voûte du ciel,
Que lorsque s'unissant en chœur universel,
Les astres du matin, charmés de sa naissance,
Du Dieu qui le créa chantèrent la puissance ;
Et que la Nuit fuyant son œil victorieux
Lui céda la moitié de l'empire des cieux.

Rien ne semblait alors changé dans la Nature ;
Et ce jour qu'annonçait une clarté si pure,
Paraissait à chacun comme ceux du passé :
Le laboureur encore au sillon commencé
Revenait en chantant, et voyait l'Espérance
Promettre à ses désirs les dons de l'Abondance.
Les sénats s'assemblaient ; et les hommes d'état
Discutaient tour-à-tour, en maint puissant débat,
Les intérêts du tems, et la paix et la guerre ;
Et dans leurs mains tenaient la balance éphemère
Des peuples, des états arrivés à leur fin ;
L'homme de haut savoir, esprit superbe et vain,

Parlait de nouveau règne, et d'une ère nouvelle,
Où les hommes verraient la paix universelle :
Et l'athée au cœur dur, à l'œil sombre et hagard,
Adorant pour son Dieu l'idole du Hasard,
En proie à sa folie incurable et profonde,
Bâtissait maint système, et prouvait que le monde
Subsisterait toujours à l'abri du trépas,
Concluant, l'insensé ! que Dieu n'existait pas.

Rien ne semblait alors changé dans la Nature :
Gardant à son zénith sa beauté toujours pure,
Le Soleil de son tour achevait la moitié ;
Et du haut de sa gloire il voyait en pitié
La Terre, ses grandeurs, ses scènes de vertige,
Lorsque soudain hélas ! effroyable prodige !
Dans le haut firmament, par la nuit remplacé
Sous un voile de deuil son front fut éclipsé.
Sur les ombres bientôt les ombres s'amassèrent ;
Vers le trône de Dieu ses rayons remontèrent ;
Et, des bords où le jour sortait de l'Orient
Jusqu'aux lieux où son char plongeait sous l'Occident,
L'affreuse Nuit tendit ses plus lugubres voiles,
Nuit qui n'eut plus d'aurore et n'avait pas d'étoiles,
Noire nuit qui couvrait de terribles secrets !
Et tandis qu'en suspens, immobiles, muets,
Les mortels écoutaient dans une horrible attente ;
Sur une double roue enflammée et vivante,
Avec un bruit pareil au bruit des grandes eaux,
Roulèrent dans le ciel d'innombrables charriots :
Et soudain revêtu de force et de puissance,
L'Ange de Dieu parut apportant la sentence ;
Et levant vers le ciel son bras étincelant,

Il jure par le Dieu, — le Dieu toujours vivant,
Que du monde vieilli la fin était venue ;
Et de l'Ange partout la voix fut entendue,
Profonde et solennelle !... et la Création,
Fléchissant sous le doigt de la destruction,
Gémit et soupira : la terre chancelante
Jusqu'en ses fondemens tressaillit d'épouvante ;
Du monde on entendit les colonnes craquer,
Comme si la Nature allait se disloquer,
Et que de l'univers la caduque machine
Sentit dans tout son corps un travail de ruine.
Dans l'empire de l'air, de la terre et des eaux,
Un vent de mort souffla sur tous les animaux ;
. . . .
Puis frappant à la fois arbres, gazons et fleurs,
Leur ravit à jamais leurs riantes couleurs.

Hélas ! fils de la force, ô chênes centenaires,
Vous que l'œil contemplait sur les monts séculaires !
Cèdres qui couronniez les sommets du Carmel,
Ou qui sur le Liban, vers les hauteurs du ciel,
Bravant avec orgueil les vents et les tempêtes,
Eleviez vos rameaux et vos pompeuses têtes ;
Votre heure était venue ! — Et vous, lauriers sacrés
Qui croissiez pour le front des bardes inspirés ;
Bocages, frais berceaux d'éternelle harmonie,
Où la brise embaumée aux sources de la vie,
Sur son aile apportait ses tributs odorans ;
Délicieux Edens où l'aimable Printems
Versait tous ses trésors et souriait sans cesse !
Aziles de plaisir et de vive allégresse,
— L'heure est venue ; hélas ! vous perdez sans retour
Et vos ombrages frais et vos concerts d'amour !

Vous que la main de Dieu peignit pour la Nature
Et qui renouveliez sa vivante parure
Quand l'oiseau du printems célébrait son réveil,
— O vous, riantes Fleurs; vous, filles du Soleil
Qui le long du Jourdain, pudiques, ingénues,
Etaliez au désert vos grâces inconnues ;
Ou qui loin des autans, sous des cieux toujours beaux,
De la sainte Sion parfumant les coteaux,
Sous l'aîle de la nuit, par la brise baisées,
Entreteniez avec les célestes rosées,
En de chastes plaisirs vos nocturnes amours ;
Et lorsque le soleil recommençait son cours,
Relevant à l'envi vers Dieu vos pleins calices,
Pour lui de vos parfums exhaliez les prémices :
— L'heure est venue! hélas! pour vous plus de printems;
Plus d'éclat, plus d'amour, de parfums odorans !
Un moment a détruit vos couleurs purpurines !
Un hiver éternel a saisi vos racines !
Hôtes légers des airs, Oiseaux mélodieux
Qui dérobiez vos chants à la lyre des cieux ;
Vous qui dès le matin vers l'Olympe sonore
Montiez pour saluer le lever de l'Aurore,
Et, regrettant du jour les aimables attraits,
Chantiez au crépuscule, en vos riants bosquets,
De ses derniers rayons la lumière expirante :
— L'heure est venue! hélas ; votre aîle défaillante
Ne peut plus vous porter dans l'empire des airs ;
Et votre voix n'a plus de célestes concerts;
Car sur vous tombe aussi l'éternelle sentence,
Et sur votre harmonie un éternel silence !

Mais quel barde pourra, dans ce chant de malheur,

Exprimer des humains l'indicible douleur ?
Quelle harpe jamais d'assez triste harmonie
Du monde chantera la terrible agonie ?

Et la voix dit encor : Victoire à Jehova !
Et tout cœur défaillit, et tout genou trembla :
C'était une terreur étrange, universelle.
Sur toute face d'homme une paleur mortelle
Alors se répandit ; et soudain s'agitant
Comme la femme au jour de son enfantement,
Ouvrant son large sein pour tant de funérailles ,
La Terre mit à nud ses profondes entrailles,
Puis se fermant, cessa ses oscillations :
Et royaumes, cités, empires, nations
N'étaient plus que tristesse et solitude immense;
Partout regnait la nuit, et partout le silence :
Car lui — le Fort — venait d'appesantir son bras :
Ce silence, c'était — l'universel trépas !

Tout gisait endormi sous des vapeurs funèbres,
Noir et vaste linceul, effroyables ténèbres
Pareilles à la nuit de l'antique Chaos,
Dont l'ombre enveloppait le monde à peine éclos,
Quand le Verbe au Néant n'avait pas dit encore
D'enfanter la lumière et la première aurore.

Mais bientôt de la nuit dissipant l'épaisseur,
D'une nue éclatante un ange du Seigneur
Apparut, et penché vers la terre muette,
De Dieu fit retentir la terrible trompette :
— Réveillez-vous, ô morts, devant l'éternité !
O morts, revêtez-vous de l'immortalité !

Levez-vous! Dieu, le Dieu de justice s'avance!
— Et la voix avait dit ces mots; et le Silence,
Qui sous la main de Dieu dormait depuis long-tems,
Loin par delà le monde et tous les bruits du Tems,
Soudain se réveilla: les mondes retentirent;
Et la Terre et le Ciel et l'Enfer entendirent;
Le Trépas entendit; de l'abîme profond,
Le Sommeil, qui pressait ses paupières de plomb,
S'enfuit en entendant la trompette fatale;
Et, brisant à la fois leur pierre sépulchrale,
O spectacle effrayant! s'ouvrirent les tombeaux.

Et descendant alors des célestes berceaux,
Chants de gloire et d'amour, vivantes symphonies,
De gais alleluia, de douces harmonies
S'épandirent partout sur la terre: c'étaient
Les esprits bien-heureux des justes qui venaient
Se rejoindre à leurs corps, selon l'ordre suprême.
Parfois retentissaient les accens du blasphême,
Les cris du désespoir: c'étaient les hurlemens
Des damnés évoqués de leurs gouffres brûlans!

Partout fut reclamé chaque grain de poussière;
Au fond de leurs caveaux dans leur noir cimetière,
Pour replacer entr'eux leurs ossemens flétris
Alors s'entrechoquaient d'innombrables débris,
Réveillés tout-à-coup dans leur dernier azile:
Chaque ame, par instinct courant à son argile:
Retrouvait de son corps tous les restes épars;
D'un gazon, d'une tombe inconnue aux regards
L'Esprit simple et vulgaire, humble et sans renommée,
Recueillait glorieux sa cendre ranimée;

Tandis qu'indifférent à ses titres flatteurs,
Le Grand se relevait sans pompe et sans honneurs
De dessous l'appareil d'un riche mausolée.
L'Hermite qui gisait au fond de la vallée
S'éveillait, étonné du nombre merveilleux
De ceux qui près de lui se levaient en des lieux
Où, confiant jadis sa dépouille légère,
Il espérait dormir un sommeil solitaire :
Et le Barde qui près des murmurantes eaux
Jadis avait voulu qu'on déposât ses os
Sous les saules pleurans dont il chérissait l'ombre,
Se relevait pressé par des foules sans nombre
Qui, sortant à la fois de ces mêmes abris,
Ensemble au même sol reclamaient leurs débris :
Et ce Noble superbe, enfant de la mollesse,
Qui, portant au tombeau l'orgueil de sa noblesse,
A part, loin du vulgaire, était enseveli
Dans un riche sépulchre à grands frais embelli
Par un fils dont l'orgueil eût rougi que son père
Mélât sa noble fange à l'ignoble poussière
D'un simple laboureur ou d'un vil roturier,
— Peuple lui-même alors, se sentait coudoyer
Par tout ce qui foulait ce funèbre théâtre,
Et voyait près de lui ressusciter le pâtre
Qui blessait autrefois ses regards délicats
Et qui long-tems avait sommeillé dans ses bras.

La tombe de famille où venaient d'âge en âge
S'engloutir les honneurs d'un antique lignage,
Rendait l'ancien aïeul et ses nombreux enfans,
Race qui se perdait dans les ombres du tems.
Du sein d'un doux repos l'Homme au cœur charitable

Dans le ravissement d'une joie ineffable.
Se réveillait alors, se levait et chantait :
Mais hors de sa prison l'Avare se traînait
Morne, hideux, stupide, et rampant sur la terre
Comme un exemple affreux de profonde misère!
Il grinçait et pleurait; mais, ô pleurs superflus!
Son or et son argent ne le consolaient plus.

Rome, Athènes, Memphis, celle qui sur la Seine
Chez un peuple de rois levait son front de reine,
En d'horribles débats vomissaient de leurs flancs,
Parmi tous leurs débris leurs millions d'habitans.
Et les morts de Palmyre, elle qui d'âge en âge,
Au milieu du désert, en son triste veuvage
Dormait dans le silence, excepté quand le soir
Les pas du voyageur venant en paix s'asseoir,
Ou de l'oiseau des nuits la funèbre harmonie
Frappaient d'un bruit léger son oreille assoupie,
— Alors se reveillaient : — et la sainte Cité,
Salem où descendu de son éternité,
En son abaissement ineffable et sublime,
Pour les hommes un Dieu se fit humble victime,
— Voyait ressusciter ses enfans d'autrefois,
Ses générations de prêtres et de rois
Et ses Pharisiens : le Saducéen même
Dont le stupide orgueil, en sa folie extrême,
Jadis avait nié la résurrection ,
Se levait ; et ses traits pleins de confusion,
D'une ame sans espoir image trop fidèle,
Commençaient à rougir d'une honte éternelle.
Les antiques cités qui dormaient sous les flots,
Ou celles qui gisaient en un profond repos,
Sous leurs monts entassés, effroyable suaire

Sur leurs crimes jadis jeté par la colère ;
Maintes cités encor, tant de lieux ignorés,
Par les bardes du tems jamais rémémorés ,
Lieux toujours effacés de l'humaine mémoire,
Mais dont le ciel savait l'épouvantable histoire,
Epanchaient à grands flots leurs populations :
Et, des champs de carnage où mêlés par millions
Ils avaient sous le glaive immolé leurs semblables,
Les guerriers se levaient, milices innombrables,
Mais sans bruyans concerts, sans armes, sans drapeaux ;
Et de tous ces guerriers, esclaves des héros ,
Nul ne trouvait, parmi tant de chefs magnanimes,
Un seul qui vint alors répondre pour ses crimes ;
Mais ils voyaient près d'eux la veuve et l'orphelin ,
Et la vierge enlevée au jour de leur butin,
Bénir alors le ciel leur tout-puissant refuge,
Et prêts à les citer par-devant le grand juge.
Tant de fléaux de Dieu, barbares conquérans
Qui foulaient à leurs pieds les peuples expirans ;
Ces Romains d'autrefois dont l'orgueil homicide
De la zône glacée à la zône torride
Propageant chaque jour le calme du désert,
Sur le globe asservi jetait son joug de fer ;
Et ceux qui d'Abaddon conduisant les batailles,
Qui partout répandant d'horribles funérailles,
Suppôts de l'Antéchrist naguère en leur faveur
Allaient exterminant les élus du Seigneur,
Et désolaient la terre à leur glaive asservie,
— Secouant leur sommeil revinrent à la vie, —
L'air morne, l'œil éteint, mais respirant encor
Sur leurs traits assombris le carnage et la mort.

Grand Océan ! alors du fond de ta retraite,
Ton oreille entendit l'éclatante trompette,
Et tu restas sans voix, sans agitation :
Grand Océan, ô toi de la création
L'enfant le plus terrible ! immense, infatigable,
Magnifique, puissant, profond, impénétrable,
Toi qui pour exalter le nom de l'Eternel,
Roulais dans le concert sublime, universel,
Ta basse merveilleuse et sauvage et profonde !
Toujours tel que tu fus au premier jour du monde,
Toujours incorruptible, et jamais travesti
Par l'homme au changement toujours assujéti ;
D'âge en âge éployant ton immuable empire ;
Et, par une imposante et terrible satire,
Raillant des fiers mortels les efforts orgueilleux
Et leurs savans travaux périssables comme eux !
Grande et terrible mer ! lorsque dans la rafale
Tu courais, bondissais, indomptable cavale,
Secouant avec force en tes jeux turbulens
Et ta crinière humide et tes énormes flancs ;
Alors sans nul secours, jouets de ta colère
Les navires puissans, les armemens de guerre
Sous les flots écumeux tombaient ensevelis.
Grande et terrible mer ! en tes profonds replis,
Au fond de ton empire, abîme impénétrable,
Désert mystérieux, vaste, incommensurable,
Nul parmi les mortels ne descendit jamais,
Nul jamais n'en revint divulguer les secrets.
O de l'éternité majestueuse image,
O toi du Tout-Puissant inaltérable ouvrage,
Océan toujours pur ! ton sein avec amour
S'enflait et soupirait, s'élevait tour-à-tour

Vers la lune au front pur, vierge chaste et modeste
Qui, la nuit, conduisant son cortège céleste,
Sensible à ses soupirs profonds, mélodieux
Vers ton lit s'inclinait de la voûte des cieux.
Au matin de ce jour, ô toi qui de l'abîme
Autrefois épandais ta voix haute et sublime,
Grande mer, tu restas sans voix et sans soupir ;
Tu laissas, ce matin, tes vagues s'assoupir ;
Et comme la beauté déjà froide et sans vie,
A la clarté des cieux nouvellement ravie,
Alors tu reposais immobile ; et tes flots
D'un pôle à l'autre offraient l'image du repos,
Tandis que s'échappant de tes demeures vides,
Tes morts se relevaient de leurs couches humides,
Transfuges du trépas, et mélange confus
De tout rang, de tout âge et de toutes tribus.

DE LA QUANTITÉ

ET DES PRODUITS

DES

PETITES EXPLOITATIONS AGRICOLES

EN BELGIQUE,

PAR M. LE CANDÈLE,

Membre Correspondant.

A M. MARC,

Secrétaire perpétuel de l'Académie Ebroïcienne.

Humbeeke, le 11 janvier 1837.

Après vous avoir indiqué, Monsieur, la division de nos pe‑
tites exploitations agricoles,[1] je satisfais avec plaisir au désir
que vous m'avez manifesté de connaître, d'une manière som‑
maire, la quantité et la valeur des produits qu'elles peuvent
donner à ceux qui les cultivent. Il est bon de se rappeler que
la base de ces calculs était une culture de deux bonniers, di‑
visée de la manière suivante : deux journaux et demi froment,

[1] Voy. p. 45, première partie du vol. de 1836.

autant pour le seigle et les trois autres en partie égale pour le lin, les pommes de terre et l'avoine; total, huit journaux.

Le froment lui donnera 15 rasières ou demi-hectolitre par journal, soit 37 ½ pour les 2 ½ journaux, ce qui, à raison de 3 rasières ou demi-hectolitre par sac, fait 12 sacs; plus 1 rasière ½. En calculant le prix de cette mesure à 4 ½ fl. ct. (8 fr. 16 c.), nous trouverons que le sac vaudra 13 ½ fl. (fr. 24-49). Le fermier ne se réserve de cette culture que la quantité nécessaire pour ensemencer ses terres, savoir 1 ½ rasière. L'époque la plus favorable et la plus commode pour la vente, sera à commencer du mois de décembre jusqu'au mois de mars.

La quantité de paille qu'il aura , sera de 12, 500 livres ou 5000 par journal ; elle se vend en hiver jusqu'à 8 fl. (fr. 14-51) les mille livres; soit 100 fl. (fr. 181-41); mais elle reste toute entière à son usage, ainsi que la paille de seigle pour la nourriture et la litière de ses bestiaux et plus tard pour l'engrais de ses terres.

Les terres destinées au seigle donneront le même résultat; mais le prix de la rasière n'étant que de 2 ½ fl. (fr. 4-53), le prix du sac ne sera que de fl. 7-10 s. (fr. 13-61).

Les 80 verges plantées de colza produiront 10 rasières qu'il pourra vendre fl. 8 (fr. 14-51) total fl. 80 (fr. 145-12).

Les 170 verges restantes seront ensemencées de navets, dont la valeur peut être portée à 17 fl. (fr. 30-84). Si ces mêmes terres lui donnaient une récolte de sarrasin que j'ai appelée accidentelle, le résultat serait de 15 rasières à fl. 2-10 s. (fr. 4-54) et pour la totalité fl. 37-10 (fr. 68-3).

Lin. L'achat de la semence de Riga pour un journal lui coûtera 18 fl. (fr. 32-65). Soit que le cultivateur vende son lin, soit qu'il l'arrache et le prépare lui-même, il obtiendra 1 fl. prix moyen (fr. 1-81) par verge, dont il se réservera la valeur de 6 verges. Reste pour la vente 94 fl. (fr. 170-52).

J'ai porté la récolte de pommes de terre à 70 sacs qu'il pourra livrer à 2 fl (fr. 3-63); en prélevant 25 sacs pour lui-même, il fera donc encore un bénéfice de 90 fl. (fr. 163-26),

Ce que j'ai dit pour le seigle s'applique également à l'avoine, soit 15 rasières par journal à fl. 2-10 s. (fr. 4-53), fl. 7-10 s. le sac (fr. 13-61).

L'orge, ainsi que j'ai eu l'honneur de vous le dire, ne se sème pas chaque année; mais s'il y consacre 20 verges, il obtiendra 4 rasières à fl. 3-10 (fr. 6-35), total fl. 14 (fr. 25-40).

Le prix des trèfles, s'il pouvait les vendre, serait de 12 sols la verge (fr. 1-8), total 55 fl. (fr. 99-77).

Si maintenant nous passons au chapitre des dépenses annuelles que le fermier est dans l'obligation de faire pour ces terres, nous aurons le loyer des terres, le fumier à acheter outre celui que lui donneront ses bestiaux, les journées d'ouvriers[1]. J'ai classé toutes ces dépenses sous une seule colonne. J'ai récapitulé ensuite tout le revenu que ces terres pourraient donner, s'il ne devait rien réserver pour lui. Dans une troisième énumération j'ai marqué la partie de ses produits qu'il consomme avec sa famille, et enfin, en dernier lieu, le bénéfice net qui lui reste : j'ai pensé que c'était le seul moyen qui pourrait vous aider au milieu de ces divers calculs de mesures inconnues peut-être chez vous et avec une monnaie étrangère, laquelle j'ai cru devoir conserver parce qu'elle préside à tous les marchés et à toutes les conventions de ce genre.

Premier tableau : Dépenses annuelles et fixes.

Loyer de ses terres à 70 fl. le bonnier,	fl. 140 »	fr. 253 97
Contributions,	8 »	14 51
Fumier,	25 »	45 35

---

[1] Elles se payent 10 sols (90 centimes) pendant les longs jours d'été, depuis 5 h. du matin, jusqu'à 7 h. du soir.

Frais de culture,   40 »   72 56
Achat de semence de lin,   18 »   32 65

                 Fl. ct. 231 » fr. 419 4

Deuxième tableau : Valeur de tous ses produits.

Froment,	fl. 168 15 s.	fr. 305 36
Paille de froment,	100 »	181 41
Seigle,	97 10	176 87
Paille de seigle,	100 »	181 41
Colza,	80 »	145 12
Lin,	100 »	181 41
Pommes de terre,	140 »	253 97
Avoine,	93 15	170 7
Paille,	50 »	90 70
Trèffles,	55 »	99 77

       Fl. ct. 985 »   fr. 1786 9

Troisième tableau : Denrées à son usage.

Froment et seigle pour semailles,	fl. 10 10	fr. 19 5
Paille de froment,	100 »	181 41
Navets,	17 »	30 84
Lin,	6 »	10 88
Seigle,	93 15	170 7
Paille de seigle,	100 »	181 41
Pommes de terre,	50 »	90 70
Paille d'avoine,	40 »	72 56
Trefles,	55 »	99 77

        Fl. 472 5 fr. 855 84
D'autre part,   231 »   419 4

               703 5s.f. 1274 88

Je crois n'avoir omis aucun article dans cette petite nomenclature qui peut vous donner une idée, Monsieur, des ressources que présente notre sol et de la condition la plus nombreuse des habitans de nos campagnes. La plupart s'adonnent encore à une autre profession, comme celle de tailleur, cordonnier, aubergiste, marchand de fruit ou de volailles etc., dont on ne saurait calculer les bénéfices, mais qui augmente leur petit revenu sans les détourner de la culture de leurs terres. Le travail est l'élément de leur vie, il les occupe toute la semaine; et lorsqu'arrive le dimanche, ce jour de repos, après avoir rempli fidèlement les devoirs que leur prescrit la religion, ils vont visiter ces mêmes terres arrosées de leur sueur pendant six jours. Peut-être les idées de reconnaissance envers cette même Providence qui les nourrit et prend soin d'eux, ne sont-elles pas étrangères à cette visite de chaque semaine. C'est ainsi qu'avec ces ressources et une grande sobriété, ils arrivent au bout de l'année, trop heureux si les maladies ne leur enlèvent une partie notable de ce tems qu'ils emploient si bien !

On n'est pas plus d'accord sur la situation de *Locafao* que sur son nom.

Mézeray dit : *on ne sait pas où c'est*[1]; mais il ajoute que c'est *à l'entrée de la Neustrie*.[2]

Vély place *Leucofao dans les environs de Laon ou de Toul, ou de Moret, en Gatinois, car,* dit il, *les auteurs sont partagés sur la situation de ce lieu inconnu aujourd'hui*[3]; ailleurs, il semble adopter l'opinion que *Leucofao* est situé *sur les frontières de Neustrie ;*[4]

D'autres veulent que *Locafao* soit le village de *Lafan*, entre Laon et Soissons ;[5]

D'autres, que ce soit *Loixi*, dans le Laonnais;[6]

D'autres encore, que ce soit *Lifon*, dans les environs de Toul;[7]

D'autres enfin, qu'il ait existé dans le Gatinais, auprès de Sens.[8]

Aucune lumière n'est indifférente à l'histoire, et je viens ajouter une nouvelle conjecture à toutes celles qui ont été déjà recueillies à ce sujet.

Mézeray et Vély s'accordent sur ce point que *Locafao* ou *Leucofao* est *à l'entrée de la Neustrie ;*[9] l'autre qu'il est *sur les frontières de la Neustrie.*[10]

[1] Abrégé chronologique de l'histoire de France, t. 3, p. 312.

[2] *Id Id. Id.*

[3] Histoire de France, t. premier, p. 156.

[4] *Id. Id.*, p. 298.

[5] Lettre importante sur l'histoire de France, p. 4.

[6] Rerum gall. script. t. 2, p. 451.

[7] *Id. Id. Id.*

[8] *Id. Id.*, p. 420.

[9] Mézeray, Abrégé chronologique de l'histoire de France, t. 3, p. 312.

[10] Vély, Histoire de France, t. 1, p. 298.

Voyons ce que c'était que la Neustrie pour savoir où était *son entrée*, où étaient *ses* frontières.

La Neustrie était un nom inconnu avant la mort de Clovis. Clovis était roi de toute la monarchie française telle qu'elle existait sous son règne. En 511, quand il mourut, *Clovis laissa quatre fils qui partagèrent son royaume également. Ils s'assemblèrent et firent quatre lots qui furent tirés au sort. Thierry, quoique né d'une concubine, fut roi de Metz, Clodomir d'Orléans, Childebert de Paris ; Clotaire de Soissons.*[1]

Voilà la France divisée en quatre royaumes.

Les historiens, dit Vély, *ne marquent point les limites précises de tous ces états*,[2] ce qui est assez embarassant pour savoir où était leur *entrée*, où étaient leurs *frontières*.

On leur donna, en divers tems, des bornes différentes; ce qui ne facilite point les moyens de les reconnaître.

Le partage du royaume de Clovis en quatre royaumes fut l'occasion d'une nouvelle division de la France. On nomma *Austrasie* la partie orientale des Gaules qui est située entre le Rhin, la Meuse et la Moselle. On appela *Neustrie* la partie qui s'étend au couchant entre la Meuse et la Loire, jusqu'à l'Océan. Une partie de deux royaumes pouvait donc se trouver dans une de ces deux grandes divisions. Aussi distingue-t on jusqu'à trois Neustries: la Neustrie propre, la Neustrie inférieure, et la Neustrie supérieure.

La Neustrie propre était la France occidentale comprise entre la Meuse, la Loire et l'Océan.

La Neustrie inférieure renfermait la Bretagne, l'Anjou et quelques pays voisins.

La Neustrie supérieure contenait ce qu'on appela depuis la

---

[1] Vély, Histoire de France, t. 1, p. 66.

[2] *Id. Id. Id. Id.*

Normandie, et tout ce qui est au couchant de l'Anjou, jusqu'à Orléans et Paris.

Sous la première race de nos rois, la Neustrie forma quelquefois un royaume particulier, appelé le royaume de Neustrie, lequel renfermait la Bourgogne, l'Aquitaine, la Provence, et la Neustrie propre.

Est-ce *à l'entrée* ou sur *les frontières* de la Neustrie, grande division territoriale de la France à l'occident, ou sur les frontières de la Neustrie propre, ou à l'entrée de la Neustrie supérieure, souvent appelée Neustrie sans autre désignation, qu'existait *Locafao?*

C'est ce qu'il faut démêler dans le récit des historiens.

Ce fut la mort de Childebert qui, ayant rallumé la guerre entre les deux royaumes d'Austrasie et de Soissons, fut cause de la première bataille de *Locafao.*

Théodebert était alors roi d'Austrasie, et Thierry roi de Bourgogne et d'Orléans.

Clotaire était roi en Neustrie.

La Bourgogne ne faisait donc pas alors partie de la Neustrie considérée comme royaume. C'est un point essentiel à établir.

Le siège du royaume d'Austrasie était à Metz; celui du royaume de Bourgogne à Châlons-sur-Saône.[1]

Quand les historiens parlent, à cette époque, de l'entrée ou des frontières de la Neustrie, il est donc certain qu'il n'est pas question de l'entrée ou des frontières de la Neustrie, grande division occidentale de la France; mais seulement de celles de la Neustrie supérieure ou du pays qui, depuis Rollon, a pris le nom de Normandie.

On ne peut donc pas croire que la bataille de *Locafao* eut lieu dans les environs de Laon, ou de Toul, ou de Moret, comme on l'a répété tant de fois tout en convenant que c'était

[1] Voir Mézeray, Abrégé chronologique de l'Histoire de France, t. 3, p. 198.

un lieu inconnu. Laon, Toul et Moret sont d'ailleurs trois villes trop éloignées les unes des autres, pour qu'on puisse dire indifféremment que c'est près d'une d'elles qu'existait *Locafao*.

Puisque Frédégonde, qui habitait Rouen, *se mit aux champs pour reconquérir Paris et les villes de dessus la Seine que Childebert lui avait enlevées,*[1] comme dit Mézeray, on doit en tirer la conséquence que les armées de Théodebert et de Thierry s'étaient avancées jusques là, et que, puisqu'il s'agit de places *de dessus la Seine*, il ne peut-être question, ni de Laon, ni de Toul, ni de Moret en Gatinais. C'est entre Paris et ce qu'on a appelé la Normandie en 912, qu'il faut chercher *Locafao*, et, où trouver ce lieu, non loin des bords de la Seine, si ce n'est sur les frontières de la Neustrie supérieure, dans le Vexin qu'on a divisé, à une époque postérieure, en Vexin français et en Vexin Normand.

Clotaire, quoique vainqueur à *Locafao*, fut peu de tems après forcé de retrograder, il avait à son tour éprouvé quelque défaite. Il s'était avancé jusqu'à Melun; il revint à Paris, et de Paris à *Arelaune*, auprès de Rouen. C'est ce qu'on nomme aujourd'hui *la forêt de Brotonne*. Clotaire battu revint à Rouen d'où il était parti pour vaincre, et c'est encore là une preuve que *Locafao* doit se retrouver à l'entrée de la Neustrie supérieure ou de la Normandie.

La mort de Childebert avait été cause de la première bataille de *Locafao*; la mort dé Dagobert II, aussi roi d'Austrasie, fut cause de la seconde.

Dagobert, suivant Mézeray, *étant tombé au pouvoir de ses ennemis, soit après la perte d'une bataille, soit par quelque autre accident; on porta son corps à Rouen, où l'archevêque Ouïn, l'inhuma dans l'église de Saint-Pierre.*[2]

---

[1] Voir Mézeray, Abrégé chronologique de l'histoire de France, t. 3, p. 198.

[2] *Id. Id.* t. 3, p. 340.

Selon Vély, *il fut assassiné dans une sédition, on ignore le sujet de la révolte et le nom de ses auteurs* [1]*... Il fut enterré à Saint-Pierre-de-Rouen,* [2] ajoute cet historien.

A la mort de Dagobert II, la monarchie française aurait dû être remise en entier sous le sceptre de Thierry III ; mais l'Austrasie, ne voulut pas se soumettre , parce que l'autorité d'Ebroïn, maire du palais en Neustrie , paraissait odieuse et tyrannique aux Austrasiens. L'Austrasie se déclara donc contre Thierry. *Martin et Pepin furent déclarés ducs ou gouverneurs de ce royaume.* [3] Ils étaient parens.

On prit aussitôt les armes, [4] *les deux cousins,* dit Mézeray, [5] *prévoyant bien qu'Ebroïn irait à eux, se résolurent de venir l'attaquer les premiers, ils lui donnèrent bataille près de la forêt de Locafao à l'entrée de la Neustrie.*

Dagobert II venait d'être tué ou assassiné auprès de Rouen, où on venait de l'enterrer, quand Martin et Pepin se résolurent à attaquer Ebroïn les premiers. Ebroïn alors était à Rouen, auprès de *notre archevêque Saint Oüin qui était un de ses amis et fort attaché à ses intérêts.* [6] Il est évident que c'est donc encore sur les frontières de la Neustrie supérieure , et dans le Vexin, et non aux environs de Laon, de Toul ou de Moret qu'il faut chercher *Locafao.*

Martin et Pepin s'étaient avancés au-devant d'Ebroïn, pour avoir l'avantage de l'attaque. Battus à *Locafao,* Martin se retire à Laon où il périt, Pepin en Austrasie où il prépare les moyens de réparer sa défaite. On voit que c'est toujours entre Rouen et Laon qu'il faut chercher *Locafao ;* c'est même plus.

---

[1] Histoire de France, t. premier, p. 297.

[2] et [3] *Id. Id.* p. 298.

[4] Abrégé chronologique de l'Histoire de France, t. 3, p. 312.

[5] Histoire sommaire de Normandie, par Masseville, t. premier, p. 62.

près de Rouen que de Laon, puisque Martin et Pepin, ayant pris l'avance sur Ebroïn, pour le surprendre et l'attaquer *les premiers, prévoyant bien qu'il était à eux*, devaient avoir fait plus de chemin que lui. Par *l'entrée de la Neustrie* ou *les frontières de la Neustrie*, on doit donc entendre l'entrée ou les frontières de la Neustrie supérieure, et ce ne saurait être ailleurs qu'existaient la forêt et le champ de bataille de *Locafdo*.

Mézeray et Vély parlent tous deux d'une forêt de *Locafao*.[1]

Y avait-il un village de ce nom, donnant ce même nom à une forêt voisine, ou la forêt avait-elle un nom qui lui fut propre? C'est ce qu'on ne saurait dire.

Parmi les noms, diversement orthographiés de cette forêt, quel est celui qu'il faut préférer? Est-ce *Locafao*? Est-ce *Leucofao*, *Latofago*, *Latofico*, *Lufao* ou *Lucofao*? C'est ce qu'on ne saurait dire encore.

Pourtant, on voit que tous ces noms, malgré leurs modifications, doivent avoir une seule et même signification et que, par conséquent, on peut faire un choix parmi eux, malgré la manière plus ou moins étrange dont il a été défiguré par les copistes qui l'ont écrit à des époques différentes.

Ce nom est évidemment celui d'une *forêt de hêtres*, et c'est pour cela que je penche pour le nom de *Lucofao*, *Lucus Fagorum*, *Loc*, *Leuc et Lat* sont certainement une corruption de *Lucus*, et *Fao* ne saurait-être autre chose que notre vieux mot *Fau* qui veut dire *hêtre*. Peut-être même a-t-on dit *fao* avant de dire *fau*? Dans *Latofago*, on retrouve en entier le *fagus* des latins et, textuellement dans *Lafau*, le nom qui signifie *hêtre* dans notre vieux langage.

---

[1] Mézeray, Abrégé chronologique de l'histoire de France t. 3, p. 312 et Vély, Histoire de France, t. premier, p. 298.

Il est donc constant pour moi que la bataille de *Locofao* ou de *Lucofao*, s'est donnée près d'une *forêt de hêtres*, à l'entrée ou sur les frontières de la Neustrie.

Depuis les Druides, les forêts ont cessé d'être sacrées; depuis la première race de nos rois et l'augmentation successive de la population de la France, bien des forêts ont été détruites dans notre pays. On foule le sol qu'elles couvraient, sans se douter qu'elles y ont existé; cependant on en retrouve le souvenir dans le nom de certains pays actuellement éloignés de toute forêt. Ces noms même ont conservé je ne sais quoi de sylvestre et de forestier, si je peux m'exprimer ainsi, qui révèle leur origine. Tel est celui de *Luci*, village situé dans les bois auprès de Neufchatel, en Bray. Tels sont ceux de *Faye*, de *Fay* et de *Fayel* qui signifiaient un lieu planté de hêtres. Faye *signifiait aussi simplement* une forêt, *Sylva.*[1]

Or, il existe dans une partie de l'ancien Vexin français, qui forme aujourd'hui le canton de Chaumont, au département de l'Oise, deux villages voisins l'un de l'autre, dont les territoires sont contigus, et qui rappellent par leurs noms celui de *Lucofao*, et la proximité d'une forêt de hêtres. Ce sont *Loconville* et *Fay*. Ces deux villages faisaient autrefois partie de l'élection de Chaumont et Magny et appartenaient à la généralité de Rouen. Ils ne sont qu'à deux ou trois lieues de Gisors qui était l'entrée de la Neustrie, la première ville frontière de cette province; *Loconville* et *Fay*, étaient donc véritablement *à l'entrée* ou *sur les frontières de la Neustrie*. En réunissant leurs deux noms, comme leurs territoires ont été réunies dans l'antique forêt détruite; en écrivant *Loconfay*, on est bien près d'écrire *Lucofao* ou *Locafao* et à l'inspection de la carte, quand on voit que *Loconville* et *Fay* sont en ligne directe entre

____

[1] Voir le dictionnaire de Trévoux au mot *Faye*.

La Destinée

DES HOMMES DE GÉNIE,

ET

DOCUMENS CURIEUX

SUR L'INVENTION DE LA VAPEUR, ETC.

PAR M. JUGLET DE LORMAYE,

Membre Correspondant.

> « La gloire est un sentiment qui nous élève
> » à nos propres yeux et qui accroît notre con-
> » sidération aux yeux des hommes éclairés.
> » Son idée est indivisiblement liée à celle
> » d'une grande difficulté vaincue, d'une
> » grande utilité subséquente au succès et d'une
> » égale augmentation de bonheur pour l'uni-
> » vers, ou la patrie.
>
> RAYNAL, *Hist. Philos.*

> O pouvoir du génie et d'une ame divine!
> Ce que Dieu seul a fait, Newton seul l'imagine !
> Et chaque astre répète en proclamant son nom :
> Gloire au Dieu qui créa les mondes et Newton!
>
> DELILLE, *l'Imagination.*

C'est une triste vérité qu'il faut reconnaître, vérité qu'il
sera toujours facile de justifier par mille exemples plus ou
moins frappans, que, plus l'homme s'étudie à franchir les
étroites limites dans lesquelles la nature semble avoir circons-

crit son intelligence, et plus il rencontre d'obstacles à surmon-
ter. En butte à tous les traits de l'incrédulité ou de l'ignorance,
une injuste prévention s'attache à ses pas. Que d'efforts n'a-t-
il pas à faire pour se faire comprendre! Trop heureux si l'on
ne voit en lui qu'un maniaque, qu'un insensé digne tout au
plus d'inspirer quelque sentiment de pitié, et si l'on ne lui
fait pas expier par les tortures ou la prison, le tort immense
d'avoir eu trop tôt raison! Tel fut Galilée lorsque, cédant à
la violence, et forcé de renoncer à un système qui faisait le
rêve de sa vie entière, il s'écriait dans sa prison , *en récitant*
les sept psaumes de la pénitence, condamnation que les sept
cardinaux lui avaient infligée pour avoir osé annoncer le
mouvement de la terre; il s'écriait encore en la frappant du
pied : « *Cependant elle remue (e puo si muove)*.

Cela se passait en 1677, et tout le monde est d'accord aujourd'hui pour témoigner que Galilée avait raison.

Tel fut aussi le sort de Christophe Colomb; lorsqu'après
avoir obtenu à grand-peine de la cour d'Espagne , les trois
vaisseaux avec lesquels il fit plus tard la découverte du Nouveau-Monde, il fut à la veille d'être immolé par son équipage.
En effet, le 12 octobre 1492, lorsqu'ils étaient en vue de l'île
San-Salvador, l'équipage n'avait cessé de murmurer: les uns
le traitaient de visionnaire , d'aventurier qui n'avait rien à
perdre; d'autres menaçaient de le jetter à la mer. Qui n'a
lu les lettres suppliantes qu'il écrivait de la Jamaïque au
roi d'Espagne, lorsque malheureux et presque mourant de
faim, il implorait l'assistance de son gouvernement, en invo-
quant la mort comme le seul terme possible à tant d'afflic-
tions? Triste consolation du désespoir, dernier refuge du génie aux prises avec la superstition et l'ignorance... Christophe
Colomb est ramené en Espagne, les fers aux pieds et aux
mains, et détenu prisonnier pendant quatre années, jusqu'à

ce qu'on le renvoyât dans son Nouveau-Monde, où il apperçut enfin le continent à dix dégrés de l'équateur, et la côte où l'on a bâti Carthagène.

L'homme qui eut le premier l'idée de l'emploi de la vapeur, éprouva un sort à peu près semblable : traité comme visionnaire et comme insensé par ceux-là qui étaient le plus à même de le voir et de l'entendre, il fut jetté dans les cabanons de Bicêtre au milieu des fous et des aliénés.

Quoiqu'il en soit, et malgré l'opinion assez généralement accréditée que nous devons à nos voisins d'outre-mer le mérite de cette précieuse invention, nous n'hésitons point à le dire, et ce, en l'honneur de la Normandie, que c'est un de ses enfans qui, le premier, découvrit l'emploi de la vapeur. Nous n'en voulons d'autre preuve que cette lettre authentique de la trop fameuse Marion Delorme à M. De Cinq-Mars, que nous transcrivons textuellement :[1]

Février 1641.

« Tandis, mon cher Effiat, que vous m'oubliez à Narbonne,
» et que vous vous y livrez aux plaisirs de la Cour et à la joie
» de contre-carrer M. le Cardinal ; moi, suivant le désir que
» vous m'en avez exprimé, je fais les honneurs de Paris à
» votre lord anglais, le marquis de Worscester et je le promène,
» ou plutôt il me promène de curiosités en curiosités, choi-
» sissant toujours les plus tristes et les plus sérieuses, parlant
» peu, écoutant avec une extrême attention et attachant sur
» ceux qu'il interroge deux grands yeux bleus qui semblent
» pénétrer au fond de la pensée. Du reste il ne se contente

[1] Cette lettre, qui renferme un document historique du plus haut intérêt, m'a été procurée par un membre de l'Institut Historique, comme pièce inédite.

» jamais des explications qu'on lui donne, et il ne prend guère
» les choses du côté où on les lui montre. Témoin, la visite
» que nous sommes allés faire ensemble à Bicêtre et où il pré-
» tend avoir découvert dans un fou un homme de génie.

» Si ce fou n'était pas furieux, je crois en vérité que votre
» marquis eût demandé sa liberté pour l'emmener à Londres
» et écouter ses folies du matin jusques au soir.

» Comme nous traversions la cour des fous et que, plus
» morte que vive, je me serrais contre mon compagnon, un
» laid visage se montre derrière les barreaux et se met à crier
» d'une voix toute cassée : « *Je ne suis point fou ! j'ai fait une*
» *découverte qui doit enrichir le pays qui voudra la mettre à*
» *exécution.* » — Et qu'est-ce que cette découverte, dis-je à ce-
» lui qui nous montrait la maison ? — Ah ! dit-il, en haussant les
» épaules, quelque chose de bien simple et que vous ne devi-
» neriez jamais : *c'est l'emploi de la vapeur d'eau bouillante.*

» Je me mis à rire. Cet homme, reprit le gardien, s'appelle
» Salomon de Caus ; il est venu de la Normandie, il y a quatre
» ans, pour présenter au roi un mémoire sur les effets mer-
» veilleux que l'on pourrait obtenir de son invention. A l'en-
» tendre, avec la vapeur on ferait tourner des manèges, mar-
» cher des voitures, que sais-je ! on opérerait mille autres
» merveilles. Le Cardinal renvoya le fou sans l'écouter.

» Salomon de Caus, au lieu de se décourager, se mit à
» suivre partout M. le Cardinal qui, las de le trouver sans
» cesse sur ses pas et importuné de ses folies, ordonna de
» l'enfermer à Bicêtre, où il est depuis trois ans et où, comme
» vous avez pu l'entendre, il crie à chaque visiteur, « *qu'il*
» *n'est pas fou et qu'il a fait une découverte admirable.* » il a
» même composé un livre que j'ai ici. — Milord Worscester qui
» était devenu tout rêveur, demande ce livre, et, après en avoir
» lu quelques pages, il dit : « *Cet homme n'est point un fou,*

[illegible]

[illegible] « [illegible]
» [illegible]
» [illegible]
» [illegible] à [illegible] l'expé-
» [illegible] aviez jamais [illegible]. Vous l'avez rendu fou;
» [illegible] vous l'avez [illegible] fou [illegible], il ne l'était
» [illegible] par
» [illegible]
» [illegible]
» [illegible]
» [illegible] lorsqu'il reprenait les notes… »

[illegible]

Extrait

DE
LETTRES SUR LA BELGIQUE,

PAR MADAME ALEXANDRINE ARAGON;

Membre Correspondant.

Voitures à vapeur. — Diligence-coucou. — Population impro-
visée. — La garde civique de Bruxelles et le cheval de
Troye. — Les Omnibus d'Anvers. — Physionomie tout à
la fois progressive et rétrograde. — Les Confessionnaux. —
Le Port. — L'Escaut.

...... Notre époque sera certainement considérée un jour
comme la plus étonnante et la plus féconde de toutes en
choses neuves et inouies, bien qu'en disent certaines gens qui
assurent que notre histoire n'est qu'une insipide redite et que
la vie n'est en définitive qu'une fastidieuse répétition de choses.

connues. Si l'on eut apperçu, il y a seulement cent ans, une voiture à vapeur, traversant les chemins sans chevaux, sans conducteur et rien que par la force invisible qui fait mouvoir ses roues d'où jaillissent des étincelles, et leur fait parcourir avec une vélocité toujours croissante les lieux et les distances, on l'eût prise infailliblement pour une œuvre diabolique, un équipage de l'enfer, et ses voyageurs pour quelques émissaires de Satan. Il y a quelque chose de prestigieux dans cette manière fougueuse de franchir l'espace ; elle étonne, elle saisit, et là se trouve peut-être l'image la plus énergique et la plus frappante de l'existence brûlante et rapide de notre époque qui, comme emportée aussi sur quelque formidable machine à vapeur, traverse le tems en jetant çà et là feu et flamme. Aussi, les arbres, les champs, les hommes, les maisons, nature et art, tout fuit-il magiquement devant les yeux, de même que la vie, lorsqu'elle nous est bénigne et belle, de même que le présent lorsqu'il est bonheur, enchantement.

C'est ainsi que nous parcourûmes les onze lieues qui séparent l'élégante et royale Bruxelles de l'active et commerçante Anvers, en soixante minutes, pendant lesquelles nous passâmes, presqu'à vol d'hirondelle, à travers d'épaisses et vertes prairies parées de grands arbres et de belles vaches noires aux abondantes mammelles. A peine avions-nous le tems d'effleurer du regard cette brillante culture qui caractérise tout le sol de la Belgique ; et tandis que ces rians tableaux glissaient devant nous comme autant de visions fantastiques, nous apperçûmes au loin la diligence qui, bien qu'elle roulât de son plus rapide mouvement, nous paraissait comme immobile et ne ressemblait pas mal à un coucou embourbé ; à la voir cheminer ainsi de cet air piteux et rester si fort en arrière, j'étais tentée de m'écrier : « Vieille méthode ! invention surannée ! qui peut

» songer à voyager maintenant dans une machine aussi ridi-
» cule? » Car c'est une chose remarquable que cette prompti-
tude avec laquelle l'homme est poussé à vieillir à l'instant toute
coutume qu'une autre nouvelle menace de remplacer plus habilement.

A une légère distance de la ville, le mouvement de la vapeur se ralentissant peu à peu, les waggons s'arrêtèrent et nous
vîmes devant nous une espèce de barrière et quelques constructions en bois pour les bureaux d'arrivée et de départ. Au
moment où nous cessâmes de rouler, il n'y avait sur la place
qu'un gardien et quelques hommes ; mais tout-à-coup la scène,
de solitaire et calme qu'elle était, devint si populeuse, si mou-
vante, que ce fut comme par le pouvoir d'une baguette de
fée ; elle offrit alors l'aspect le plus singulier et le plus inatten-
du. En un clin-d'œil, il était sorti des waggons enchaînés les
uns aux autres sur une longue ligne, une population bruyante
et variée qui encombra subitement la barrière et dont au besoin on eût pu peupler un pays désert ; car on y voyait mêlés
ensemble femmes du monde et campagnardes, rustres et fa-
shionables , prêtres et musiciens , magistrats et négocians,
vieillards et enfans, religieuses et marchandes de modes , tout
un monde ambulant dont fesait, en outre , partie la moitié
d'un bataillon de la garde civique de Bruxelles ; jolis officiers
à la tenue élégante, luisante et pincée, qui arrivaient frais et
dispos au pas accéléré de la vapeur. « Admirable invention !
» me disais-je, stupéfaite à la vue de cette population impro-
» visée : si Napoléon eut vécu, à coup sûr, il eut été capable
» de l'appliquer à son système continental ; lancer à la vapeur
» cent mille hommes sur le sol ennemi, c'eut été là un progrès
» de tactique militaire à le rendre fou et à mettre l'Europe en
» capilotade. Qui sait vraiment jusqu'où peut aller l'esprit hu-

» main dans une phase de progrès-monstres ? 130,000 per-
» sonnes circulent chaque mois entre Bruxelles, Malines et
» Anvers; d'après ce seul résultat , quels prodiges n'est-il pas
» permis d'attendre de la circulation qui, par suite, peut avoir
» lieu, non seulement entre les villes, mais même entre les
» pays? Par l'invention de la vapeur, toutes les nations du
» monde entier, rapprochées et confondues ensemble , ne
» peuvent-elles pas arriver à une unité complète de mœurs,
» d'intérêts, d'idées, de sympathies , et ne finiront-elles pas
» par ne plus former un jour qu'une grande famille? » Telles
étaient les rêveries gigantesques de mon esprit, lorsque je vis
la garde civique de Bruxelles s'élancer toute armée des waggons qui la renfermaient. L'armée des Grecs ne sortit pas plus
impétueuse et plus fière des flancs du cheval de Troye que les
guerriers Bruxellois de leur machine fumante; le vieux
Priam en eût tressailli une seconde fois. C'était le spectacle le
plus étrange et le plus imprévu que celui de cette foule bour-
donnante apparaissant ainsi ; un essaim d'abeilles, échappé de
la ruche, tombe sur vous moins brusquement.

Nous franchîmes, non sans quelque difficulté, les baraques
en bois qui séparent le chemin de fer des remparts et des
portes de la ville ; et là un spectacle d'un autre genre s'offrit à
nos yeux: en face de nous s'étendait une ligne d'Omnibus
rangés de front et guettant impatiemment les voyageurs ap-
portés par la vapeur. A notre vue le plus aigre concert de voix
criardes et glapissantes retentit dans l'air et y répandit une
harmonie tapageuse et assourdissante rappelant un peu le cri
persécutant du coucou Parisien : « *Paris! Paris!* » avec cette
différence, pourtant, que l'écho du classique coucou pourrait
passer pour quelque phrase échappée d'une mélodie de Schu-
bert, comparé au tintamarre éclatant et aigu, produit par ces

conducteurs d'omnibus, criant tous à la fois en langues Flamande, Allemande, Anglaise et Française, les différens noms des quartiers de la ville où se rendent leurs voitures. Je ne sache rien qui puisse donner une idée de cette harmonie tant soit peu sauvage et irritante, si ce n'est cinquante ou soixante cresselles jouant à la fois.

Après un voyage fait d'une manière presque merveilleuse, l'imagination aussi se trouve comme lancée à perte de vue dans un ordre d'idées tout nouveau; il semble que chaque chose que l'on va voir sera empreinte d'un caractère neuf, hardi, dégagé de tout ce qui tient au vieux passé et tout palpitant de la fièvre progressive du tems. Cependant elle est bientôt contrainte de redescendre quelque peu de cette sphère élevée et de retomber dans un doute assez prononcé à l'égard du dégré d'avancement moral où sont parvenus les Anversois. En parcourant Anvers on est à chaque instant frappé par une foule de contradictions et d'extrêmes; c'est d'un côté la jeunesse et l'énergie du siècle, de l'autre toute la caducité du vieux: ici toute la force et l'activité de l'industrie, là toute la faiblesse et la démence de la superstition; presque toujours à côté d'un progrès saillant un pas rétrograde, et au milieu des œuvres d'une génération vraie et positive, les restes vermoulus de la crédulité et du mensonge.

Ainsi, parmi plusieurs choses qui sont en contradiction manifeste avec l'esprit du siècle, il en est deux qui sont remarquables : l'étalage des symboles religieux à tous les coins de rue, et la prodigieuse quantité de confessionnaux qui tapissent toutes les églises.

Anvers est à coup sûr une des villes où le tribunal de la pénitence exerce le plus activement son pouvoir sur les consciences; du reste, ces confessionnaux répondent parfaitement, par le travail somptueux de leurs reliefs, au luxe des marbres, à la beauté des peintures sacrées qui abondent dans toutes ces églises, et à toute la magnificence sévère qui caractérise ces lieux. Mais au sortir delà et à l'aspect si vivant et si animé du port, il semble que l'on ait sauté à pieds joints par-dessus tout un siècle, tant la transition est immense, tant le cercle des idées est forcé de s'agrandir tout-à-coup à la vue de l'Escaut, de ses vastes chantiers, de ses bassins, de ses entrepôts, de l'arsenal, des vaisseaux et des nombreux ballots de marchandises; tant l'imagination s'élève et s'inspire du noble voisinage de l'Océan et du parfum qui en arrive; tant cette activité et cette animation contrastent fortement avec le style austère des églises et l'aspect des rues ornées partout d'*ex-voto*, de vierges et de saints! Ce n'est pas que certains quartiers, plusieurs belles constructions et des rues neuves, modelées sur celles de Bruxelles, n'offrent toute l'expression d'une ville moderne; mais cette jeune physionomie est altérée et comme dissimulée sous des ruines: il faut l'étudier long-tems pour la reconnaître et distinguer les deux nuances qui se mêlent ensemble et la colorent d'une manière souvent bizarre. Anvers, enfin, ressemble à une jeune et belle femme qu'on aurait affublée des parures de sa grand-mère.

HISTORIETTE

De tous les tems, de tous les lieux,

PAR M. P. A. LANOE,

Membre Correspondant.

Un jeudi de printems, une bande joyeuse,
Laissant du rudiment la leçon ennuyeuse,
S'amusait à jouer au Gendarme, au Voleur,
Aux barres, à la balle, à tous les jeux d'adresse
Où la vivacité, la grâce, la souplesse
A nos membres captifs redonnent la vigueur.
Fatigués à la fin de cette gymnastique,
Un d'eux dit : Ça, messieurs, jouons à l'Empereur;
Et tous de s'écrier : A bas la République !
Vive Napoléon ! oui, nous le voulons bien.
Gendarmes aussitôt d'enlever le lien
Qui tenait enchaînés trois gamins de la troupe;
On se concerte, on brigue, on s'assemble, on se groupe.
L'auteur de ce projet, d'une unanime voix,
Fut empereur et roi nommé tout à la fois;

Un boiteux, nez au vent, à la lèvre assez mince,
Qui répondait la messe, eut le titre de Prince ;
Le faraud des Bambins prit le nom de Murat ;
Les autres ceux de Rapp, de Foy, de Masséna ;
Tous étaient Généraux, pas un n'était soldat.
De titres et d'honneurs s'étant reconnus dignes ,
Des Ducs, des hauts Barons, ils prirent les insignes,
Insignes faits de paille assez artistement,
Qui ne devaient durer au surplus qu'un moment.
On était loin de voir, dans cet enfantillage,
De nos destins futurs la fugitive image !...
Ce jeu plut quelques jours à ces jeunes garçons;
Mais comme ils oubliaient leurs titres et leurs noms ,
Le père d'un marmot, expéditionnaire,
Lentement écrivant ce qu'il avait à faire,
Pour qu'on se reconnût mit leur contrôle au net ;
De ses doigts arrondis, d'une main déliée,
Tourna le nom en ronde, et le titre en coulée;
Il enrichit le tout d'arabesques au trait ,
D'un très beau cul-de-lampe et d'un triple filet.

Mais le fils étourdi de cet imprudent père,
En jouant dans les champs laissa tomber à terre
Ce contrôle d'appel, qui, bientôt fut porté
A certain magistrat qu'on dit de sûreté.
L'homme de robe, armé de la fatale liste,
S'imagina d'abord qu'il était sur la piste
D'un complot ténébreux tramé contre l'état.....
Tant mieux, dit-il tout bas.... sans doute à l'improviste
Il se voyait monter au Conseil, au Sénat...

Car on allait bien vite, au tems du despotisme,
      De la faveur à l'ostracisme,
    Comme une bourrasque à son tour
      Vous ramenait de l'exil à la Cour.
Et de jour, et de nuit, voilà mon homme en peine :
      Il se trémousse, il se démène ;
De la Mouche du Coche il prend tous les travers ;
Il tranche du Ministre, et se donne des airs ;
D'espions et d'agens les hideuses cohortes
Ont ordre de veiller et d'écouter aux portes,
De voir par la serrure ou le trou d'un volet,
Ce que l'on pourrait faire ou bien ce qu'on a fait.....

Mais qu'espérér de soins d'une phalange à gages,
Qui de longs rapports vains, ou de faux témoignages,
Nourrissait à plaisir l'espoir du magistrat ?
Le hasard fit bien mieux que gens de cet état !
Comme il passait un jour dans un lieu solitaire,
Rêvant, réfléchissant sans cesse à cette affaire,
Il entend appeler Napoléon, Murat,
Le prince de Wagram et Massa-Carrara ;
Le pauvre homme aussitôt de relever la tête...
— Quoi, polissons, dit-il, préludant à l'enquête,
Vous osez profaner le nom de l'Empereur !
Mais c'est affreux, je vous..... — Pst, allons donc, monsieur,
Vous voyez bien vraiment que ce n'est que pour rire.
— Dites-moi donc par qui vous avez fait écrire
Ce contrôle insolent dont je suis stupéfait ?
— C'est mon papa, monsieur, qui me l'a mis au net.
Chez le père à l'instant notre homme se transporte...

— Eh! mon cher Bellemain, dit-il d'une voix forte,
N'êtes-vous pas l'auteur de ce joli tableau?
— Monsieur, je l'avouerai : cela vous paroit beau !
— Oh! ce n'est pas cela, monsieur, que je veux dire :
C'est pour un employé sottement se conduire,
Que de prêter sa plume aux jeux de ces enfans,
Qui depuis quelques jours nous mettent sur les dents ;
A vos supérieurs je vais en rendre compte,
Et je vous en ferai boire à longs traits la honte...
— Mais, monsieur, on a fait bien plus fort à la Cour :
Pour assigner les rangs, pour régler l'étiquette
Qu'on devrait observer dans une auguste fête,
De Pantins, de Pierrots on fit l'emplète un jour ;
Puis au salon de Mars, pêle-mêle l'on jette,
Et le brave Murat sous l'habit d'Arlequin,
Le duc de Rovigo sous celui de Scapin,
Et la tendre de Broc, et la belle Pauline,
L'une mise en Marton, et l'autre en Colombine,
Et madame Gigogne, et ses nombreux enfans....
Quand on eut tout rangé, la porte à deux battans
S'ouvrit pour l'Empereur et la Cour assemblée....
On rit, on s'amusa de cette folle idée :
C'était un trait hardi d'un malin courtisan,
Qui dérida pourtant le front du conquérant ;
Car il avait parfois de la philosophie.
Imitez-le, monsieur, dans ce cas, je vous prie ;
Oubliez tout ceci, vous ne ferez pas mal.
— Monsieur, du tout je vais dresser procès-verbal :
Le Grand-Juge, j'espère, appréciera mon zèle,
Et vous, à l'Empereur montrez-vous plus fidèle.
— Votre zèle, monsieur, n'a pour moi rien de neuf :

Il s'est tant prodigué depuis quatre-vingt-neuf,
Que vous m'avez appris à croire légitime,
Ce qui semblait d'abord ne se pouvoir sans crime.

Or , il advint que l'un d'une croix fut doté,
Et que l'autre perdit l'impériale estime,
Puis son emploi; des deux nul n'avait mérité
Ni cet excès d'honneurs, ni cette indignité.

L'ABBAYE DE BLANCHELANDE,

PAR M. EMILE DE PONTAUMONT,

Membre Correspondant.

> « Au bras des chevaliers pendait la blanche écharpe,
> » Les zéphirs dispersaient les parfums des rosiers,
> « Et de joyeux refrains qu'accompagnait la harpe,
> » Redisaient les exploits des plus fameux guerriers.
>
> (MADAME DE CORDAY.)

Sur la rive droite de la Doure qui arrose une partie du comté de Cotentin en Normandie , le voyageur ne passe jamais sans lever la tête vers un fort château qui dresse d'une façon altière ses tours carrées et épanche largement ses fossés rougis bien des fois du sang anglais, pendant les guerres de 1400. Cette forteresse se nomme Beuzeville-la-Bataille.

Les clercs qui savent lire les écritures déposées en son chartrier racontent des choses si héroïques des barons de Beuzeville, alors que l'Angleterre nous faisait guerre si acharnée, qu'il est impossible à des Français de ne pas verser à ces récits des larmes de reconnaissance d'attendrissement.

Entre tous preux châtelains, on aime à nommer Jean

de Vienne, amiral de France, qui, avec sa flotte, s'en alla vers la grande Bretagne, en 1377, venger avec audace et bonheur une partie de nos infortunes.

Le 16 août 1503, une grande rumeur était dans le château envahi par une longue file de destriers qui faisaient résonner les mille échos des voûtes. Des dames, des cavaliers, une foule, remplissaient les galeries, les salles, les donjons, devisant avec gaité et parfois avec amour. Tout était vie et mouvement dans l'intérieur du castel, mais bien mieux encore dans le préau qui regorgeait de convives; grand lac bouillonnant de têtes empanachées et bigarrées qu'alimentait sans cesse un bac à banderolles, dans lequel les bateliers du comte Yrvan de Beuzeville, en surcots armoiriés, faisaient passer la Doure à de nouveaux conviés. Le tumulte était tel dans cette cohue de seigneurs, de chevaux, de varlets, de lévriers et d'astrologues, que l'on entendait à peine la symphonie exécutée par les musiciens du comte placés en des barques ancrées non loin des bastions du château.

Un incident vint tout-à-coup distraire cette foule bruyante attirée par le plaisir vers Beuzeville, comme l'aimant vers le Nord. La ruade d'un guilledin d'Angleterre blessa et renversa un chevalier qui, si j'ai bonne souvenance, se nommait messire François de Lagadec, chatelain de Saint-Fiacre-en-Parisis. La foule entourant le blessé laissa un moment le passage libre sur le pont-levis.

—Par Saint-Lô! si vous m'en croyez, Le Poupet, nous entrerons à cette heure en la bastille de Beuzeville, dit à un sien compagnon un seigneur de haute taille et vêtant une cotte hardi-rouge semée de roses d'argent.

—Vous parlez sagement, Mauconvenant, répondit l'autre che-

valier qui portait un superbe chapeau à bec orné de perles ;
car je crois que, sans le malheur arrivé au parisien, nous eussions dû coucher céans, puisqu'en comptant bien nous y sommes depuis l'heure de nones ; vit-on jamais pareille cohue au
duché de Normandie ?

—Oui, j'en ai vu une meilleure lorsque les dominicains d'Argentan jouèrent le grand mystère du 19 décembre 1501. Il y
eut telle foule et nocturne que, six mois après, on parlait encore
des bourses coupées, des côtes rompues, des femmes enlevées
et des maris battus en ce divertissement. Pour le présent nous
n'allons point à un mystère, mais simplement à une réjouissance qui, bientôt, au vouloir de Dieu, verra issoire la noce de
Richard et de Mathilde.

—Comment ?.... Vous avez dit mariage entre frère et sœur.

—De vrai, Mathilde ne fut jamais la fille d'Yrvan, et je sais de
prud'hommes qu'elle est orpheline d'un seigneur qui, en mourant, parla de l'union de sa fille avec Richard, fils de son compagnon d'armes.

— Votre récit m'ébahit fort, répondit l'autre chevalier, et je
n'en avais jamais ouï la première parole..... Voici Yrvan
lui même dans la grande salle ; peut-être nous parlera-t-il de
la noce projetée.

La grande salle de Beuzeville était somptueuse : son plafond,
rayé parallèlement de poutres richement sculptées, récréait la
vue par le capricieux travail de ses emblêmes où les seigneurs
du lieu avaient chiffré leur noblesse et leurs amours. La tapis-
serie représentait aux quatre côtés : le songe de Samuélus,
l'entrée triomphale d'Alexandre en Babylone, la victoire de
Guillaume, duc de Normandie, sur Guy de Bourgogne et la
mort d'Holophernes devant Béthulie. Ces quatre sujets étaient
encadrés en velours cramoisi brodé d'or, et celui relatif à Guillaume portait cette inscription poétique :

> *De Constentin partit la lance,*
> *Qui abbatit le roy de France*[1]

Le milieu de la salle était occupé par une grande table sur laquelle on comptait trois cents couverts. Puis, à l'entour, de hauts bahuts étalaient à l'admiration des convives l'argenterie héréditaire des barons du lieu, et notamment une belle coupe d'or massif qui avait été donnée à un seigneur d'Yrvan, par le duc Guillaume-le-Conquérant, le jour de Noël 1066, qu'il fut sacré roi d'Angleterre. Soixante varlets à la livrée amaranthe et à la devise du dard et de la maronette, étaient à l'entour de ces bahuts pour le service des dames et des chevaliers qui avaient déjà pris place au banquet.

Au haut bout de la table, ami lecteur, était assise, sur une estrade de velours à rinceaux d'argent, une damoiselle semblable à celle que l'on voit dans le premier songe d'amour. A la hauteur de sa coëffe dont les voiles étaient enroulés de nœuds d'émeraudes ; à la richesse de l'étoffe qui couvrait son sein, à la magnificence de sa robe brodée de fleurs d'or, il était facile de la reconnaître pour une riche et noble damoiselle. Sa beauté merveilleuse eut peut-être surpassé celle des dames du manoir de Kramalat, de renom amoureux aux chroniques de la table ronde, et celle de cette reine du Cathay qui entraîna sur ses pas le camp d'Agramant, comme le raconte le bonhomme Arioste en ses livres. Cette divine beauté se nommait Mathilde de Vin-de-Fontaine.

Tandis que l'éclat bruyant de la joie retentissait dans la grande salle dont nous avons parlé, deux chevaliers conversaient ensemble dans un donjon écarté de la bastille de Beuze-

---

[1] Dumoulin. Histoire générale de Normandie, f° 139.

ville. L'un d'eux, couché dans un lit à courtines, était messire de Lagadec et l'autre, qui était fort jeune, avait nom Richard d'Yrvan. Quoiqu'il y eut disproportion d'âge entre ces deux seigneurs, une grande liaison d'amitié les unissait, ainsi qu'on pourra le voir au dialogue suivant :

— J'étais loin de m'attendre, Richard, à être en tel état de contusion à la fête donnée en signe de réjouissance de votre heureuse arrivée de la guerre, et il aurait quasiment mieux valu rester ès donjons de Saint-Fiacre-en-Parisis, que de venir céans pour vous empêcher de prendre part aux divertissemens de la fête du lointain retour.

— Il n'est plus pour moi de divertissemens, mon bon Lagadec, et le mal qui m'envoie à la mort me laisse plus de trève, alors que je suis à ton chevet, que si j'étais, dans les fêtes mondaines, aux reflets de la beauté qui me consume d'un amour sans espoir ; car, je n'ai point quitté la bannière de la chevalerie pour venir essayer du crime au giron des bonnes traditions de mes aïeux..... Que je suis changé, Lagadec, depuis ce jour où nous chevauchions ensemble à Magny et où, campant sous la même tente après le combat, tu pansais mes blessures avec ce beaume plus merveilleux à la guérison que celui d'Amadis. J'étais gai alors malgré ma souffrance...... Je l'étais encore il y a un mois lorsque je me mis en route pour revenir ici. Mon cœur cédait au charme d'une douce mélancolie ; mes yeux versaient des larmes aux souvenirs gracieux de l'enfance, lorsque j'aperçus les tours du manoir où j'ai été nourri et nos pâturages qu'arrose la Doure ; j'étais heureux lorsque j'embrassai mon père sur le pont-levis et lorsque mes serviteurs fidèles se pressaient autour de moi ; mais une indicible angoisse serra tout-à-coup mon cœur lorsque Mathilde, que j'avais laissée enfant, vint se jeter à mon col avec l'innocence naturelle à une sœur. L'image de sa beauté ne me quitta plus : les jeûnes, les

veilles que je m'imposai pour arracher de mon cœur ce mons-
trueux amour, ne firent que l'augmenter; et, présentement,
ayant perdu tout espoir de guérir, j'ai résolu de quitter ce manoir pour chercher un cloître ignoré et y mourir.

CHAPITRE II.

> « Quand sous les vastes nefs où grandit la pensée,
> » Tu marcheras rêveur et la tête baissée,
> » A petits pas, de peur d'éveiller les échos;
> » Quand tu contempleras dans un profond silence
> » L'étrange Mosaïque, originale, immense,
> » Qui scintille et flamboie aux mailles des vitraux »
>
> (EDOUARD THIERRY, *les Enfans et les Anges*).

Quel est ce vénérable vieillard dont les brises du couchant
agitent la barbe blanche? Quel est ce noble seigneur dont le gan-
telet de soie porte pour devise trois alérions d'or en champ de
sinople? Son plumail chargé de poussière atteste une route
longue et rapide, son destrier est trempé d'écume. C'est sans
doute quelque baron qui se rend au pas-d'armes ouvert en
l'honneur des dames et qui veut y rompre une lance comme
au tems de sa verte jeunesse; c'est un seigneur qui se rend au
moutier où la jeune bachelette de son fief l'a requis comme
parrain à son entrée en religion, dégoûtée qu'elle est des choses
de ce monde; c'est un seigneur qui se rend aux séances de justice où l'appelle son droit de suzerain et mieux encore de défenseur des opprimés; c'est peut-être un seigneur qui se rend
à noce ou relevaille de quelque grande dame pour laquelle
toutes les cloches de la province sonnent à double carillon.

Ami lecteur, tel n'est point le cas de la présente histoire ; c'est bien, il est vrai, un noble seigneur, mais il ne se rend point aux fêtes mondaines; c'est le comte d'Yrvan qui va en l'abbaye de Blanchelande où son fils, dit-on, est allé demander trève aux maux qui l'accablent. Le comte est dans une morne tristesse ; son cœur brisé par le chagrin pousse de profonds soupirs auxquels viennent se mêler avec mélancolie les vibrations solennelles des cent cloches de l'abbaye qui tintent les prières du soir.

Yrvan, arrivé en face de la porte principale, la frappa du pommeau de son épée. Un bruit de pas circula sous les arceaux sonores et un vieux religieux vint ouvrir.

Sa première demande fut d'être introduit près de l'abbé.

Cet abbé avait une figure noble et vénérable ; il était vêtu d'une robe de laine serrée d'une ceinture de cuir. La petite croix d'or qui brillait sur sa poitrine eut indiqué sa dignité, si quelque chose de grave et d'imposant, répandu dans sa personne, ne l'eut encore mieux fait reconnaître. Quoiqu'il eût les yeux baissés, on sentait la puissance de ses regards; et, bien qu'il gardât le silence, on croyait déjà éprouver l'effet de sa parole austère.

Le comte d'Yrvan venait de lui exposer le motif de son voyage à Blanchelande, lorsque la porte de la grande salle cria sur ses gonds rouillés et donna passage à un religieux.

Que voulez-vous, frère Desmarres, dit l'abbé? Monseigneur, répondit le gros moine, vous plaît-il que je scelle à demeure la tombe du jeune chevalier décédé céans ?

L'abbé répondit par un signe affirmatif.

—Hélas! dit le comte d'Yrvan, ce chevalier est peut-être mon fils ; damp-abbé, veuillez bien me dépeindre son âge.

— Deux seigneurs à la fleur de la jeunesse sont venus ici le mois dernier ; tous deux avaient le cœur oppressé de tristesse ;

l'un trouva dans la prière à nos autels une consolation et nous quitta soulagé; l'autre, frappé par une douleur inexorable, fut vers Dieu chercher une consolation qui n'est point de ce monde.

Si vous avez assez de courage, père affligé, je vous ferai conduire au caveau où reposent les restes du jeune chevalier, et vous pourrez vérifier vous-même.

—J'irai, dit Yrvan d'une voix étouffée....

Il était en l'abbaye de Blanchelande une église aux coupoles emblématiques et sévères. Au milieu de la nef, sombre en tous les tems à cause des vitraux enluminés qui ne laissaient arriver que des lueurs douteuses, se voyait une large dalle de marbre recouvrant l'entrée d'un caveau destiné à la sépulture de barons et d'abbés.

Les voiles de la nuit enveloppaient la terre; l'étoile du berger rayonnait solitaire au ciel. Parfois les brises nocturnes exhalaient leurs soupirs dans les hauts ormes de l'abbatial et les raines faisaient retentir quelques cris dans les fossés du préau. On était à cette heure où, dans les lieux écartés, se voient souvent en Normandie des choses si étranges.

En ce moment le comte d'Yrvan et un moine franchissaient le seuil de l'église dont nous venons de parler, pour se rendre au caveau des morts. Une torche de résine projetait sur eux une lumière de sépulcre.

—Voici le tombeau du jeune chevalier, dit le frère Desmarres, et levant une large pierre et en écartant un linceul: — Voyez si c'est le défunt que vous cherchez.

Et lorsqu'il n'y eut plus qu'à regarder, ce baron, si courageux jusque là, s'écria en pâlissant d'effroi et en détournant la tête : — Ami, dis toi-même le visage du trépassé, pour moi je ne saurais le faire......

— Ecoutez bien, dit le moine, car je ne pourrais recommencer cet inventaire de la mort; écoutez bien....

Celui que j'ose regarder est affreux à voir: sa peau, plus jaunie que le parchemin des tabellions, est sillonnée par les vers du sépulcre qui mettent à nu les os desséchés.

— Merci Dieu! dit le vieux comte, ce n'est point mon fils, car sa peau était blanche comme l'hermine que déroulent les robes des princesses de France.

— Le trépassé qui repose ici a les membres si frêles et si décharnés que jamais, sans doute, hache d'arme ni mousquet n'a été à ses débiles mains.

— Ce n'est point mon fils, s'écria Yrvan plein d'espoir, car son robuste bras eût manié sans peine la lourde lance de notre duc Guillaume à Hasting, ou la pleine épée de fer du connétable Bertrand à Cocherel : ce n'est point lui.....

— Ses cheveux sont rares et à demi blanchis.....

— Ce n'est point mon cher Richard, puisque sa longue chevelure était blonde comme nos moissons d'août.

— Ses prunelles flétries ont roulé dans son crâne comme au fond d'un noir sépulcre.

— Ce n'est point lui ; ses yeux étaient à fleur de tête et étincellans de courage.

— Sa poitrine est couverte de taches plus rouges que la robe que revêt le *Barisel* aux jours de travail.

—Moine! Je t'ai déjà dit que mon fils avait la peau plus blanche que l'aîle d'un cygne; le trépassé ici présent n'est point mon cher Richard ; mon œil, qui fixe ce cadavre saurait bien le reconnaître....

Et, après ces mots, sans plus attendre, il remonta sur son destrier pour s'en revenir à Beuzeville, espérant d'y trouver Ri-

penché sur le ... mettra au
courant de tout ; il porte en emblème trois étoiles d'or au
champ de sinople.

Le frère Desmarets ... dans le ... de l'abbaye pour
montrer cet ... et lui demander s'il le
connaissait ; mais l'oiseau était déjà loin, car son plumail ne tarda pas à se confondre ... avec l'horizon en-
core nocturne ...

RUINE
DE LA PEINTURE,
ET DE LA SCULPTURE,
APRÈS CELLE DE L'EMPIRE ROMAIN.

ÉLOGE DE MICHEL-ANGE,

PAR M. FOURNIER-DES-ORMES,

Membre Correspondant.

En tous lieux autrefois la Peinture adorée,
Eut aussi son beau règne et son siècle d'Astrée ;
La Sculpture à ses jours mêlait ses jours sereins
Et, confondant leur gloire et leurs travaux divins,
Ces sœurs, des plus grands rois les constantes maitresses,
Payaient de leurs trésors le prix de leurs caresses.
Ces climats si riaus, par la gloire embellis,
S'embellissaient encor de leurs attraits chéris.
Des plus riches palais l'une ornant l'étendue,
Des illustres consuls y plaçait la statue,
Et leur nom, réveillant un noble souvenir,
Allait conter leur gloire aux siècles à venir ;
Que dis-je ? au Capitole, en ses brillans prestiges,
Elle étalait des Dieux la gloire et les prodiges :
On y voyait Vénus sur un trône d'azur
Ressusciter les fleurs du souffle le plus pur ;
Python, l'affreux Python et ses fureurs horribles
Se débattant envain sous des traits invincibles,
Et le grand Jupiter de son front sourcilleux
Ebranlant les enfers, et la terre et les cieux.
L'autre des Sénateurs décorait les portiques,

Les théâtres, les bains, les cirques magnifiques;
Et sur l'auguste front du plus grand des Césars
Se plaisait à fixer les avides regards.
Ainsi de leurs vertus, gloire et bonheur du monde,
Germait dans tous les cœurs la semence féconde;
Et, sans cesse énivrés de leurs traits généreux,
De l'amour le plus pur y respirait les feux.

Mais des antres du Nord fondant avec furie,
Quand le fléau des Dieux, l'horrible Barbarie,
Tels que les flots pressés au rivage des mers,
Lorsqu'Eole en courroux bouleverse les airs,
Ou ces essaims impurs, ces insectes immondes
Que le Nil enfanta du limon de ses ondes,
Eut vomi sur ces bords ses soldats furieux
Et la douleur, la rage et la mort avec eux :
Quand le fer et la flamme, empressés à détruire,
Eurent en vaste deuil changé ce vaste empire,
Qu'ensemble confondus gisaient de tous côtés
Des héros et des Dieux les débris insultés;
Ces déesses hélas! s'enfuirent éperdues!
En des torrens de flamme élancés jusqu'aux nues
Sur des monceaux fumans la Peinture en lambeaux
Des palais embrasés emporta ses tableaux;
La Sculpture à son tour s'armant de quelques restes,
Objets défigurés de ses ciseaux célestes,
Le sein tout haletant sous ce poids précieux,
Pâle, tremblante, hélas! et fuyant tous les yeux,
Vint après tant d'efforts, errante et solitaire,
Confier en pleurant ce dépôt à la Terre.
Insensible aux attraits de l'or et des plaisirs,
Dans cet âge charmant, jouet des vains désirs,
Michel-Ange descend dans cette solitude,

Des leçons de ces sœurs fait sa plus chère étude
Et, fort des grands secrets par l'étude surpris,
Vingt fois de tous les arts va remporter le prix.
Tel, pour peindre l'essor de ce puissant génie,
L'ennemi de Philippe et de la tyrannie
Loin des vaines cités, près du gouffre des mers
Fuyait avec son ame au milieu des déserts,
A la voix des autans, de la foudre et de l'onde
Mariait cette voix souveraine du monde,
Façonnait lentement son génie indompté,
Et marchait à grands pas vers l'immortalité.
De Michel-Ange enfant la douceur et la grâce
En des traits plus formés le cèdent à l'audace;
Sa grandeur se décèle : ô combien de trésors
De ce cher nourrisson payèrent les efforts!
La nuit de ces tombeaux, leur muette éloquence,
Que dis-je? Rome entière et sa magnificence
Autour de lui vivante, et tant de morts fameux
Qui semblaient l'appeller à triompher comme eux,
Tout l'émeut, le transporte et bientôt dans son ame
Tous les arts à la fois font bouillonner leur flamme,
Voyez en quel éclat, quels jets impétueux
De cet astre brûlant se dispersent les feux!..
Il court, vole; et ces murs qu'illustra la victoire
S'ornent avec orgueil des rayons de sa gloire:
Ses ciseaux enchanteurs font oublier Scopas;
Harmonieux Linus, il enchaine vos pas :
Des plus fiers élémens balançant l'équilibre,
Par ses travaux hardis il étonne le Tibre,
Et dans son vol rapide, immense, radieux,
Il embrasse le monde et l'enfer et les cieux.

A LA MÉMOIRE

DE R. DE [illegible]

PAR MADAME FANNY DENOIX

[illegible]

Eh quoi! [illegible]
Si jeune [illegible]
Epanchaient autour d'[illegible] des vertus!
En vain nous implorons le pouvoir d'Esculape;
Le secret de ta vie à sa science échappe;
Ton visage s'incline et déjà [illegible] ne plus [illegible]

[illegible] au chemin de la gloire
Ton pied [illegible] est [illegible] à prompt!
La palme du génie [illegible] son front
Et d'un funeste [illegible] mémoire!
Puis la coupe enchantée où ta lèvre allant boire,
Comme un frêle [illegible] verre [illegible] se rompt!

Tu n'es plus! est-il vrai?... j'entends au loin ta mère

T'appeler à grands cris, tendre vers toi les bras !...
Et cet essaim chéri dont tu guidais les pas
A travers les écueils semés sur cette terre,
Inquiet, reclamer ton appui tutélaire !
C'en est fait, tu n'es plus, car tu ne réponds pas!

Il n'est plus! il n'est plus! rien ne peut nous le rendre!
Vous tous encore hier empressés à sa voix,
Vous ses nobles rivaux, ses frères à la fois,
Dans la tombe aujourd'hui votre ami va descendre!
Exhalez vos regrets, accourez sur sa cendre
Attacher vos regards pour la dernière fois!

Dites, objets constants de sa vive tendresse,
Le contemplant hier si riche de beaux jours,
Songiez-vous que le sort troublât sitôt leur cours?
A leur place voyez ce que la mort vous laisse!....
Oh! ne le quittez pas sans faire la promesse
Que sa pensée en vous vivra, vivra toujours!

Moi qui le rencontrai dans la commune arène
Où chacun doit payer son tribut au malheur;
Je viens avec la vôtre apporter ma douleur,
Prendre sa froide main que le trépas enchaîne,
La baigner de mes pleurs, la presser dans la mienne
Et lui dire : Au revoir dans un monde meilleur!

A un enfant,

PAR M. J. LAINÉ,

Membre Correspondant.

Que j'aime ta joyeuse enfance,
Ange au sourire gracieux!
Comme un lis que le vent balance,
La rose de ton innocence
Répand ses parfums dans ces lieux.

Dès que l'aurore te réveille,
Tu cours folâtrer en plein air ;
Tu poursuis la mouche vermeille,
Et, le soir, quand ta mère veille,
Tu t'endors en disant *Pater*....

Salut, jeune ange au doux visage!
Ton front est si pur et si beau!
Que long-tems le bonheur l'ombrage!
Car la vie est un long voyage
Qui ne s'achève qu'au tombeau.

Qui peut dire sur cette terre :
« Mes jours sont dorés et sereins ? »
Enfant, pour louer le bon père
Dont le beau soleil nous éclaire,
Prie, en joignant tes blanches mains.

Car la fleur naît, brille et s'effeuille;
Car le rameau n'est qu'un jour vert;
Car le fruit doré que l'on cueille,
Qui pendait si frais sous la feuille,
Se ride enfin pendant l'hiver.

Prions! de l'éclatante voûte,
Où roulent tant d'astres épars,
Le Seigneur veille et nous écoute.
Heureux qui, lassé dans sa route,
Elève vers lui ses regards!

La prière, douce rosée,
Féconde et parfume le cœur.
Celui dont l'ame est épuisée
Prie, — et l'ame fertilisée
Reverdit ainsi qu'une fleur.

Que j'aime ta joyeuse enfance,
Ange au sourire gracieux!
Comme un lis que le vent balance,
La rose de ton innocence
Répand ses parfums dans ces lieux.

QUELQUES
OBSERVATIONS,

AGRONO-BOTANIQUES[1].

PAR M. ANTOINE,
Membre Correspondant.

❖❖❖

LE CORNOUILLER SANGUIN, OU BOIS PUNAIS.
(*Cornus sanguinea*).

Cet arbrisseau croît dans les environs d'Andely avec tant d'abondance que, pendant l'automne de l'année qui vient de s'écouler, deux personnes auraient pu facilement récolter dix hectolitres de ses fruits qui contiennent une grande quantité d'huile. On prétend qu'on peut en obtenir 34 pour %, d'huile. Je me suis assuré que ce fruit donne au moins seize litres d'huile sur cent litres de graines fraîches. J'aurais pu faire une expérience assez décisive, puisque j'en avais récolté moi-même soixante litres; mais mon changement de domicile a été cause que ma récolte s'est détériorée. Je me propose donc de recommencer l'année prochaine ou plutôt celle-ci; et cela d'autant mieux que je serai parfaitement en position de faire quelques expériences pour voir si cette huile peut donner *un savon dur*. Quant à ma récolte de 1836, j'en ai encore trente litres à la disposition des personnes qui voudront semer le *cornus sanguinea*; lequel, d'ailleurs, forme un assez joli effet dans

[1] Voir 2e part. 1835, p. 221 et 1re part. 1836, p. 189.

les bosquets d'automne, par son feuillage d'un rouge sanguin, et par ses beaux corymbes blancs, pendant la belle saison.

Les gens des environs d'Elbeuf viennent tous les ans les ramasser autour des Andelys: comme c'est avant leur maturité, je présume que c'est pour en faire un bleu faux teint, ou une couleur jaune que Dambourney a trouvée dans sa fleur.

En prenant le terme moyen, j'ai trouvé que quatre mètres quarrés donnent un litre de fruits ; par conséquent un hectare produirait 2500 litres, desquels on obtiendrait 400 litres d'huile qui, à raison de 1 fr. 50 le litre, donnerait 600 francs de revenu brut.

Cette huile, il est vrai, sent fort mauvais ; mais peut-être serait-il possible de la dépouiller de cette mauvaise odeur. Il n'en est pas moins vrai que voilà une riche récolte perdue, et que l'enfant du pauvre pourrait ramasser à merveille.

Le cornouiller sanguin croît partout, dans les bois, les haies, à travers les amas de pierres, sur le bord des champs. On pourrait en faire des enclos, et en border les prairies le long des rivières ; car il vient très bien au bout de l'*île des Trois Rois*, en face du château Gaillard, au Petit-Andely.

Cependant il ne faut pas se faire illusion : cet arbrisseau croît, il est vrai, dans les plus mauvais terrains et y donne des fruits ; mais, ces fruits ne contiennent de l'huile qu'autant que les pierres à travers lesquelles il pousse, reposent elles-mêmes sur un bon fonds ; et il serait bien étonnant qu'il en fût autrement, puisque les plantes oléagineuses sont celles qui effritent le plus la terre. Reste à savoir si la récolte serait toujours aussi bonne et ce que la culture pourrait ajouter à la qualité et à la quantité.

Il faut récolter les graines par un tems sec, vers la fin d'octobre, époque de la parfaite maturité : puis les étendre bien claires sur un plancher à l'ombre : au bout d'un mois, les fruits donnent de l'huile, rien qu'en les pressant dans la main. Si la récolte était mise en tas trop tôt, elle s'échaufferait singulièrement, au point qu'un thermomètre centigrade marquerait au moins trente dégrés. Au reste, j'ai laissé moisir à dessein trois litres de graines, et l'huile y était toujours en grande quantité.

Cette huile est principalement logée dans la pellicule; le noyau contient deux très petites amandes un peu huileuses; il est très dur, et je ne serais pas étonné s'il restait long tems en terre avant de germer. Cette dureté pourrait être un obstacle à l'extraction de l'huile, parce qu'elle pourrait trop résister aux instrumens de trituration et les détériorer bientôt. Mais certainement il serait facile d'isoler la pellicule et de la faire sécher à part; alors on obtiendrait l'huile avec beaucoup de facilité. Quant aux noyaux, on pourrait en faire des semis, ou même en extraire du gaz hydrogène en les distillant comme la houille. Depuis quelque tems on tire grand parti des noyaux d'olives en extrayant le gaz hydrogène de la partie huileuse qu'ils contiennent. Au reste, j'ai cru m'appercevoir que l'huile contenue dans les amandes du cornouiller en question, était exempte de la mauvaise odeur attachée à l'huile de la pellicule.

Tout cela est bien facile à vérifier sans aucune dépense; et il est bien étonnant qu'on n'en ait pas parlé d'avantage, et qu'on n'ait pas insisté pour essayer en grand. Pour mon compte, j'en ai parlé à beaucoup de personnes de la campagne et de la ville; j'ai même fait tomber l'huile dans un gobelet en présence de pauvres gens, et je leur ai montré combien il leur serait facile de gagner de quoi s'éclairer pendant les longues veillées d'hiver, et de faire un savon liquide pour leurs ménages, etc., etc.; mais personne n'a fait attention à ce que je disais, en sorte que j'ai pu dire comme le corbeau du savctier de Rome:

Oleum et operam perdidi.

L'ACHILLÉE A FEUILLES DE CITRONELLE.

Pendant trois années consécutives, j'ai observé, au Jardin des Plantes de Paris, un pied d'achillée à feuilles de citronelle (*achillea abrotanifolia*); il était entièrement couvert d'une espèce de puceron d'une couleur rouge - foncé très vive. Je détachai ces insectes avec une barbe de plume ; puis je les écrasai sur un morceau d'étoffe de coton préparé au mordant pour la couleur rouge , ainsi que je l'avais vu faire dans mon extrême jeunesse. Mon échantillon ayant bouilli quelques instans dans une dissolution d'alun cubique , fut teint en rouge noirâtre, mais riche : il était assez semblable au coton rouge andrinople avant son avivage. Sans doute qu'une personne plus habile aurait infiniment mieux réussi. L'essentiel serait de savoir , si l'on pourrait multiplier l'insecte. Je me rappelle fort bien la place où je l'ai vu ; c'était sur l'*achillée à feuilles de citronelle,* ou l'*achillée à feuilles de filipendule.* C'est la saveur un peu acre et *mordante* des achil-lées qui m'avait engagé à faire cet essai.

LA GARANCE ÉTRANGÈRE,
Rubia Peregrina.

Quoique je ne sois habitant de Louviers que depuis deux mois, très-peu favorables à la botanique; cependant, en me pro-menant sur le côteau en face du château de Pinterville, j'ai rencontré en abondance la *garance étrangère* , (*rubia pere-grina*). Cette espèce est vivace, et ses racines, quoique, fort menues, doivent contenir une substance colorante rouge. Sans doute que Dambourney en parle. Quoiqu'il en soit , un jeune manufacturier très distingué de Louviers a pris ma remarque en considération, et nous verrons plus tard ce qu'on peut en attendre.

HISTOIRE

DE LA

TRANSFUSION DU SANG,

PAR M. RAMAUGÉ,

Membre Correspondant.

Deuxième article.

Dans notre précédent écrit[1], nous avons vu qu'a l'époque où la transfusion du sang fut pratiquée pour la première fois sur l'homme, c'est-à-dire à une époque où les connaissances sur la physiologie de la circulation, ne faisaient que de naître ; on s'était persuadé qu'en faisant passer immédiatement du sang dans des organes usés par l'âge ou les maladies, on pourrait leur rendre et la jeunesse et la santé. Nous avons aussi vu comment les expérimentateurs furent bientôt détrompés sur les résultats merveilleux qu'ils espéraient, et à quelle occasion la transfu-

[1] Voy. 1837, p. 41 de cette 1re partie.

sion du sang fut défendue par la Faculté de Paris et par sentence du Châtelet, rendue au mois d'avril 1668.

Ce moyen thérapeutique avait donc été forcément délaissé. Mais, en 1825, l'art expérimental, qui faisait alors tant de progrès entre les mains de Dupuytren et de M. Magendie, rappela l'attention sur ce merveilleux sujet.

Ces deux médecins, qui se sont rendus célèbres par tant d'autres découvertes, prouvèrent, par des expériences sur les animaux, que l'introduction de quelques bulles d'air, dans les veines, suffit pour amener une mort instantanée.

Vers la même époque, d'autres physiologistes, MM. Prévost et Dumas, en constatant, par des expériences microscopiques, que les globules du sang n'ont ni la même forme, ni la même dimension dans les différens animaux, arrivèrent à cette autre conclusion : « Que pour obtenir des avantages de la transfu- » sion, il importait, avant tout, de n'introduire dans les veines, » que du sang d'une espèce semblable à celui de l'être sur le- » quel on opère. » En agissant ainsi, ils étaient parvenus à rétablir, d'une manière surprenante, des animaux qui étaient sur le point d'expirer. (*Bibliothèque universelle*, tome 17).

Ces découvertes physiologiques, en fixant les idées des praticiens de tous les pays sur les résultats possibles qu'on devait attendre de cette opération, ramenèrent l'attention sur ce curieux sujet.

Dès lors le sang ne fut plus, comme jadis, employé sur l'homme. Ce ne fut plus un remède à l'aide duquel on comptait rajeunir ou éterniser l'existence; c'était aux individus qui viennent de perdre une grande quantité de ce fluide, qu'on pouvait seulement songer pour mettre en usage la transfusion. Bientôt aussi, comme nous le verrons, le procédé opératoire mis en usage différa matériellement, en principe et en forme, de celui qu'on employait autrefois. Quoiqu'il en soit, l'opération ne fut point d'abord pratiquée en France.

En Angleterre, le docteur Blundell, guidé par les principes ci-dessus énoncés, était parvenu, sans leur donner de nourriture, à entretenir assez long-tems la vie d'animaux dans les veines desquels il avait injecté du sang. Enhardi par ces résultats, il résolut d'être le premier à anéantir la proscription à laquelle la transfusion avait été si long-tems condamnée.

Il tenta d'abord cette opération sur un jeune homme qui venait de succomber à une hémorragie dépendant de la rupture d'une artère. Il y avait déjà quelques minutes que l'individu avait cessé de vivre, lorsque le docteur Blundell arriva près de lui. Il injecta environ seize onces de sang humain dans ses veines, mais sans obtenir aucun résultat favorable. Chez un autre individu qui paraissait mourir d'inanition par suite d'un squirre au pylore, il essaya de prolonger la vie au moyen de la transfusion Il injecta dans ses veines douze à treize onces de sang, sans que le malade en éprouvât aucun mauvais effet; au contraire, pendant les trente premières heures qui suivirent l'opération, ses forces paraissaient beaucoup augmentées; mais après cette époque, il retomba dans l'état de collapsus où il était avant, et il mourut cinquante-six heures après l'opération.

Ces deux premiers essais, quoiqu'ils ne fussent pas couronnés de succès, ne devaient pas le faire renoncer à l'espoir d'obtenir de grands avantages de l'opération de la transfusion, dans les cas désespérés d'hémorragie.

En effet, introduire un sang nouveau, dans des canaux privés de celui qui les parcourait quelques instans auparavant; ranimer, par un fluide tout préparé, des organes incapables d'en fabriquer de nouveau, et mourant faute d'excitation; il n'y avait rien là qui répugnât aux lois de la vie: tout dépendait des circonstances, et des perfectionnemens qu'on pourrait apporter dans le mode d'exécution.

Les docteurs Waller et Doubleday partagèrent bientôt l'opinion du docteur Blundell, sur les avantages de la transfusion ; et malgré la négligence, l'opposition et le ridicule avec lesquels on reçut leurs premiers essais , ils n'en cherchèrent pas moins avec persévérance à appuyer leurs idées, à la fois bienfaisantes et scientifiques, sur des faits qu'on ne pût récuser. L'occasion se présenta bientôt pour leur permettre de pratiquer de nouveau l'opération, et les résultats, comme nous allons voir, en furent vraiment miraculeux.

L'épouse d'un colonel anglais, jeune femme d'une constitution très délicate et nerveuse, était sur le point d'expirer , par suite d'une abondante hémorragie utérine. Tous les moyens hémostatiques avaient été inutilement mis en usage. Le mari de cette dame, sur l'avis du médecin ordinaire, fit appeler en consultation le docteur Waller. Quand ce dernier arriva auprès de la malade, elle avait déjà toute l'apparence extérieure de la mort. Elle n'entendait plus, ne voyait plus ; sa figure était pâle, ses lèvres décolorées, ses mains et ses pieds étaient froids. Il n'y avait même plus de respiration apparente , et depuis quelques minutes, le drap de son lit avait été jeté sur sa tête. L'indication étant bien établie, par l'état désespéré de la malade, le docteur Waller , assisté de ses confrères, et entre autres de MM. Blundell et Doubleday, se décida rapidement à mettre en usage la transfusion du sang. Il fut tiré du bras du mari de la jeune dame et reçu dans un grand verre ; il fut injecté lentement et avec les plus grandes précautions. Bientôt le pouls s'éleva sensiblement, l'aspect des lèvres et de la face s'améliora beaucoup ; trois injections de sang furent faites à cinq minutes d'intervalle. A la quatrième injection, l'état de la malade était considérablement amélioré : cette amélioration continua de telle sorte , qu'au septième jour la malade put rester levée pendant une demi-heure; enfin, le douzième jour, elle était en pleine convalescence. (*London médical repository*, octobre 1825).

Voilà, certes, un cas où les avantages qu'on peut retirer de la transfusion sont clairement démontrés , et on peut dire, avec quelque certitude, que sans elle la malade aurait succombé.

Cette heureuse expérience du docteur Waller fit donc voir combien étaient justes les idées de son confrère M. Blundell.

En 1826, le docteur Doubleday, pratiqua la même opération, et dans un cas semblable, c'est-à-dire sur une accouchée dont l'état annonçait une mort prochaine. Elle vint encore confirmer le résultat obtenu dans le cas précédent. Après les trois premières injections de deux onces chacune , la malade s'écria : *qu'elle était forte comme un bœuf*, et, sept jours après l'opération, elle était complètement rétablie. (*Gazette de santé*, 1836).

Deux mois plus tard, une troisième opération fut pratiquée, dans les mêmes circonstances et par les mêmes médecins; le succès vint encore couronner leur œuvre. Les expressions dont cette malade se servit, pour témoigner des bienfaits de l'opération, sont remarquables: « *C'est*, dit-elle, *la vie qu'on* » *a fait pénétrer dans mon corps.*» (London médical journal).

Ces faits, en quelque sorte miraculeux, devaient nécessairement provoquer de nouveaux essais. La transfusion ne fut plus autant ridiculisée, et l'on vit qu'elle méritait beaucoup moins la condamnation qu'en avaient portée quelques médecins.

Les bornes de cet article ne me permettent pas de faire connaître tous les détails des succès obtenus dans les cas qui suivirent ceux-ci; ils ont d'ailleurs entr'eux la plus grande ressemblance. Qu'il me suffise de dire que depuis cette époque ; il ne s'est point passé d'année sans la publication de plusieurs faits nouveaux tendant à prouver l'utilité générale de la transfusion, quand elle est prudemment pratiquée. En les consultant, il sera facile aux praticiens d'apprécier les circonstances au milieu desquelles on devra en faire usage.

C'est donc aux docteurs Blundell, Walter et Doubleday que la médecine et le public sont redevables de tout ce qui concerne l'idée de la transfusion employée comme remède , dans les cas désespérés d'hémorragie. Nous devons faire observer cependant, que, jusqu'à présent, les effets bienfaisans de la transfusion du sang, paraissent devoir rester bornés aux cas désespérés d'hémorragie utérine. Cette proposition serait-elle vraie, qu'on devrait encore regarder la transfusion comme un véritable progrès et comme une des plus valables additions faites, depuis quelques années, à la thérapeutique de l'accoucheur.

La transfusion du sarg par la veine ombilicale est aussi recommandée dans les traités d'accouchemens pour les cas d'hémorragie excessive survenue chez l'enfant, au moment de la naissance. Quoiqu'il en soit, jusqu'à présent, nous ne connaissons point d'observation de cette nature.

Méthode opératoire.

Autrefois il suffisait de placer, dans l'artère d'un animal vivant, le bout d'un tube que l'on faisait entrer ensuite, par son autre extrémité, dans une des veines du sujet auquel on voulait transfuser du sang. Le tube placé, l'opération se faisait d'elle-même.

De nos jours les premières tentatives faites en Angleterre, selon cet ancien procédé, c'est-à-dire en employant un tube introduit par un bout dans la veine du patient et de l'autre dans celle du malade, ayant été suivies de résultats contraires au succès de la transfusion, on a préféré se servir d'une seringue pour injecter le sang dans les veines de la personne malade.

Voici donc la manière qui a paru la plus simple et la plus commode pour faire la transfusion. C'est ainsi qu'on a procédé dans les derniers cas que nous avons fait connaître :

1° On s'est servi d'une petite seringue en argent , en cuivre ou en zinc et à tuyau recourbé ;

2° On a commencé à pratiquer une saignée au mari ou à un parent de la personne malade ;

3° Le sang a été recueilli dans un vase gradué, placé dans un second presque rempli d'eau dont la température était à peu près celle du sang ;

4° Ensuite on a ouvert la veine du bras de la personne malade ; (les veines céphalique ou basilique ont paru être les plus convenables); puis après avoir comprimé le bras au-dessous de l'ouverture, on a introduit une sonde mince dans la veine pour empêcher son déplacement. On a injecté lentement le sang dans la veine, en ayant soin de tenir le bras un peu élevé. Quelquefois cette manœuvre a pu être répétée plusieurs fois à quelques minutes d'intervalle; et comme il s'échappait toujours un peu de sang, on a eu la précaution de le recueillir pour connaître au juste la quantité injectée. Il est inutile de répéter que cette opération a dû être faite avec le plus grand soin , surtout pour empêcher l'introduction, reconnue mortelle , de l'air atmosphérique.

On lit dans un extrait des journaux de médecine allemands, deux observations où la transfusion du sang a été employée avec le plus grand succès , alors qu'il ne restait plus d'autre moyen pour sauver la vie des malades. Le docteur Klett de Heilbronn, qui la pratiqua dans les deux cas , fait suivre ces deux observations de quelques réflexions dont, en terminant, nous rapportons ici les principales :

« 1° Il est très probable, dit-il, que le sang *transfusé* par son action momentanément stimulante, n'agit pas seulement sur les parois des vaisseaux, et surtout sur le cœur dont il réveille la force un instant paralysée, mais qu'il opère encore sur la masse du sang. Cette action stimulante du sang *transfusé*, est d'une part mécanique et a lieu, d'après les lois hydrostatiques; et d'une autre, elle est dynamique en vertu de la force vitale qui lui est inhérente. Il vivifie pour ainsi dire tout-à-coup l'organisme à la manière d'un courant électro-galvanique. De plus il est d'observation que, dans les hémorragies abondantes , le sang se porte davantage vers la périphérie du corps ; mais au moyen du sang transfusé, la force centripète est réveillée , et on peut ainsi donner au courant circulatoire une nouvelle direction vers le cœur. Dans quelques hémorragies, la saignée est indiquée comme révulsive : ne pourrait-on pas, dans certains cas, regarder aussi la transfusion comme une révulsion, seulement d'une autre nature? Si donc cette force inhérente au sang est l'objet principal dans la transfusion , on comprend que ce fluide doit être tiré de la veine d'un individu robuste et jouissant d'une bonne santé. »

»2° L'effet de la transfusion ne paraît être que momentané, mais il vivifie avec rapidité; celle-ci ne fait que commencer la cure, qui doit être achevée par des médicamens.

»3° Ce n'est pas la quantité du sang *transfusé* qui paraît déterminer la puissance de l'action de la transfusion. Sans doute on peut bien regarder le sang introduit comme une compensation de celui qui a été perdu; mais il est en général dans une proportion trop petite relativement à ce dernier, pour qu'on puisse admettre la compensation matérielle comme la source principale de l'action vivifiante. Il est vrai que le docteur Blundell a injecté, dans un cas de metrorrhagie, quatorze onces de sang; mais par contre, dans un autre cas, quatre onces

seulement ont suffi pour obtenir un succès tout à fait pareil.
(*Gazette médicale*, 1834).»

En resumé la pratique de la transfusion du sang serait également absurde et dangereuse, si l'on proposait de l'employer
dans des cas peu graves et où l'art aurait d'autres moyens à
opposer à une mort imminente; mais dans la plupart des cas
où on l'a employée et où nous désirerions qu'elle le fût, il s'a-
git ou d'abandonner le sujet malade à une mort presque certaine, ou de le soumettre à une opération dangereuse, il est
vrai; mais entre deux dangers, il est prudent de choisir le
moindre, et le grand nombre de succès qu'elle compte, surtout
en Angleterre, nous montre les résultats que l'on peut en attendre.

La Liberté,

TRADUCTION DE L'ITALIEN DE MÉTASTASE,

PAR M. MIGER,

Secrétaire de la section des Lettres et Trésorier-adjoint.

Grâces à tes coquetteries,
O Nice! je respire enfin :
Grâces à tant de tromperies,
Les Dieux ont changé mon destin!
Ce n'est point un songe : la chaîne
Qu'un jour m'imposa ta fierté,
Je l'ai brisée...., et, non sans peine,
J'ai recouvré ma liberté.

Je ne brûle plus de la flamme
Qui me dévorait nuit et jour ;
Sous un feint courroux en mon ame
Ne se déguise plus l'amour :
Qu'un autre te flatte ou t'appelle,
Je ne change plus de couleur ;
Et l'aspect de mon infidelle
Ne fait plus palpiter mon cœur.

Ton image, quand je sommeille,
Ne vient plus gaiment me bercer ;

Et, le matin, quand je m'éveille,
Tu n'es plus mon premier penser :
Mon cœur n'éprouve, en ton absence,
Aucun tourment, aucun désir ;
Et, quand tu reviens, ta présence
Ne me fait peine ni plaisir.

Je puis maintenant de tes charmes,
Sans soupirer, m'entretenir ;
S'ils m'ont causé quelques alarmes,
J'en garde à peine un souvenir :
A ton approche, en tout mon être
Je ne sens plus un tendre émoi ;
Et mon rival pourrait paraître,
Qu'en paix je parlerais de toi.

Favorise-moi d'un sourire,
Accable-moi de tes dédains ;
Tes caresses n'ont plus d'empire,
Et pour moi tes mépris sont vains :
Ta voix n'a plus rien qui me touche,
Ton regard n'est plus mon vainqueur :
Tes yeux ont, ainsi que ta bouche,
Perdu le chemin de mon cœur.

Que dans la joie ou la tristesse
S'écoulent mes jours et mes nuits ;
Je ne te dois point mon ivresse,
Je ne te dois point mes ennuis :
Les prés fleuris, les verts bocages
Me ravissent même sans toi ;
Même avec toi les bois sauvages
Sont toujours sauvages pour moi.

Tu me parais encore belle ;
Pourquoi te le dissimuler ?
Mais à mes yeux tu n'es plus celle
Que rien ne pouvait égaler !
Oui, je te l'avourai sans honte :
Grâce à mes yeux désenchantés,
Plus de cent défauts je te compte,
Que j'avais pris pour des beautés.

Lorsqu'enfin trop las de ta chaîne,
Je secouai son joug pesant,
Un froid soudain de veine en veine
S'insinua dans tout mon sang :
J'eus besoin d'un courage extrême,
O Nice ! pour n'en pas mourir....
Mais qui veut se rendre à soi-même
Est capable de tout souffrir.

Tel le chantre ailé du bocage,
Dans un lacs perfide surpris,
Souvent y laisse son plumage,
Heureux d'être libre à ce prix !
Mais paré de plumes nouvelles,
Rendu prudent par son malheur,
Il n'ira plus risquer ses ailes
Dans les filets de l'oiseleur.

Envain tu penserais encore
Etre mes plus chères amours,
Parce que ton nom, que j'abhorre,
Se retrouve en tous mes discours !
D'un aussi frivole avantage

Je parle, et ne m'informe guère

Tu ne pourras, dans ta détresse,
Trouver un aussi tendre amant ;
Mais une belle aussi gracieuse
Tu peut rencontrer aisément.

Traversée

DE
LIVERPOOL A DUBLIN.

UN COUP-D'ŒIL SUR DUBLIN.

PAR M. GOUGENOT-DES-MOUSSEAUX,

Membre Correspondant.

Nous avions franchi l'embouchure de la Mersey, après avoir attendu que la marée eût refait un fleuve du canal immonde dont elle avait presque découvert le lit. Le pêle-mêle des mâts et des clochers de Liverpool se perdait sous le voile funèbre de la fumée des usines et du charbon minéral, dans lequel s'enveloppent les cités de terre cuite de la Grande-Bretagne, si monotones, si régulières, quelquefois si belles. L'Angleterre s'effaçait, et les pittoresques chaînes du pays de Galles jetaient sur l'azur gazé du firmament leurs découpures fantasques, et festonnaient, au sud, notre horizon d'une manière aussi bizarre que sublime.

On ne reprochera point à cette mer de ne pas annoncer ses maîtres; ces marchands qui enlacent le monde intellectuel dans les doctrines à l'usage de leur marchandises, comme ils enlacent de leurs navires le monde matériel, objet de leur ardente convoitise. Un quart d'heure ne succède pas à un autre sans pousser au port quelque bâtiment; et la voilure largement déployée de ces vaisseaux, vient heurter les flots épais et noirs que notre appareil locomoteur dégorge au bruit cadencé de ses roues, et que les raffales pelotent et font tourbillonner autour de notre nef, comme pour la ceindre d'une de ces nuées ténébreuses que nous voyons si souvent s'enferrer sur les pics gallois, et épuiser leurs foudres à les vitrifier.

Lorsque ces navires, ennuyés de leur course lointaine, recueillent, en nous approchant, les émanations du sol natal, la joie ravive le cœur du matelot; et de bas-bord et de tribord partent des salves de salut et des ripostes de houras....

Il est des gens qui, pour légitimer la plus immorale curiosité, avancent qu'il est du devoir d'un homme de connaître un peu de tout; belle excuse sous le manteau de laquelle on irait, sans sourciller, voir manœuvrer le couteau de la Grève, comme le poignard du mélodrame! Ici, du moins, nous n'allons point au devant des horreurs; et si, d'ailleurs, le spectacle qui sollicite nos regards a quelque chose de terrible, avouons qu'il est attachant. Des jets de flammes, dardés du sein d'un immense foyer, ceignent de leur insoutenable éclat une nef incendiée; une nef en proie à ce principe qui, dans ses diverses modifications, image de la science, éclaire, échauffe ou dévore. Tout l'horizon est attaqué, la mer roule un feu liquide; elle brûle! Mais le cercle flamboyant se contracte; l'incendie manque de pâture, tout s'abîme!..... On ne voit plus survivre qu'une lueur reflétée dans le double miroir du ciel et de l'eau. Eh bien! demain, à la même place, à la même heure, même conflagration! C'est à s'y méprendre! Le soleil sombre derrière l'île de Man.

Tout se tait; mais bientôt le timbre de la cloche du quart vient hacher le rêve du pauvre matelot, plus profondément endormi sur sa tablette que l'usurpateur Henri de Lancastre sur sa couche d'édredon, si Shakespeare a dit vrai. — Ecoutez le monarque, cousin du vrai roi : « Oh ! sommeil ! doux sommeil ! bienfaisant réparateur de la nature, comment t'ai-je effrayé ?

> *........ O sleep, ô gentle sleep !*
> *Nature's sost nurse, how have I frighted thee ?*
> (SHAKESPEARE, *Henry the Fourth*).

Il est facile de s'appercevoir que ces braves gens n'ont point usurpé; car le sommeil n'a pas peur d'eux. Mais, il ne s'agit que de cloches, ce verbe des villes bruyantes; les vibrations qui s'en détachent, ont quelque chose de surprenant et de menteur, lorsqu'elles ne se balancent plus que sur les vagues, au milieu des ténèbres, du silence et de l'immensité déserte. Quelquefois la cloche d'un navire qui passe y répond dans le lointain; c'est le dialogue des sonneries de deux paroisses; mais l'œil ne saisit, au plus, qu'un fanal, que le flot précipite et remonte, et partout ailleurs que l'écume tremblante.

Au point du jour, notre quille laboure un énorme banc de poissons; sorte de morues fort commune en ces parages, et que les pêcheurs y répandent quelquefois au plus vil prix. Il serait difficile de dire à quel sujet, mais enfin, l'honneur d'Albion se prend de querelle à bord avec l'honneur de la verte Erin. Tout à coup, un cercle se forme et s'élargit, deux champions se chargent, se massacrent avec une héroïque valeur; et lorsque le sang a convenablement lavé les livides meurtrissures du poing des boxeurs et rendu décente la retraite du breton, une scène plus froide vient nous fournir un deuxième échantillon de l'aménité des mœurs insulaires.

Donnons nous de l'espace; voici le théâtre du drame. Les

pitons et les sommets crenélés des monts de Wicklow , dont
les plateaux étagés élèvent dans la haute région des brumes
leurs sauvages bruyères, leurs froids et désolans marécages, ces
bogs si célèbres ! commencent à tracer la limite du bassin d'Irlande. On voit sourciller le cône solitaire du pain de sucre;
l'île de Lambay laisse appercevoir sur les flancs arides de sa
montagne des lambeaux de riantes pâtures ; et ce petit cloche-
ton de rochers que la nature a jeté en vedette, et que l'Irlande
appelle son œil (Ireland's eye), parait se hocher sur le lit
fuyant des vagues. En un mot, nous nous trouvons en vue de
cette baie magnifique que, sous un ciel plus chaud , sous un
soleil moins platréux, ferait renaître, dans les souvenirs , l'i-
mage ardente des plus belles rives de l'Italie. Ne marchandons
pas avec les prétentions de nos braves Irlandais ; appellons ce
coup-d'œil, terminé au loin par la ligne vaporeuse de leur capitale, celui de la Parthénope du Nord. Il y a plus d'une analogie.

Bref, le capitaine annonce le réglement des comptes, diabolique quart-d'heure que le quart-d'heure de Rabelais! Mais, vive
Shandy! encore une digression, pour vous mettre sur la voie;
car l'intelligence n'est pas sorcière.

Rappellons-nous, d'abord, que lorsqu'un paquebot appa-
reille, la foule le prend à l'abordage; c'est un pêle-mêle qui
n'a pas de nom; une confusion qui sert de préface à un ordre
parfait; car, en un clin-d'œil, tout se classe; le prix des
places règle les catégories. On connait aussi peu les billets
de bureau que les passe-ports; diplômes de nos voyageurs], et
si savamment enfantés, par le fisc et la police, pour servir de
couverture au gibier que la police poursuit. Le péage se per-
coit en mer.

La moisson achevait son cours; et déjà , quelques enfans
isolés de la pauvre Irlande, cette terre navrée de douleurs, se

Voyez avec quelle peine les premiers lâchent, en bargui-
gnant, ces tristes et chers shillings par lesquels ils soldent leur
retour dans ce misérable chez-eux, dont il coute tant à l'Angleterre de leur faire une patrie! — Patience. — La verge d'O-
Connel sera celle de Moïse! Le peuple de Dieu passera ; mais,
point de mer Rouge, au nom du ciel !

Déjà, plus un seul de ces pauvres hères ne se présente , et
il en reste une foule! A l'injonction d'avancer , leurs yeux re-
tombent sur leurs haillons. Quelques uns, plus hardis , s'approchent, en étalent le lambeau le moins limé , et s'aventu-
rent à l'offrir en paiement : c'est leur unique avoir ! — Du côté
opposé, d'épouvantables juremens pleuvent, tonnent, éclatent;
mais enfin, on les accepte , on en fait litière. Cependant,
quelques uns de ces malheureux ne pourraient offrir une gue-
nille sans se mettre à nu ; le frisson de la peur les glace. Mais
l'œil impassible du capitaine, quelquefois sa voix rauque
comme l'écho d'un récif, commande aux matelots. Alors , ces
bras de fer saisissent les patients, les tirent , les dépouillent,
les fouillent, les froissent, les secouent, et de tems en tems un
rire satanique éclate, roule sur la vague, et fait reculer épou-
vantées les mouettes curieuses, qui , de leurs longues aîles,
viennent raser les agrès du navire. Tel est l'effet d'un shilling
qui tombe sur le tillac, infidèle aux étreintes de ces pauvres
diables.

Le plus souvent, toutefois, la main grossière et impudique
du matelot n'arrache que des gémissemens ; et il faudrait,
comme au siége de Jérusalem, arracher les entrailles de ces
malheureux, les laver et passer au crible, pour s'assurer de leur
bonne foi.

Cependant, l'industrie des créanciers n'est pas à bout de
voies. Le navire porte dans ses flancs un enfer; c'est le réservoir du charbon. Sept jeunes hommes y sont jetés et empilés,

plus morts que vifs. L'air y manque ; qu'importe ? Des drôles qui n'ont point d'argent peuvent bien retenir leur haleine. Les gouvernemens qui mettent à un taux si exorbitant le droit de respirer, et qui mesurent la lumière au mètre, doivent trouver cette réflexion assez juste.

Quoiqu'il en soit, l'indignation de la majorité, c'est-à-dire de tous les hommes généreux qui sont à bord, éclate ; elle éclate avec énergie, trop douce encore.

Le capitaine, peut-être bien un de ces philantropes de fabrique anglaise qui ont fait leurs armes contre les négriers ! dresse contre cette émeute d'honnêtes gens son athlétique stature. Il tonne, mais il n'est pas une bouche qui ne lui renvoie son tonnerre. Quelques matelots veulent épauler leur chef, mais l'exaspération monte à son comble. Le réservoir est forcé et rend six victimes ; on les hisse sur le pont, blêmes, défaits et noircis ; le septième manque. On redescend, et bientôt le poids d'un corps fait retentir les ais du tillac. Il est asphyxié.

La Providence a mis à bord un chirurgien ; le bras du pauvre est bandé et la lancette ramène goutte à goutte un sang noir. Un faible mouvement trahit enfin un reste d'existence. Vivra-t-il ? On n'ose l'affirmer ! mais, il est déposé entre les mains d'hommes miséricordieux. Quant aux matelots, ils ont saisi assez de guenilles irlandaises pour étancher la mare du pont. Ce n'est que du sang Irlandais — O Connel !....

Les fourmilières de mendians qui nous assaillent ; les bandes déguenillées qui couvrent le sol, et qui semblent familiarisées avec leur hideuse misère, décèlent un état de marasme invétéré. On ne traverse pas la magnifique capitale de l'Irlande, sans que cette pénible idée vienne, à plusieurs reprises, serrer le cœur. Mais, laissons un instant les hommes pour les pierres.

L'Anna-Liffey presse ses eaux entre des quais de granit sous le joug de sept ponts et divise la ville en deux portions égales, dans un cours de plus d'une lieue. Des monumens somptueux; des places publiques d'une étendue dont nos plus vastes sont bien loin, quelquefois, de donner la mesure, et où le gazon et les bocages introduisent, jusques dans le for intérieur de la civilisation, les douces productions de la nature; des vues spacieuses, régulières et, par-dessus toutes les autres, cette fameuse rue Sackville, d'une largeur immense, la plus belle peut-être de notre Europe, par ses dimensions; enfin, ces navires que l'Anna berce au sein de la ville, et dont les files alignées font osciller une forêt de mâts au milieu des édifices; tout conspire à répandre sur cette capitale un caractère de grandeur et de beauté. L'atonie du jour lui donne souvent une teinte sévère; mais, on ne sait même si l'on ne doit compter au nombre des puissans effets de ce tableau, les brusques caprices d'un climat si prompt à s'armer de ces nuages qui ont coloré toute la poésie d'Ossian, et qui, d'un pavillon d'azur, ne forment quelquefois, en peu d'instans, qu'une voûte sombre, affaissée, menaçante Il faut voir alors s'y engouffrer le vent et la faire rouler et tourbillonner sur elle-même. C'est le ciel qui croule; c'est l'immuabilité d'en-haut qui touche à son terme, et l'on croit voir au-dessus de sa tête un de ces spectacles auxquels les passions d'ici bas ont familiarisé notre époque. Si la révolution avait des bras de chair, elle battrait des mains !

La ville se développe à l'embouchure du fleuve, c'est-à-dire au fond de cette vaste baie qui déroule au loin ses magnificences sauvages. Sur la gauche, à l'extrémité du faubourg Nord-Est, un parc, une forêt, file sur l'étranglement du promontoire de Hoath et s'arrête au pied de la croupe de roches chauves qui le termine. Près de ce point, deux jalons percent les flots; ce sont nos îles d'Ireland's eye et de Lamhay. Au-delà, l'immensité. Vers le Sud, l'amphithéâtre des monts de Wicklow force l'œil à s'élever, au lieu de s'étendre, et sert de base aux nuages qui le parcourent et en décorent les cîmes de toute la bizarre et majestueuse mobilité de leurs formes.

Un ouvrage immense, la plus grande jetée, peut-être, qui existe, c'est-à-dire une terrasse de près de 10,000 pas géométriques, sur 10 mètres de largeur, coupée vers le milieu par le fortin du colombier, et terminée par la tour svelte et élancée d'un phare, partage en deux cette baie, dont les récifs, mais plus encore les vents, rendent les eaux périlleuses. D'un point médiocrement élevé, l'œil embrasse à la fois les îles, le promontoire, la forêt, les rochers, les collines, la ville suivie d'un immense prolongement de plaines, les monts qui se mêlent aux nues et la mer qui s'étale, se recourbe et prend son élan pour se heurter sur la plage. Tel est l'aspect du site de la ville, et de la capitale de la verte Erin aux magnifiques herbages; de cette émeraude que les poètes enchâssent dans le sein des mers. Il serait difficile de fondre dans un même cadre, sans choquer la vraisemblance, plus de riant et de sauvage, plus de pastoral et de grandiose.

Une revue, même rapide, des monumens, suffirait pour faire bondir notre patience au-dessus de ses étroites bornes. Et qu'y a-t-il, au fait, de plus glaçant que la description technique des lignes de l'architecture, lorsque cette magicienne que l'on nomme harmonie ne peut saisir l'œil et révéler à l'homme la gloire de son propre génie. Mentionnons, sans poser, l'élégante façade du collége de la Trinité, pour nous tourner de suite, vers le monument qui le regarde de biais. Des piles d'argent y résonnent aujourd'hui, au lieu des chaleureux accens du patriotisme : le parlement n'est plus que la banque! Mais, que les hommes de la finance se hâtent de s'y prélasser! Dans quelques années!... Le nom d'O-Colonnel revient encore! Il n'est pas une seule des plaies de l'Irlande devant laquelle on puisse taire ce nom de Géant ! C'est ici que ses détracteurs doivent essayer de le peser ; car, il est des fruits créés pour la latitude, admirables pour la saison et le climat ; malfaisans partout ailleurs, par cela seul qu'ils ont franchi les limites où la nature veut les produire. Eh bien ! sur le sol Britannique, au moins, le grand agitateur, le Léviathan, s'est-il signé d'un seul des caractères auxquels on ne puisse reconnaître l'homme de paix, que les circonstances arment du glaive ? l'homme de paix, dont le ciel trempe l'indomptable génie et qu'il envoie remuer le monde et faire violence à la violence ?......

La Banque développe, sur les contours de son hémicycle, une belle colonnade ionienne ; flanquée de deux frontons d'ordre corinthien ; et sa façade, qui la partage en deux moitiés et s'enfonce dans un reculement coupé à angles droits, présente un magnifique portique....

C'est entre la Trinité et la Banque que se dresse l'insolente statue de Guillaume d'Orange ; symbole de la double usurpation qui frappe du même coup le ciel et la terre.

Le plus sanglant affront par lequel on puisse défier un loyal Irlandais, consiste à déployer à ses yeux la couleur orange. Cependant, aussitôt que le cercle annuel ramenait la fête lugubre de Guillaume, les protestans s'empressaient de chamarrer la statue du prince, de rubans à la fatale couleur. Les autorités toléraient ces insultantes bravades de leurs co-réligionnaires ; mais, dans la population indigène, c'était d'abord un frémissement sinistre. Bientôt la foule, armée de pierres et de bâtons, se ruait sur les agresseurs, et des luttes furieuses s'engageaient au pied de la froide image du plus froid des monarques. De copieuses libations de sang manquaient rarement de couronner, d'une manière digne de son origine, la fête de l'usurpation. Moloch de l'Irlande, cette statue, devant laquelle un si grand nombre de ses enfans furent égorgés ; est un ennemi public. Elle a joué son rôle dans l'histoire des plaies de Dublin ; sa fatale toilette fut enfin prohibée. Naguère, une charge de poudre l'a jetée dans la boue, mais elle est remontée sur sa base. L'Irlande peut la souffrir. Plus sage et plus forte que jadis, elle ne mord plus le bâton, mais la main qui frappe. Souffre-douleur de l'Angleterre, elle ne demande que la paix, mais sa voix est remplie d'énergie.

Si l'on jugeait qu'il fût opportun de couronner, par un trait plus spécial, ces généralités, nous prendrions position. Voici le pont de Carlisle. De ce théâtre, l'œil embrasse, de face, les dimensions colossales de la rue Sackville, ponctuée au centre par la colonne trajanique de Nelson, qui s'élève devant la façade corinthienne de l'Hôtel des Postes. Le cintre monumental de l'Hospice de la rotonde, consacré aux douleurs de la maternité, termine cet aperçu. A gauche, en longeant le cours de la Liffey, se dresse l'élégant Palais de la Justice, ou des Quatre-Cours, dont la rotonde, les colonnades et le portique gracieux se dessinent au-dessous d'une coupole d'airain. Sur la droite du pont et dans son voisinage, domine, sur la même rive, la magnifique Hôtel des Douanes, dont les formes sveltes et nobles, tiennent en suspens les juges, fort embarrassés de se prononcer entre cet édifice et la pesante majesté de la Banque. Si cette position n'est la plus centrale, elle est sans-contredit la plus animée de la ville. C'est le cœur, où le mouvement vital ramène, et d'où il chasse sans relâche tout ce qui est soumis aux lois de la circulation.

Or donc, il y a peu de jours, une barque d'agrément cingle des eaux de la baie et s'amarre au pont. Deux jeunes gens la montent, soit gaîté, soit gentillesse, ou bravade religieuse, il leur semble de bon goût de jeter au vent la flamme orange. Comment le peindre? A l'instant, dans la minute, un hurlement formidable ébranle la ville et retentit jusqu'à ses extrémités. On dirait que la tempête attendait le signal! ce vaste théâtre, inondé par le flot populaire, est trop étroit pour la foule qui s'y rue, et que dégorgent toutes les issues. Une grêle de projectiles, capable de faire sombrer la barque, est traversée par deux coups de feu, riposte des provocateurs. Il est temps pour eux que les magistrats se précipitent, et viennent, au nom de la loi, les arracher au peuple, avec promesse d'une rigoureuse justice. Quelques minutes plus tard, le pavillon orange, qui salue la foule de sa chute, n'enveloppait plus que des lambeaux sanglants. Ce qu'il y a de plus frappant dans cet impromptu populaire, dans cette émeute, c'est que, furieuse et immense, en un clin-d'œil, elle s'écoule aussi promptement qu'elle s'est formée; comme l'eau d'un vase que l'on renverse. Telle n'est point la multitude livrée à ses dix mille têtes!

Du reste, si la voix du magistrat reste sacrée, au milieu des fureurs, cela peut tenir à ce que la *liberté civile* est rarement une dérision. On ne voit pas surgir ici, des bancs de l'école, comme en certains pays qui nous sont totalement inconnus, des légions de fervens néophytes, armés du pouvoir discrétionnaire de lancer sur la société ces fameuses lettres de cachet, dont le nom seul a été effacé dans la main d'un roi.

- Quant à la société orangiste, le sang lui vient souvent à la bouche; mais les catholiques ne la craignent plus. C'est le tour des hommes qui la caressaient : juste vicissitude! Ils en ont tué le nom ; glorieuse victoire! mais à côté de la ligne que ces hommes occupent, celle-ci a tiré une parallèle qu'il suffirait, peut être, de la mort d'un roi pour découvrir, et l'anonyme d'aujourd'hui pourrait bien, alors, s'appeler Gouvernement. Mais il y a des partis qui se tuent dès qu'ils ont démasqué leur chef, ou plutôt qui s'en font tuer.

Quittons le style apocalyptique. La ville était rentrée dans son calme : plus de fièvre ; la nuit s'était abattue à la suite d'un de ces longs et magiques crépuscules, qui, dans le nord, versent une teinte si délicieuse sur les sites où la fraîcheur des belles soirées invite à chercher l'air. Le sommeil fesait trébucher, une à une, les dernières pensées des bons bourgeois de Dublin ; ils retombaient dans ce néant quotidien si cher à l'humaine paresse, lorsque, tout à coup, dans le logis où nous prenons la liberté de vous installer, un tonnerre à mille éclats ébranle et fait craquer avec un bruit assourdissant tous les ais de l'édifice. Vous comprenez à quel point sont retentissantes ces maisons, dont les compartimens internes n'offrent, de toutes parts, qu'un tissu de bois. L'oreille dressée et tendue, s'efforce d'analyser les sons de cette confusion cacophonique: Des talons militaires, un cliquetis de sabres, et le vacarme dominant de cannes flexibles et souples, appliquées, à tour de bras, sur d'élastiques cloisons: voilà les seuls élémens symphoniques qu'elle peut dégager de cet amalgame... Le jeune avocat catholique, dont la porte est si vigoureusement assiégée, va passer un rude quart d'heure avec les chevaliers de l'Orange ! Il faut bien deviner quelque chose ! la charité ne commande point la bétise... Voyez ! le doute se change en certitude ; ils en veulent à sa tête, mais, reposez-vous de vos émotions ; pas même pour la couper ! voici nos orangistes métamorphosés en gais convives, et notre avocat n'est plus qu'un misérable qui a prévariqué contre les lois de la table.

Un pick-nick de jeunes drilles, ayant été organisé par ses amis, le patelin, fidéle au rendez-vous, se mit bravement, d'abord, à jouer avec eux des dents et du gobelet. Mais, lorsque les fumées du vin commencèrent à lancer dans les espaces imaginaires les cerveaux de ses co-officians, le traître de s'esquiver, de s'évader, et, au lieu de s'assoupir, en vrai héros de taverne, entre le plancher de la salle du banquet et le plafond de la table, il ose, prenant pitié de lui-même, gagner sa

couche et se croire à Sybaris. Consolez-vous; le voici rhabillé,
l'escorte bruyante en fait chaude justice et la ramène triom-
phalement au milieu des flacons.

Que d'exemples pareils à citer! pourquoi donc tomber sur
les rangs du noviciat? C'est que la débauche des gens comme
il faut est beaucoup plus grave. Rarement dépasse-t-elle ce
que les dames appellent le degré de *stupidity* (he il grown
stupid.) Et puis, il est reçu, surtout en France, que les gens
de bon ton d'outre-mer, ne savent plus boire[1]. Comment bu-
vaient-ils donc?

Mais, certes, voici des gens à qui l'on ne reprochera point
un excès récent d'intempérance! C'est encore le pont de Carlisle qui nous les fournit. Remarquez ce type. Chaque semaine
vous le replacera sous les yeux. Aviez-vous déjà vu des hommes
s'expatrier? non point par entraînement, par l'enthousiasme
que suscitent les fantasmagories d'une plage lointaine; non
point au bruit de la foudre qui tue, à l'aspect des bayonnettes
d'un parti vainqueur, mais à froid: à froid, après avoir éteint,
un à un, les sentimens de l'amour le plus énergique, le plus
inexplicable, souvent, que la nature ait marié à tous les
atômes de notre être, puisque le Lapon et le Groenlandais en
souffrent aussi vivement la tyrannie que l'habitant des lieux
les plus fortunés! Voilà nos pauvres Irlandais!

La misère les porte. Ils arrivent, l'œil creux, le visage sec
et hâve; tantôt avec le masque de l'abrutissement , attaché
par l'excès des souffrances ; tantôt avec une empreinte de douleur si profonde, que l'on en chercherait vainement l'expression ailleurs que dans les traits du Christ expirant sur cette
croix à laquelle les a garrotés la foi de leurs pères, et que l'Angleterre leur a faite si pesante.

---

[1] L'on juge souvent une nation sur ses voyageurs; peuple de Caméléons.

Le bâton du pélerin, inséparable compagnon de l'Irlandais, voilà ce qu'ils emportent. Tous les fuit; jusqu'aux haillons dont ils sont bariolés. Ils s'asseyent sur les trottoirs du pont; s'y pressent et s'y regardent taciturnes. Quelquefois, cependant, et cela devient plus poignant, un rire sardonique leur tord les traits, et ils s'étourdissent de chants forcés; comme le conscrit qui s'enivre sur son fatal numéro; comme le poltron que la peur talonne, et qui s'évertue à la pourchasser en fesant grosse voix. Mais, le plus souvent, leur langue est liée; ils souffrent trop pour ne pas se taire. De tems en tems, vous les voyez, tournés du côté de la terre, comme s'ils cherchaient d'un dernier regard le hameau qui les rejette, mais les édifices de la ville tirent un impitoyable rideau. La plupart attachent sur la plage un œil de plomb, jusqu'a ce que l'échafaud .... Que disons-nous? jusqu'à ce que le navire soit prêt. Enfin, la machine flottante fait curée de tout ce rebut, sur lequel, chemin fesant, les requins de l'Océan perçoivent leur droit. Bien heureuse la marâtre qui peut faire jeter, par ses flottes, cet immonde fardeau sur le sol régénérateur des Amériques !...

Viennent, après cela, certains anglais, les arriérés de leur propre nation, cela commence à pouvoir se soutenir, imputer à ces malheureux tous les vices dont ils leur composent un si riche trousseau ! La paresse? Mais que leur rapporte donc, sous le troisième ou quatrième sous-locataire de l'absent¹ (Absentee) le travail le plus opiniâtre, dont le premier instrument leur est souvent un objet d'envie? L'astuce? Mais, ils la tiennent en laisse pour la déchaîner contre la violence, contre le collecteur; contre le ministre homicide d'une religion qui hurlait ses anathèmes contre l'avarice de Rome, dont elle a usurpé

¹ Il est permis de penser que personne n'ignore le sens de cette expression relativement à l'Irlande.

les, biens, englouti les richesses ; d'un ministre, qui vient fouiller avec des bayonnettes la couche de paille de l'indigent ! L'abus des liqueurs? Mais, leur raison, dont vous leur faites, le plus intolérable des fléaux, trouve à s'y suicider, et la morale ne peut les atteindre sans vous passer sur le ventre. L'ignorance? la superstition? la saleté même? fruits d'un systême meurtrier, que la pitié publique des protestans ne songe pas seulement à mitiger. A ces incriminations, dont vous êtes si prodigues, que n'ajoutez-vous la faim?

Ecoutez cette description, et vous croirez entendre parler de l'Irlande, un de ces bons anglais casaniers, bien encroutés dans leurs préjugés de nourrice, et fort amusans, aujourd'hui pour la plupart de leurs compatriotes. «Les habitans de cette île son plus grossiers que ceux de la grande Bretagne; ils se nourrissent de chair humaine et sont grands mangeurs; ils regardent comme quelque chose d'honnête de manger le corps mort de leurs proches et d'habiter, indistinctement, avec leurs mères et leurs sœurs, comme avec les autres femmes; conjonctions illégitimes qui se font même publiquement». Ce tableau n'est pas d'hier, pourtant, et Strabon en est le peintre. On croirait voir l'esquisse que Tertulien trace d'une autre nation de l'antiquité.

S'il était un peuple assez marchand, et d'une ame assez vile, pour n'écouter, sous le nom de conscience publique, que les intérêts de son négoce ; pour remuer, sans relâche quelque nouveau coin du monde, et y semer, avec les doctrines de la révolte et du désordre, ses impitoyables intérêts ; pour diviser les états afin d'en démembrer les lambeaux ; pour brûler, pour briser les marines; pour faire sombrer les colonies parce qu'elles porteraient ombrage à ses spéculateurs; pour coiffer du bonnet phrygien les esclaves étrangers, par le seul motif que, des sueurs de ces malheureux, sortiraient des produits rivaux des siens; pour occuper et fortifier les ports de ses alliés, sous l'hypocrite manteau de la protection, mais réellement, afin de tyranniser les mers de tous les peuples ; afin d'écraser plus sûrement, en tous lieux, les manufactures et les usines qui soutiendraient, avec les siennes, une redoutable concurrence ; s'il était un peuple, en un mot, qui se fît un jeu de provoquer à des égorgemens mutuels les enfans d'une même nation, pour peu que cette nation prétendît mettre à profit les loisirs de la paix, soit pour lutter d'industrie, soit pour planter un jalon sur quelque point de l'univers que ce fût ; enfin, si de telles monstruosités pouvaient franchir les limites d'une imagination dépravée et se réaliser à la face d'un monde abâtardi ; c'est bien ici, au milieu de ces innocens et ignares instrumens, qu'au nom de la patrie, la scélératesse politique viendrait enrégimenter ses plus abondantes recrues. C'est d'ici que délogerait la misère, pour être accouplée au crime ; pour être poussée, l'arme au bras, sous la même livrée, au service de la convoitise. Voilà des pauvres hères, tels que le peuple marchand les vendrait aux partis qui auraient su mettre le bon droit de leur côté ; c'est-à-dire, qui auraient troqué contre des bayonnettes vénales la terre et l'eau, l'or et le sang du pays dont ils se proclament les sauveurs et les délices !........

« Mais, l'Angleterre est juste, philanthrope, désintéressée, magnanime. Jamais on ne la surprit tenant foire ouverte de libérateurs ; de ces champions de la liberté universelle que l'on vit si souvent meurtris eux-mêmes du poids des fers. Jamais, jamais et nulle part. Aussi, dans quelle paix profonde le monde est-il endormi ?..............

« Trop injustes, si nous songions à nous plaindre ! Economisons donc notre pitié pour cette pauvre capitale. Oui, des quartiers entiers de Dublin répugnent à l'œil de la froide délicatesse ; la charité seule peut les contempler, parce qu'elle cherche la plaie pour y verser son beaume. Rappellez-vous, à la suite de longues sécheresses, l'aspect des allées d'un jardin ;

l'atmosphère vient-elle à se détendre, des myriades de vers percent le sol, s'y étalent et s'y vautrent, avides de humer la moiteur. Grâce, au nom de la vérité, pour ce dégoûtant parallèle; mais tel est, surtout, le quai magnifique qui contemple la Douane, lorsque le soleil y laisse tomber quelque rayon. Alors, les caves se dégorgent; c'est là que croupit le pauvre Irlandais; le pavé se garnit; les corps s'alignent perpendiculairement aux murs, par files immobiles, et ces rangées d'un aspect cadavérique, restent là, autant que le permet le caprice du climat, à s'imbiber d'air et de chaleur. Il s'en faut bien que les lambeaux roulés autour de leur corps arrêtent l'œil partout où la pudeur l'exige. Mais, au travers de cet immonde uniforme de la dernière indigence, on distingue la race superbe des hommes qui portent les mousquets de l'Angleterre. Cette idée ferait frémir pour la grande Bretagne, si la France, mécontente, avait la libre disposition de ses forces; si l'Irlande n'avait aujourd'hui pour conseil la tête d'O-Connel, le catholique.

Ah! combien est doux le sort du Lazarone! le ciel lui rit, la terre le comble, et l'air lui sert de vêtement!

Dans cette ville, si remarquable d'ailleurs, une odeur aussi pénétrante que nauséabonde poursuit l'odorat presqu'en tous lieux. Il semble que la misère veuille attaquer la pitié par un sens de plus.

Les quartiers populeux en sont infectés; c'est comme un arôme détestable, avant-coureur de la contagion. Si cela n'existait déjà de si vieille date, on croirait que la peste s'apprête à se pavanner au milieu de ces beaux édifices, de ces vastes places, de ces rues aérées; qu'elle se prépare à trôner sur ce théâtre, l'un des plus majestueux que puissent lui offrir la civilisation et la nature.

LES
CHEMINS DE FER.[1]

PAR M le Chevalier **J. BARD**, (de la Côte d'Or),

Membre Correspondant.

LAISSEZ· PASSER· LA·
JUSTICE· DE· DIEU.

Et vous ne pleurez pas, Bardes de la patrie,
Quand le culte de l'or, honteuse idolâtrie,
Jette au vent qui mugit la poudre du passé,
Décapite les saints sous leur niche de marbre,
Et, vers la croix brisée, éventre le vieil arbre
    Que dix foudres n'ont point cassé!

Eh bien donc, fléchissez! — Qu'il se drape et qu'il trône,
Le traitant orgueilleux que le vulgaire prône,
Dès qu'il le voit assis sur trente sacs d'écus!
Au pacha votre harpe, au vainqueur la bannière;

[1] Nous avons donné dans notre deuxième livraison, un poétique badinage de M. Théodore Muret, en faveur des *Chemins de Fer*. Voici maintenant la contre-partie de cette pièce. Ce morceau sérieux sort de la plume d'un homme qui appartient à notre province par plus d'un titre scientifique et par plus d'une sympathie. (*Note du Rapporteur*).

— Vous, traînés à son char ou meurtris dans l'ornière,
        Poëtes, soyez les vaincus.

En vain, noble débris penché sur la vallée,
Le châtel sent encor sa tête échevelée,
Dans la brise du soir, murmurer et frémir :
En vain l'humble beffroi, tintant à la chapelle,
Guide le Pélerin et doucement l'appelle,
        Afin qu'il cesse de gémir.

Du moyen-âge, en vain, la noire basilique
Montre au peuple attendri son livre symbolique,
Les secrets du Seigneur, le Paradis, l'Enfer,
Et Dieu qui tient son glaive, et les anges qui prient ;
— Tombez, géants, tombez,.... Les Vandales s'écrient :
        PLACE, PLACE AU CHEMIN DE FER !

Manoir du paladin qui si hautain te dresses,
Voûtes, jubés, abris des pieuses tendresses,
Châsses, ventaux d'airain qui dormez sur vos gonds,
Donnez-leur votre chair, votre cœur, vos entrailles,
Cédez votre soleil à leurs viles férailles,
        Ou bien rampez sous leurs vagons.

— Mais il faut entamer le champ du prolétaire,
Au pauvre il faut ravir ce petit coin de terre
Qu'il reçut d'un aïeul tout prêt à trépasser;
Mais, de cette chaumine il faut razer la porte,
Combler cet abreuvoir, ce puits banal.... — Qu'importe ?
        Le chemin de fer veut passer.

Et si la plainte sort d'une bouche importune :
— Il te va bien, manant ! d'arrêter ma fortune;

Je pairai......, voilà tout — dit le marchand brutal,
— En lui jetant ton or, impose lui silence ;
Soit....., mais vas-tu peser dans la même balance
    Ses souvenirs et ton métal ?

Et ce prix arbitré par un juge compère,
Une fois dans la main de ce malheureux père
Qu'impitoyable et dur tu viens d'exproprier,
Sans perte pourra-t-il se refondre en nature,
Pour nourrir six enfans que l'automne future
    Entendra gémir et prier ?

Chemins de fer, métiers, fabriques, industrie,
Parlez, que ferez-vous de ma belle patrie ?
Voulez-vous la flétrir d'un joug abrutissant ?
Voulez-vous, page à page, effacer ses annales ?
Traitants ! sucerez-vous de vos lèvres vénales
    Sa dernière goutte de sang ?

Voulez-vous qu'un passé vous obéisse et tombe ?
Violer tous les os endormis dans la tombe ?
Du peuple, rêve à rêve, effeuiller l'avenir ?
En vos accès brûlans de cupide démence,
Voulez-vous que, pour nous, l'histoire ne commence
    Qu'à la route qui va finir ?

Et quand, de notre France à l'immense surface,
Vos chemins, en tout sens, auront haché la face,
Que deviendront, grand Dieu ! le culte du foyer,
Les légendes, l'accent, les mœurs et les usages,

Tous ces types divers de races, de visages,
    Que Babylone veut broyer?

Tous ces groupes unis, mais nuancés de formes,
L'un par l'autre absorbés, confondus, uniformes,
Viendront, neutres et plats, s'abdiquer par lambeau.
— Eh bien donc! que, sans cesse, ils galoppent ensemble;
J'ai vu les morts, aussi, courir..... — Mais il me semble
    Que c'était autour d'un tombeau.

ÉLÉGIE.

PAR M. DURAND,

Menuisier à Fontainebleau, Membre Correspondant.

Que ton ombre soit sans alarmes ;
J'ignorais ton dernier moment,
Et je viens baigner de mes larmes
La poudre de ton monument.

Déjà dans la tombe endormie,
Victime de l'adversité !
Tu payas cher, ô mon amie !
Le doux éclat de la beauté.

Ton bel âge venait d'éclore
Quand d'amour tu vins m'embraser ;
Fraîche comme on nous peint l'Aurore,
Pure comme un premier baiser.

Plein d'une tendre frénésie,
Combien t'ai-je adressé de vœux ?
Sermens, larmes et poésie
M'obtinrent d'innocens aveux.

Bientôt le Démon du carnage
M'appelle au milieu des combats,

J'y vole, mais ta douce image
Constamment y suit tous mes pas.

La paix me rend à ma chaumière :
O jour ! que je croyais si beau,
Combien je maudis ta lumière,
A l'aspect de ce froid tombeau !

Quoi ! la vierge pure et timide,
Qui devait embellir mes jours,
Est là, sous cette terre humide,
Ensevelie, et pour toujours !

Et moi, qui ne rêvais la gloire
Que pour la mettre à ses genoux !
Moi, qui me plaisais tant à croire
Qu'un ciel ami veillait sur nous !

J'arrive, et voici ta demeure,
Silencieuse sous mes pas !
Que dois-je penser, à cette heure,
Et de la vie et du trépas ?

Il est donc vrai que sur la terre,
Par un excès de cruauté,
La Mort choisit, affreux mystère !
Et l'innocence et la beauté ?

Perdant sa fraîcheur matinale,
Ce front, qui rougit tant de fois,
N'a pour couronne virginale
Qu'un cyprès et qu'une humble croix !

QUI M'AVAIT DEMANDÉ LES PAROLES DE ROMANCE.

Tu as raison, plus douce colombe,

[illegible] SOUVENIR DE MA ROMANCE,

Puis-je pleurer quand je vous vois ?

Dans les chants de mon âme, il n'est plus rien de triste,

tourent et, symbole de la divinité, étendre sur eux leur aîle tutélaire? Qui pourra se refuser à lire dans leurs masses sombres et gracieuses, le génie d'un âge dans lequel toutes les nobles passions venaient s'inspirer au foyer sacré de la foi? Quand le pied se pose sur les dalles polies de ces édifices, où une mosaïque brillante représente quelque scène religieuse, que les yeux étonnés s'élèvent vers leurs voutes hardies et que le regard plonge sous ces longues ogives où le jour, adouci par d'admirables vitraux aux mille couleurs, fait toujours régner une indécise clarté, comment ne pas se sentir enveloppé d'une idée de grandeur infinie, et ne pas être pénétré de la frêle petitesse de l'humanité? Si maintenant, de l'extrémité de la nef majestueuse s'élève la sainte mélodie de l'orgue, on croit voir s'animer ces mille figures capricieuses, à la chair de granit, que l'art a sculptées dans leurs murs; un recueillement profond s'empare de l'âme, et le vague et solennel sentiment de la religion lui révèle l'existence de la divinité.

Mais je me suis engagé à vous entretenir de Notre-Dame-de-Lorette, et je m'aperçois que volontiers je vous parlerais d'une autre Notre-Dame dont les simples et majestueuses beautés sont complettement étrangères au temple élégant et coquet que l'opulente chaussée d'Antin doit à l'affectueuse sollicitude de l'administration municipale.

Notre-Dame de Lorette est un édifice construit dans le genre des basiliques Italiennes; mais l'exiguité de ses dimensions a du naturellement lui ravir tout aspect imposant: ce n'est, à proprement parler, qu'une chapelle ou plutôt, si j'ose le dire, un charmant boudoir consacré à la Sainte-Vierge.

L'extérieur de l'Église est fort simple; je ne m'arrêterai pas à le décrire: je dirai seulement que quatre colonnes d'ordre corinthien soutiennent son frontou, qui est surmonté des trois statues de la Foi, de l'Espérance et de la Charité. Quand on fran-

chit le seuil du temple, la première impression qu'on éprouve
est celle de l'étonnement : dans son enceinte, l'art a épuisé ses
ressources. Là, sous la main intelligente et laborieuse de l'ou-
vrier, la pierre des environs de Paris s'est changée en marbre
pour former des colonnes élégantes d'ordre ionique, dont deux
rangées séparent la nef des bas-côtés. J'ignore toutefois par
quelle raison on a employé la pierre brute pour le soubasse-
ment des colonnes ; cette anomalie est du plus mauvais effet.

Le vaisseau est terminé par le chœur, qui forme un hémicycle dans lequel est placé le maître-autel. Au-dessus de cet
autel se trouve un tableau représentant le couronnement de la
Vierge. Il est du à l'habile et gracieux pinceau de M. Picot. On
y reconnaît un travail consciencieux ; mais la figure de la
Vierge aurait pu peut-être conserver dans son caractère quelque
chose de plus virginal.

Le plafond de la nef est de la plus grande richesse ; l'or et
les ornemens les plus recherchés encadrent ses élégantes ro-
saces. Au reste, de quelque côté que se portent les yeux, on est
ébloui par une variété infinie de teintes et de couleurs rendues
trop tranchantes par des jours peu ménagés. Ce qui augmente
encore l'effet papilloté que produit la première vue de l'intérieur de cette église, c'est le grand nombre de tableaux qu'on y
a placés : toutes les écoles semblent s'y être donné rendez-
vous ; mais le plus souvent pâles et décolorées ; car, soit que
le style sacré, grave et correct des maîtres de l'Italie, ne puisse
convenir à nos artistes, enfans bouillans et légers du XIXe
siècle ; soit que leur pinceau ne sache pas se plier à reproduire
des scènes où pour eux l'inspiration n'existe plus ; il est certain
que les ouvrages qu'ils ont exécutés à Notre-Dame de Lorette,
sont loin, en général, de répondre au luxe que l'on a prodigué,
dans la décoration de cet édifice.

Pour mettre quelqu'ordre dans la revue que je me propose

de faire des différens tableaux, qui ornent l'église de Notre-Dame de Lorétte, je prierai le lecteur de me suivre dans le bas-côté de droite, dans lequel on trouve trois chapelles déjà ouvertes au public; et deux autres, formant les extrémités, qui, de même que les chapelles correspondantes dans le bas-côté de gauche, sont encore masquées par des tentures. Dans la première chapelle à droite, dédiée à Saint-Hippolyte, sont trois tableaux. Deux ont été peints par M. Hessé et pèchent autant par le ton que par le caractère. Le troisième, de M. Coutan, représente *les Funérailles de Saint-Hippolyte* : il est d'un bon effet. On a placé provisoirement dans cette même chapelle la cuve des fonts baptismaux; elle est surmontée d'une petite statue de Saint Jean-Baptiste, dans laquelle se retrouve l'élégance du ciseau de M. Duret. La chapelle suivante est dédiée à Saint-Hyacinthe. On y remarque deux tableaux de M. Alfred Johannot. On regrette, en les examinant, de voir qu'un peintre de genre aussi distingué, manque quelquefois autant de correction que de pureté, lorsqu'il veut traiter des sujets sévères. Reconnaissons cependant que la *Résurrection d'un jeune homme par Saint-Hyacinthe* est une composition sage qui produirait un bon effet, si les draperies étaient moins lourdes et si la couleur ne manquait pas de vérité. Je n'exprimerai pas d'opinion sur les deux tableaux de M. Langlois qui se trouvent dans la troisième chapelle, sous l'invocation de Sainte-Thérèse : un artiste de talent peut quelquefois s'égarer.

Nous voici dans le chœur. Sur les deux murs latéraux sont deux tableaux dont l'exécution a été confiée à MM. Heim et Drolling. On ne peut comprendre qu'un homme du talent de M. Heim, soit l'auteur d'une composition aussi mal ordonnée que la *Présentation au Temple*. Les figures y sont sans liaison, leur caractère manque de grandeur, et ces défauts sont encore rendus plus saillans par le peu d'harmonie des tons. M. Drol-

ling, au contraire, dans son tableau de *Jésus au milieu des Doc-*
teurs, a su grouper avec art ses personnages. L'entente de la
lumière est parfaite, et une couleur vigoureuse seconde à merveille le bon effet de la composition. Toutefois on reconnaît
facilement que M. Drolling a dû, dans cet ouvrage, s'inspirer
de l'*École d'Athènes* de Raphaël.

La coupole n'est pas encore terminée ; elle est confiée à
M. Delorme.

Sous le bas-côté de gauche, la première chapelle est consacrée à Sainte-Geneviève. Trois tableaux y ont trouvé place.
L'un est de M. Déjuinne, et il me saura gré de mon silence;
les deux autres sont dus à M. E. Devéria. Cet artiste, qui avait
donné tant d'espérances, persiste malheureusement dans son
genre de peinture pâle de ton et sans énergie. Ses tableaux,
charmans pour un salon, ne sont pas à leur place dans une
église. Nous ne pourrions, sans injustice, ne pas faire ici mention du portrait de Sainte Geneviève. Ce portrait, dû au pinceau de madame Dehérain, réunit à une expression élevée de
gravité religieuse, la plus grande finesse d'exécution. Messieurs
Schnetz, Champ-Martin et Couder ont exécuté les tableaux qui
ornent les deux autres chapelles de ce bas-côté. M. Schnetz me
permettra de lui reprocher de n'avoir pas conservé dans ses
deux compositions le beau caractère qu'il sait imprimer ordinairement à ses figures italiennes : avec moins de dureté dans
son exécution, il aurait peut-être aussi pu donner plus de trans-
parence et de souplesse aux chairs. M. Champmartin a trop de
talent pour ne pas m'en vouloir si je parlais ici des deux tableaux qui lui ont été confiés et qui sont faiblement conçus et
exécutés.

Nous sommes enfin heureux de trouver dans cette suite
d'ouvrages, trop souvent insignifiante, un tableau dû au pinceau
d'un de nos artistes les plus distingués, de M. Couder : *le Mar-*

tyre de saint Etienne place son auteur au rang des premiers peintres d'église. Il prouve qu'il a su comprendre la scène qu'il avait à reproduire, et imprimer à la figure du saint l'exaltation religieuse qui devait l'animer au moment de son supplice.

Les deux rangées de colonnes qui forment la nef supportent des murs dans lesquels sont pratiquées les six croisées qui l'éclairent. Sur les huits trumeaux qui séparent ces croisées, MM. Monvoisin, Vinchon, Dubois, Coutan, Hesse, Granger, Déjuinne ont, dans des tableaux généralement froids de ton et mal conçus, représenté l'histoire de la Vierge. M. Langlois seul mérite des éloges pour le caractère et la disposition qu'il a su donner à ses figures dans *le Mariage de la Vierge*. La chaire, bien qu'assez ornée, ne manque pas d'une certaine sévérité religieuse. Les deux Séraphins qui supportent l'abat-voix sont de M. Elschoëcht.

Nous n'avons parlé jusqu'ici que des ouvrages des peintres et des sculpteurs qui ont prêté à M. Lebas l'appui de leurs talens pour orner l'édifice, à la construction duquel il a présidé. S'il s'était agi d'une salle de spectacle, d'un musée, d'un édifice, en un mot, dont la destination répondît aux sympathies de notre siècle, certes, M. Lebas eût parfaitement rempli sa tâche; car il sait, aussi bien que personne, allier au luxe l'élégance et tirer le meilleur parti possible d'un terrain trop borné. Mais il s'était engagé à construire un temple chrétien, et il ne livre à nos yeux éblouis qu'un charmant musée religieux. Et qu'il ne prenne pas ceci pour un reproche sévère : c'est simplement un regret de voir nos artistes s'efforcer en vain, par une copie sans puissance des travaux des âges passés, de produire des monumens que notre siècle sans croyances est impuissant à élever.

Je l'avouerai aussi! peut-être ai-je visité cette église dans un moment peu favorable pour y éprouver l'impression du sentiment religieux. A peine avais-je posé le pied dans son enceinte, que les conversations des curieux et une agitation continuelle autour de moi, m'apprirent que je me trouvais dans un lieu où Paris tout entier, léger et avide de connaître, s'était pour ainsi dire donné rendez-vous. Regardez ici ce jeune homme se servant avec grâce d'un inutile et élégant lorgnon : il aime les arts par ton, et vient à Notre-Dame-de-Lorette chercher un sujet pour la conversation du soir. Voyez dans cette autre chapelle une jeune fille que sa mise fort simple pourrait vous empêcher de reconnaître : elle quitte l'Opéra à l'instant, et vient dans ce temple fashionnable chercher un théâtre propice au jeu malin de sa coquetterie. Ici tout vous étonne! Les chaises elles-mêmes révèlent de charmans secrets : elles vous apprennent, par exemple, quelles dévotes fraîches et jolies viennent s'agenouiller sur leurs moelleux coussins. Approchez et lisez sur ce dossier le nom de ces deux sœurs, filles charmantes de la Germanie, dont la danse gracieuse et légère vous a tant de fois bercé d'agréables rêves.

Si dans cette foule qui s'agite, regarde et bourdonne, quelque prêtre à la blanche étole passe par hasard près de vous, se rendant, grave et recueilli, vers le tribunal sacré, pour entendre le récit des fautes de quelque dévote pénitente, un involontaire sentiment de malaise et d'étonnement vous saisit ; et l'on fait un retour sur soi-même, et l'on se souvient de l'aspect grave et sévère de ces temples antiques, témoins de nos premiers actes religieux, alors que notre cœur, jeune encore d'émotions, n'avait connu d'autre amour que celui de la divinité.

Il faut le dire. à chaque pas, dans cette église, se révèle l'absence du sentiment religieux. Il n'y a pas, le croiriez-vous, jusqu'au pasteur lui-même qui, sans doute animé par quelque reflet de l'esprit de discorde qui s'empara des héros du Lutrin, ne se soit révolté contre peintres et architecte au sujet de l'éclairage de son église. Une guerre sérieuse a été déclarée, et l'Archevêque a dû intervenir. L'intervention du prélat a toutefois été malheureuse, car elle a porté un coup fatal aux arts et au bon goût. Si donc vous allez jamais, le soir, visiter la coquette basilique de la chaussée d'Antin, vous pourrez remercier le curé de l'avoir ornée de ces lustres bronze et or dont la lumière sans éclat est condamnée d'ordinaire à lutter péniblement contre les sombres et infects brouillards des estaminets de la capitale. Il faut en convenir : un profond sentiment de découragement doit saisir l'artiste, lorsqu'il voit combien ceux-là mêmes auxquels il consacre son talent, savent peu reconnaître ses œuvres.

Nous avons sans doute, dans cet article, cité les noms d'un grand nombre de peintres distingués, et nous regrettons d'avoir été contraint de donner à la critique une plus large part qu'à l'éloge. Mais il devait naturellement en être ainsi; car, pour composer des sujets religieux, la grâce et l'élégance sont insuffisantes : il faut des études approfondies; il faut que l'artiste ait pâli devant la contemplation des grands maîtres de l'Italie. Nous voyons donc avec peine que, lors de la distribution des tableaux de Notre-Dame-de-Lorette, on ait oublié plusieurs artistes dont les études sévères et la couleur hardie étaient garants d'une composition et d'une exécution satisfaisantes. Je pourrais citer entre autres les noms de MM. Court, Scheffer, Lépaule, Cogniet et plusieurs autres dont les derniers salons nous ont révélé les compositions pleines de vie et de grandeur,

Traité

DE LA
CULTURE DU MURIER

ET DE
L'Éducation des vers-à-soie,

PAR M. LE DOCTEUR MORETTI,

PROFESSEUR DE BOTANIQUE A L'UNIVERSITÉ I. ET R. DE PAVIE,

TRADUIT DE L'ITALIEN ET ABRÉGÉ

PAR M. EDMOND MARC,

Membre Résidant.

TROISIÈME ARTICLE.

Emondage et régime des mûriers adultes.

Dans les courts détails que nous avons donnés sur la nature des feuilles de cet arbre, nous avons dit quelques mots de la différence qu'il y a entre celles qui sont cueillies sur de vieux sujets, et celles que donnent les jeunes. C'est ici qu'il convient d'avertir que cette différence s'étend aux feuilles fournies par les vieilles branches, et par les jeunes, c'est-à-dire celles qui

¹ Voir 1836, 2ᵉ partie, p. 292; et 1837, première partie, p. 33.

proviennent des premiers bourgeons après l'émondage ; le parenchyme des premières est comparativement plus chargé de substance résineuse, que de gomme; tandis que l'eau et les substances mucilagineuses abondent dans les autres qui contiennent moins de résine. Il en résulte une différence quant à la nourriture que les vers tirent des unes et des autres. Ainsi, ils en trouvent davantage dans les feuilles des vieux arbres et des vieilles branches, que dans les autres; c'est une vérité contre laquelle il n'y a pas une objection à faire: mais il n'est pas moins vrai, que si la feuille des arbres et des branches qui sont encore jeunes, ne donne point aux vers autant de nourriture que celle des arbres et des branches adultes, elle a cependant, sous un autre rapport, de grands avantages. L'expérience a, en effet, démontré que les vers nourris avec la seconde sont, il est vrai, d'un plus grand produit, mais que leur soie est comparativement plus grosse et plus rude que celle qui est fournie par les vers nourris avec la première; quoiqu'à la vérité celle-ci rende un peu moins de poids. Nous n'avons pas cessé, pendant plusieurs années, de donner dela feuille de jeunes arbres aux vers non seulement, dans les deux premières périodes de leur vie,[1] mais même jusqu'à la formation du cocon, sans avoir eu l'occasion de remarquer qu'ils en aient jamais souffert.

Ces notions peuvent facilement expliquer la grande influence d'un émondage bien réglé sur les mûriers, et sur la production d'une qualité de feuille beaucoup plus propre à la nourriture des vers ; comme aussi elles démontrent que, par l'émondage, le cultivateur pourra obtenir à son gré un produit en soie plus ou moins abondant , d'une qualité plus ou moins belle, selon le parti qu'il se propose d'en tirer, et les besoins du commerce.

[1] Il faut donner aux vers la feuille des jeunes mûriers, pendant ces deux périodes : comme on peut aussi leur donner celle qui a poussé après l'émondage, et qui est excellente pour eux. (*Bruni*).

[...] Quant à [...] [illegible] [...]
[illegible] [...]
procédés qu'on [...] [illegible] [...]
[...] Les principes [...] [illegible] se réduisent
à trois.

1° L'abondance et la bonne qualité de la feuille;

2° La sûreté et la conservation [...] [illegible]

3° [...] de l'arbre [...]

[illegible several lines]

Les premières années que l'on récolte la feuille, il faut régler
l'[illegible] de manière [...] [illegible] et ne [...] d'une
grande [...] [illegible]
[illegible]
[illegible]
[illegible]
[illegible]
avec soin toutes les branches [...] [illegible] qui ont
été rompues ou endommagées; on [...] durcira celles qui montent trop, et en général toutes [...] (sic) parce qu'en s'allongeant trop [...] [illegible] [...] l'année
suivante [...] [illegible]
[illegible] [...] d'un arc-
en-ciel de la [...] [illegible]

0° C'est [illegible] par [illegible] procédé perde
de laisser se boutonner les branches inférieures, et de les
bien diriger, afin de les rendre fécondes et vigoureuses. C'est
pourquoi il ne faut pas abandonner les branches supérieures à
toute leur force.

L'agriculteur aura soin, tant que l'arbre ne sera point entièrement formé, de le nétoyer, tous les ans, aussitôt après la récolte de la feuille, au moyen d'un petit sécateur, en prenant garde de ne pas endommager les bourgeons.

Les environs des délicieuses collines de la Brianza, où le bois est beaucoup moins rare que dans le plat pays, sont couverts de grands mûriers très élevés. Là, les paysans ont coutume de les émonder très soigneusement tous les deux ans, et de seconder leur développement naturel. Aussi y voit-on de magnifiques arbres, le tronc et les branches lisses et brillans, produisant en abondance des feuilles de la meilleure qualité. C'est par ce bon régime d'émondage que s'explique, en grande partie, comment le produit en cocons y dépasse de beaucoup celui de la plaine.

Cependant il est vrai de dire que si, dans la plaine, on tronque trop les mûriers, on les laisse trop monter dans nos collines, où l'on est souvent obligé de lier les branches avec des cordes avant de s'y hazarder; je crois même que, sans perdre de sa qualité, la feuille gagnerait en grandeur et en abondance, si on ne laissait pas les arbres s'élever aussi haut. Ainsi, sans cesser d'applaudir à l'usage, non pas de tronquer, mais d'émonder les mûriers, je voudrais qu'on évitât les excès des deux méthodes, donnant toujours cependant la préférence à l'excès en moins sur l'excès en plus.

Ces différens modes prouvent la fausseté de raisonnement du paysan qui veut s'en tenir uniquement et nécessairement à l'usage de son pays. Ceux de la plaine soutiennent que le mûrier ne produit de feuilles que lorsqu'il est totalement tronqué et dépouillé de toutes ses branches, et si on lui montre la belle apparence de cet arbre sur la colline, où on l'émonde seulement, c'est au climat, au sol, à la température, qu'il en attribue la cause. Le fait est que dans la plaine, comme à la colline, ces arbres végètent parfaitement, pourvu que la taille ou une mauvaise culture ne les ruine pas; pour pouvoir, au reste, apprécier ces oppositions à leur juste valeur, il faudrait une expérience bien dirigée. Quoique l'emploi du sécateur ait pour résultat de donner aux arbres la forme désirée, et de leur faire produire proportionnellement plus de feuilles, on ne peut cependant le considérer que comme un moyen violent, qui, employé sans discernement, compromet en eux la végétation et la vie. Je ne vois point, quant à moi, sur quelle expérience raisonnable peut se fonder l'opinion que le mûrier, soumis au même régime qu'à la colline, ne végéterait pas aussi bien dans la plaine, et mieux même, en corrigeant l'excès de ce régime. Mon expérience personnelle me démontre au contraire que partout où je puis obtenir d'un paysan de la plaine, qu'il ménage davantage l'émondage, ses mûriers surpassent les autres en beauté, en qualité et en quantité de feuilles.

La méthode indiquée, qui semble fondée sur la raison et la pratique, exige de bons instrumens, et une main habile : des incisions mal faites pourraient nuire à la végétation, et elles ne sont bien faites que quand l'écorce peut les recouvrir facilement ; c'est pourquoi il faut les pratiquer toujours près des bourgeons, ou d'une autre branche, et généralement toujours en rond.

Plus tard, le cultivateur doit, sans perdre de vue les règles que nous avons déjà données, employer avec prudence le sécateur, sans trop contrarier le développement naturel de l'arbre, ni trop l'abandonner à ses forces naturelles, et sans oublier surtout les trois buts principaux de l'émondage.

On ne peut considérer ici comme une objection l'avantage qu'on trouve quelquefois à couper les principaux rameaux, et même les principales branches des mûriers qui sont languissans. Je sais que quelquefois ce moyen désespéré donne de la vigueur aux sujets, leur fait repousser des branches et des feuilles, et prolonge même leur vie de quelques années ; mais il n'en est pas moins vrai que beaucoup meurent de cette opération, et que tous ceux qui y survivent sont déformés et appauvris, de sorte que ce ne sera jamais qu'à l'extrémité qu'il sera raisonnable d'appliquer ce terrible remède. Cela s'adresse surtout à ceux qui dépouillent le mûrier de toutes les branches, même après la récolte des feuilles, et laissent presqu'entièrement nu le tronc principal.

Quand la langueur de l'individu se manifeste par l'excessive petitesse de la feuille et la pauvreté de végétation des branches, un émondage modéré, joint au soin de ne pas cueillir la feuille cette année là, est assurément une très bonne pratique. Si le dépérissement est très sensible, l'émondage devra être plus rigoureux : on raccourcira les principales branches, en février ou en mars; on donnera une bonne culture au pied de l'arbre; mais réduire le mûrier à son tronc ou à peu près; c'est user d'un moyen extrême et désespéré.

Il est bon encore de proscrire ici l'usage barbare de ceux qui dépouillent les mûriers, en automne, pour nourrir les animaux; quand on pourrait se contenter de ramasser les feuilles lorsque la maturité ou les gelées blanches les auraient fait tomber. — L'herbe, *medicago sativa*, le trèfle et autres semblables font beaucoup de tort aux racines du mûrier, de sorte qu'il faut interdire aux paysans l'établissement de ces prairies artificielles autour des mûriers, même adultes. Lorsque le blé ou le seigle est récolté, il est bon de remuer la terre au pied de l'arbre avec la charrue ou la bêche, mais non, comme beaucoup le font, à la distance seulement d'une palme, ou même plus, et d'avoir grande attention de ne pas endommager les racines. Il réussit très bien d'entretenir la terre de vieux fumier; mais voici, en définitive, ce qui arrive le plus souvent : beaucoup font des plantations, peu les cultivent avec les soins nécessaires, jusqu'à l'adolescence, après quoi elles sont généralement négligées, jusqu'à ce qu'un mauvais régime les achève.

RAPPORT

Sur le Chocolat dit Anti-phlogistique,

DE M. BONNIGON

Secrétaire de la Société des Sciences,

Parmi les produits divers que l'industrie répandue adresse chaque jour à l'Académie [...] dans le but d'obtenir ses suffrages, il en est un [...] qui méritait à tous égards de fixer votre attention, et que déjà vous avez accueilli avec une certaine faveur: c'est le chocolat dit *antiphlogistique*, fabriqué par M. Bonnigon, pharmacien à Evreux, dont vous avez renvoyé l'examen à une commission composée de cinq membres. Cette commission s'est réunie conformément à vos désirs; aujourd'hui son travail est terminé. Je viens, en son nom, vous en rendre compte.

Tout le monde sait que le chocolat, dont l'usage est si généralement répandu, a pour base principale, du sucre et des amandes de cacao convenablement torréfiées et broyées,

¹ MM. Vernhes, Baudry, Duhordel, Miger et Th. d'Avignon.

Ce fruit, indigène de l'Amérique Méridionale, où il se rencontre également aux îles et sur le continent, dans les vallées de Caracas et la riche province de Soconusco, se place au nombre des semences émulsives, dont elle est sans contredit la plus précieuse. La fécule s'y trouve imprégnée d'une huile concrète et d'une substance colorante brune, amère et légèrement aromatique. Il constitue un aliment fort nourrissant.

Linnée l'appelle *Theobroma Cacao,* boisson des Dieux. On a recherché, dit Brillat Savarin, la cause de cette qualification emphatique : les uns l'ont attribuée à ce que ce savant aimait passionnément le chocolat ; les autres, à l'envie qu'il avait de plaire à son confesseur ; d'autres enfin, à sa galanterie, en ce que la reine Anne d'Autriche, épouse de Louis XIII, en avait la première introduit l'usage.

Nous ne nous permettrons point de nous prononcer pour l'une ou l'autre de ces explications, mais nous nous féliciterons de cette heureuse dénomination; si, comme cela nous parait présumable, elle a eu pour effet d'attirer sur le cacao l'attention des artistes qui s'occupent spécialement de multiplier pour nous les jouissances de l'organe du goût. Leurs travaux en effet, bien dirigés par la science , ont été couronnés d'un plein succès ; il en est résulté le chocolat tel qu'il existe de nos jours, c'est-à-dire une de leurs plus exquises découvertes.

Il s'est pourtant rencontré des détracteurs de cet aliment délicieux. Quelques-uns ont prétendu qu'il était lourd , indigeste, échauffant; que sais je ? Ceux-là, messieurs, étaient des profanes, ou ils n'ont jamais goûté qu'un brouet fait avec du chocolat détestable : nous les proclamons indignes de savourer le nectar des Dieux. D'autres se sont plaints qu'il ne les nourrissait pas assez. Ceux-ci ont méconnu leur heureux privilège : au lieu de calomnier un mets exquis, ils devaient , suivant le précepte d'un illustre professeur, renforcer leur déjeuner d'une côtelette, d'un petit pâté, d'un rognon à la brochette et louer Dieu de leur avoir donné un estomac doué d'un pouvoir digestif supérieur.

Personne aujourd'hui n'oserait plus nier ses propriétés puissamment restaurantes.

Du reste cessez de vous étonner, Messieurs, si le chocolat n'a pas été, par tout le monde, apprécié comme il le mérite. N'allez pas croire qu'il ait trouvé grâce devant l'ignorance et le mercantilisme qui chaque jour nous inondent de leurs produits détériorés; ils l'ont gaspillé, comme tout le reste, et nous l'offrent dans cet état avec une fâcheuse profusion. Le bon chocolat est chose rare, on ne le trouve que dans un petit nombre d'établissemens où une volonté persévérante de bien faire se livre avec patience à une suite d'opérations bien entendues, où l'œil vigilant du maître embrasse sans relâche tous les détails de la fabrication.

Il faut avoir vu manipuler, comme nous, chez M. Boutigny, pour concevoir combien la manipulation exige d'art, d'attentions minutieuses; combien elle offre de difficultés à vaincre.

Une des premières consiste dans le choix du cacao : il s'en faut beaucoup que toutes les espèces soient également bonnes. Pendant long-tems le cacao Caraque et le Soconusco, ont joui d'une faveur marquée; aujourd'hui c'est à un mélange heureusement combiné des deux espèces, que les habiles accordent la préférence.

Parmi les caisses que le commerce expédie, même celles de premier choix, il n'en est pas qui n'ait ses infériorités. Un intérêt mal entendu laisse souvent passer des amandes avariées; il faut que le fabricant sache les reconnaître et veuille en faire le sacrifice.

La torréfaction du cacao est encore une opération très-délicate. N'est-elle pas suffisante? les amandes conservent une trop grande quantité du corps gras qui entre dans leur composition;

on obtient un chocolat lourd, d'une digestion difficile: tels sont les chocolats d'Espagne. Trop grillées au contraire, elles retiennent de l'empyreume et du charbon qui donnent au chocolat une odeur et une saveur peu agréables. Il est un *mezzo termine* qui est le *nec plus ultrà* de la perfection; mais il faut, pour l'atteindre, un coup-d'œil exercé, un tact voisin de l'inspiration. Nous pouvons affirmer que l'auteur du chocolat dit antiphlogistique semble le tenir de la nature.

C'est encore un talent tout particulier que de savoir régler la quantité de sucre qui doit entrer dans la composition. Elle ne doit pas être invariable et routinière; mais se déterminer en raison composée du dégré d'arôme de l'amande et de celui de la torrefaction auquel on s'est arrêté.

La trituration et le mélange ne demandent pas moins de soins; c'est de leur perfection absolue que dépend en partie le plus ou le moins de digestibilité du chocolat, puisque le corps gras qu'il retient, ne devient facilement digestible qu'à l'état d'extrême division.

C'est assez vous faire voir, Messieurs, que la fabrication du chocolat n'est pas sans obstacles, qu'elle exige la solution d'une infinité d'équations très subtiles dont nous profitons sans nous douter qu'elles ont eu lieu.

Un examen très attentif du chocolat qui vous a été présenté, nous a fait reconnaître que M. Boutigny n'avait méconnu aucune de ces difficultés; comme aussi il n'en est aucune dont il n'ait triomphé : ses connaissances chimiques, son habileté dans les manipulations, devaient lui assurer le succès; pharmacien distingué, chimiste habile, il apportait dans la fabrication du chocolat des lumières acquises pour en faire usage dans une sphère plus étendue.

M. Boutigny n'a pas voulu se borner au dégré de perfection que lui permettait d'atteindre une confection bien entendue; nous savons qu'il a fait entrer dans son chocolat des substances anodines, adoucissantes, qui ajoutent à son velouté et le rendent à la fois moins acerbe, et plus bienfaisant à l'estomac.

Tel qu'il sort des magasins de M. Boutigny, il est peu de subtances qui contiennent, à volume égal, plus de particules nutritives, ce qui fait qu'il s'animalise en entier ; et sa douceur, son velouté, lui permettent de passer dans tout estomac auquel il reste quelque pouvoir digestif.

Il est donc démontré pour nous que le chocolat, dit antiphlogistique, est un aliment aussi salutaire qu'agréable : il est nourrissant et de facile digestion : il n'a pas pour la beauté les inconvéniens qu'on reproche au café, dont au contraire il sera le remède : il est très convenable aux personnes qui se livrent à une grande contention d'esprit, aux travaux de la chaire, ou du barreau, et surtout aux voyageurs : enfin il convient aux estomacs faibles, aux poitrines délicates, aux tempéramens débilités par de longues maladies.

Nous ajouterons qu'il a reçu l'approbation de plusieurs sociétés savantes et d'un grand nombre de médecins de la plus haute distinction. Entre les mains de praticiens habiles, il est souvent devenu un médicament précieux. Ils en ont obtenu, disent-ils, de bons effets dans diverses affections de l'estomac, dans la chlorose, la pulmonie commençante, le catarrhe et les toux opiniâtres, contre l'adynamie qui succède aux hémorrhagies et aux sécrétions trop abondantes. M. Alibert, en particulier, l'a employé avec le plus grand succès dans la convalescence du choléra et le rétablissement des nouvelles accouchées. Nous le citons de préférence, parce que nous avons été nous-même témoin de ses heureux essais à l'hôpital Saint-Louis. Nous avons entendu toutes les bénédictions qu'adressaient nos pauvres malades à l'inventeur d'un aliment aussi salutaire.

Puis, c'est ici le lieu de rendre au chocolat antiphlogistique un témoignage des plus flatteurs : de concert avec plusieurs dames et quelques amis intimes qui l'avaient trouvé délicieux, le savant professeur l'a proclamé indispensable dans la composition d'un déjeûner confortable. Nous nous arrêtons devant un pareil suffrage ; il parle beaucoup plus haut, en faveur du chocolat dit antiphlogistique, que tout ce que nous pourrions en dire.

Jusque dans ces derniers temps, la France a tiré ses chocolats de l'Espagne ou de l'Italie. Elle donnait à ces deux pays des sommes énormes en échange de ce produit. Les sociétés d'émulation, le gouvernement lui-même se sont empressés d'accorder des récompenses aux fabricans Parisiens qui, les premiers, nous ont affranchi de ce tribut, en nous composant un chocolat de bonne qualité. M. Boutigny nous en offre un aussi agréable au goût qu'utile à la santé. Déjà non seulement toute la Normandie, mais Paris lui-même, les diverses provinces et l'étranger lui en demandent ; nous avons pu nous-même constater les nombreuses commandes qu'il reçoit.

C'est donc une richesse nouvelle dont il a doté notre contrée. Sous ce rapport nous pensons qu'il a droit aux suffrages de tous les hommes qui ont à cœur d'encourager l'industrie Normande. Aussi ceux de l'Académie Ébroïcienne ne lui manqueront pas, et c'est avec une pleine confiance que la commission dont je suis l'organe vous propose d'adresser à M. Boutigny des remercimens et de lui décerner une mention honorable.

L'ACADÉMIE, après en avoir délibéré, a arrêté qu'il serait fait mention honorable, au procès-verbal, du chocolat confectionné par M. Boutigny, et que le présent rapport serait inséré dans le prochain numéro de son Bulletin.

LETTRE

SUR LES ANTIQUITÉS DE PROVINS,

ADRESSÉE AUX MEMBRES DU BUREAU CENTRAL DE L'ACADÉMIE
ÉBROÏCIENNE.

PAR M. THÉODORE HOMBERG,

Membre Correspondant.

Rouen, 7 février 1837.

MESSIEURS,

Ce que madame la baronne d'Ingrande nous a appris, sur la ville de Provins, par sa lettre, insérée dans le Bulletin N° 11 de 1835, a sans doute excité votre intérêt et votre surprise : vous vous êtes demandé comment une ville si ancienne, située à vingt-deux lieues seulement de Paris, le grand foyer des investigations scientifiques, pouvait être demeurée si peu connue.

Votre étonnement va augmenter quand j'aurai ajouté mes souvenirs sur cette petite ville, à ceux de notre aimable correspondante.

Si ma lettre] excite encore votre curiosité déjà éveillée par madame d'Ingrande, je dois dire qu'elle ne pourra la satisfaire; car je me sens bien peu apte à résoudre les graves questions archéologiques que je vais soulever. Mais nous avons parmi nous des hommes capables de le faire; et si jamais aucun d'eux se trouve conduit à Provins, il me saura gré d'avoir appelé son attention sur quelques vieux pans de murailles, sur quelques voûtes enfouies sous terre, qui auraient été bien certainement les derniers objets que les habitans eussent songé à lui faire remarquer.

J'ajouterai peu de choses à ce que vous a dit madame d'Ingrande, sur cette partie de la ville qu'on appelle la ville basse.

Son origine ne remonte pas au-delà du Xe siècle

Une forêt de châtaigniers couvrait alors le terrain qu'elle occupe aujourd'hui. Au milieu de cette forêt existait une petite chapelle dédiée à saint Médard, où des moines de Saint-Benoît, fuyant la persécution des Normands, étaient venus, en 845, enfouir les restes de saint Ayoul, abbé de Lérins, martyrisé en 664.

Les reliques de ce Saint, retrouvées en 997, attirèrent de nombreux pélerins qui coupèrent les châtaigniers, s'en firent des habitations et transformèrent ainsi la forêt en une ville aujourd'hui très peuplée.

La ville basse de Provins doit donc son existence à saint Ayoul; aussi l'a-t-elle en grande vénération.

Il n'est pas de saint dans le calendrier dont le nom soit plus habituellement donné aux enfants qu'on y baptise. Une église a été élevée en son honneur sur les ruines de l'ancienne chapelle de saint Médard, et tous les ans une procession, à laquelle se réunissent les trois paroisses de Provins, et assistent toutes les autorités en costume, promène à travers la ville la châsse et le buste du Saint.

C'est un touchant spectacle que la vue des petits enfans se pressant sous la châsse, et des bonnes gens de la cité venant pieusement accoler le buste de bois doré, décoré des premiers fruits de la saison !

A cela près de cette cérémonie intéressante par les souvenirs qu'elle consacre et du peu de monuments dont vous a parlé madame d'Ingrande, la ville basse de Provins est la plus prosaïque des villes, ayant son maire, son sous-préfet, son tribunal

de première instance, son cercle littéraire où l'on joue au bil-
lard et son comité d'agriculture qui ne se réunit jamais. Il y a
là deux ou trois sociétés qui ne se confondent pas: l'une, toute
aristocratique, composée de notaires , de fonctionnaires publics, de gens ayant pignons sur rue et guérets au soleil, déjeu-
nant à onze heures, dinant à six et singeant les airs de la capitale; les autres plus modestes, prenant en patience leur subal-
ternéïté et s'en consolant de leur mieux, en songeant qu'à la
ville haute, on dîne à deux heures, on se couche à trois et
qu'on joue la bouillotte à un sou la fiche.

C'est cependant dans cette ville haute, si dédaignée, que
j'ai hâte de vous promener.

La première fois que vous parcourrez les rues désertes,
vous n'y verrez peut-être rien qui vous paraisse bien digne
d'attention : des maisons de chétive apparence , des cours
plantées d'arbres fruitiers et entourées de haies comme vos
masures normandes, et par-ci-par-là un monceau de décombres
ou une haute muraille en ruine.

. Mais approchez de ces maisons et regardez-les de plus près.
A l'épaisseur de leurs murailles, aux ogives sculptées de leurs
fenêtres, vous reconnaîtrez bientôt qu'elles n'ont pas toujours
été habitées par des vignerons. Leurs portes, si basses aujour-
d'hui qu'il faut se coucher pour y passer, étaient fort élevées
autrefois; et autant vous trouvez aujourd'hui de marches à
descendre quand vous en avez franchi le seuil, autant vous en
aviez autrefois à monter pour l'atteindre.

Il est arrivé là ce qui est arrivé à Rome : le terrain a tassé
et, pour le dire en passant, ce n'est pas le seul point de ressemblance que présente l'aspect des deux villes.

Mais collez votre œil à un de ces soupiraux qui s'ouvrent
à vos pieds sous toutes les maisons: votre surprise va bien
augmenter. Vous vous attendez à voir une cave, vous allez

découvrir une église... Oui une église, avec ses pilliers, ses arceaux, ses voûtes élevées, ses chapitaux et ses culs-de-lampe sculptés.

Pourquoi et par qui ces souterrains furent-ils bâtis? Ces questions se rattachent à une autre qui a fait bien émousser des plumes et vider bien des écritoires.

Qui a fondé Provins? sont-ce les Romains ou les Gaulois? Au tems où j'habitais cette ville, la guerre était allumée sur ce terrain entre un apothicaire et un vieil abbé,[1] tous deux fort savans et fort acharnés au combat. L'apothicaire tenait pour les Romains. Il voulait qu'on vît dans sa ville l'ancien *Agendicum* qui est cité, à plusieurs reprises, dans les Commentaires de César, comme une place forte où ce général mit en quartiers d'hiver jusqu'à six légions (36,000 hommes).[2]

Un de ses argumens, dont j'ai gardé le souvenir, était celui-ci : une cloche, autrefois placée dans le clocher de Saint-Pierre, et qui fut brisée par les ordres du comte Edmon, comme ayant servi à sonner le tocsin lors de la révolte de 1279, portait pour inscription :

> Je m'appelle Guillemette,
> De mette
> Je suis faite
> Pour la guette
> Et sonner la retraite
> De *Gentico*.

De *Gentico* à *Agendicum* il y a certainement moins loin que d'*Alpha* à *Equus* ; et ceux qui ont trouvé l'étymologie de Pro-

---

[1] Messieurs Opoix et Pasques. Ils sont morts tous deux.

[2] *Sex legiones reliquas in Senonum finibus Agendici in hibernis collocavit* De Bello Gallico, *Lib VI, in fine.*

vins dans cette phrase PROBUS *plantavit* VINEAS *in Galliis* ont bien pu regarder *Gentico* comme une corruption d'*Agendicum*. Du reste notre apothicaire citait, à l'appui de son opinion, Robert Gaguin, général de la Trinité sous Charles VIII, Raymon Marliau, Billate, Jacques de Charron, Duchesne et beaucoup d'autres.

L'abbé, qui était fort malin et ne voulait pas rester en arrière d'érudition, répondait avec l'autorité de Ptolémée, d'Æticus, d'Adrien de Valois, historiographe de Louis XIV, de d'Anville, de Perrot d'Ablancourt, de Lamartinière et d'une foule d'autres qui font à la ville de Sens les honneurs de l'Agendicum.

Les Provinais voulant être Romains, comme bien vous pensez, firent assez mauvais accueil à l'*in-octavo* de l'abbé Pasques; qui se trouva bientôt enfoui sous les volumineuses réfutations du patriotique pharmacien. Ce pauvre livre contient pourtant de bonnes choses et, à cela près de quelques plaisanteries de mauvais goût sur la profession de l'adversaire, il y règne une verve de sarcasme et une profondeur d'érudition dignes d'un meilleur sort.

Que Provins soit ou ne soit pas l'*Agendicum* des commentaires, il me paraît incontestable que les Romains ont passé à Provins et ont mis la main à ses fortifications. Il y a là des constructions qui portent évidemment leur cachet et je recommanderai particulièrement à ceux qui s'y connaissent, une tour diamantée qui flanque l'un des côtés de la porte, dite *Porte de Saint-Jean*. Il est vrai que, dans cette même porte, il y a des ogives; mais là, comme en beaucoup d'autres endroits, j'ai cru remarquer les traces de plusieurs constructions successives. Au surplus, dans toutes les ruines de Provins, l'ogive joue avec le plein cintre de façon à dérouter l'archéologue le plus consommé. Il en est surtout ainsi pour les sortes d'églises souterraines dont je vous parlais tout à l'heure. Aussi les historiographes de Provins sont-ils fort peu d'accord sur leur origine et leur destination première. Les uns veulent que les Romains les aient fait construire pour enfermer leurs prisonniers Gaulois ; d'autres en font honneur aux comtes de Champagne et rapportent leur construction au tems où Provins renfermait dans son sein 60,000 ouvriers : suivant eux c'étaient des ateliers. Enfin, d'autres n'y veulent voir que les granges dans lesquelles les riches abbayes, qui couvraient le sol, enséraient leurs dîmes. Le nom de *Grange des Dîmes*, conservé à l'une de ces caves, viendrait à l'appui de cette dernière hypothèse. Cependant il peut fort bien se faire que ce nom n'indique pas la destination primitive de l'édifice; et il est certain que toutes ces voûtes souterraines avec leurs colonnes, leurs chapitaux et leurs culs-de-lampe, présentent une certaine recherche d'architecture et de sculpture qui ne s'accorde guère avec l'idée de ce qu'auraient été des prisons, des ateliers ou des granges.

Ce qui me ferait reporter leur origine à l'époque où la ville haute de Provins ne formait qu'un seul château fort, (*Castrum Provini* ou peut-être *Castrum Probini* ; car il est à peu près certain que Provins doit son étymologie à Probus, qui, alors Général Romain et depuis Empereur, y séjourna, vers l'an 270 de Jésus-Christ); c'est que toutes ces caves se communiquent par d'étroits souterrains semblables à des boyaux de carrière qui se tiennent tous et forment sous la ville haute de Provins ce que les catacombes forment sous plusieurs quartiers de Paris.

Cela me parait indiquer dans ces constructions souterraines une vue d'ensemble qui ne peut s'expliquer que par celle de constructions extérieures.

Il va sans dire que les propriétaires actuels des caves, s'en servant pour y déposer leurs vins et leurs récoltes, et ne se

souciant pas d'y recevoir intempestivement la visite de leurs
voisins, ont fait soigneusement murer l'entrée des souterrains.
Personne, de mémoire de Provinais, n'y avait pénétré. Je voulus
le faire, et m'étant muni d'une torche et d'un immense peloton
de ficelle qui devait être pour moi le fil d'Ariadne dans ce nouveau labyrinthe, je m'y enfonçai par une ouverture qui existe
dans les anciens fossés de la ville. Bientôt le souterrain s'a-
baissa ; il me fallut ramper dans d'étroits défilés dont le passage m'était disputé par des chauves-souris qui, suspendues par
les pattes, formaient dans la voûte comme des stalactites et menaçaient d'éteindre ma torche en s'enfuyant. Enfin je me suis
trouvé au bout de mes forces et au bout de ma ficelle, avant
d'avoir rien découvert qui pût me dédommager de mes fatigues
et m'encourager à de nouveaux essais. Mais la liaison de ces
souterrains avec ceux dont on voit l'entrée murée dans toutes
les caves, est une tradition trop constante à Provins pour
qu'elle puisse être sans fondement.

Cette lettre serait trop longue si je voulais maintenant vous
entretenir des autres merveilles de la ville haute, et notamment
de ses fortifications qui sont bien les plus imposantes que j'aie
jamais vues en aucun lieu, et dont la construction doit remonter au tems où les Romains, vainqueurs des Gaules, employaient
des légions toutes entières à fortifier les positions qu'ils voulaient défendre.

Je me contenterai d'ajouter que toutes les personnes qui, à
ma connaissance, ont entrepris d'explorer les antiquités de
Provins, ont trouvé la mine féconde et se sont étonnés du peu
de célébrité qu'avaient en France des choses si curieuses.

Il faut pourtant rendre cette justice à plusieurs de ses habitans, qu'ils ont su apprécier les merveilles de leur ville et
n'ont rien négligé pour les mettre en lumière.

J'ai cité, un peu légèrement peut-être, deux hommes de

conscience et de talent, Messieurs Pasques et Opoix. Je puis
citer encore un ancien maire de Provins, M. Delespinois, qui,
pendant sa longue et honorable administration, a su défendre
les monumens de sa ville des effets d'un vandalisme malheureusement si ordinaire aux conseils municipaux.

, Enfin ceux de nos collègues auxquels le désir prendrait de
visiter Provins, y trouveraient un excellent guide dans un
jeune médecin aussi savant que modeste, le docteur Nandot.

Doué de cet esprit de persévérance qui fait qu'avec de petits
moyens on arrive à de grands résultats, M. Nandot a su trouver
dans Provins et ses environs de quoi se faire un salon moyen-
âge des plus curieux, avec lambris sculptés, cheminée du tems
de François Ier et vitraux peints d'un excellent choix. En outre
il a composé un cabinet géologique qui présente de curieux
fossiles, des marbres et des albâtres du pays, et plusieurs de
ces pierres aigües dont se servaient nos aïeux avant l'invention
des instrumens de fer.

A lui le soin, si vous le visitez, de suppléer à cette lettre,
déjà beaucoup trop longue pour la manière dont elle est écrite;
mais, d'un autre côté, bien trop courte pour le sujet qu'elle
traite.

Rapport

SUR LE CONCOURS DE 1836,

FAIT A LA SÉANCE DU 23 FÉVRIER 1837.

PAR M. MIGER,

Secrétaire de la section de Littérature et Trésorier-Adjoint.

MESSIEURS,

Dans votre séance du 20 mars 1836, vous avez arrêté un programme de prix et encouragemens agricoles, scientifiques et littéraires, qui devaient être distribués dans votre séance d'avril 1837, aux auteurs des meilleurs mémoires ou compositions sur les sujets suivans :

1° Un Poème ou une Nouvelle dont le héros soit Normand, et dont l'une des principales scènes se passe à Evreux.

2° Déterminer l'influence de la division de la propriété sur la grande et la petite culture, et sous le double rapport politique et social.

3° Une Notice sur les chemins de fer, et examen des résultats que pourrait avoir en Normandie leur établissement sur les races chevalines et bovines.

4° Un mémoire sur les moyens à employer pour l'extinction de la mendicité dans le département de l'Eure, et principalement à Evreux:

5° Examen de diverses questions relatives aux résultats des divers concours de charrues dans la Normandie ; désigner l'espèce qui convient le mieux à chaque portion du territoire dans l'Eure : déterminer s'il convient ou non de propager la charrue à un cheval:

6° Enfin, des recherches sur l'influence des systèmes d'importation et d'exportation, de prohibition ou de liberté sur l'agriculture de cette province, notamment par rapport aux laines, aux céréales, aux bêtes à cornes et aux chevaux.

Vous deviez vous flatter, MM. que ces divers sujets, dont l'un pouvait exciter au plus haut dégré la verve des jeunes amis des Muses qui ont brillé, depuis quelques années, à votre horison poétique; et dont tous les autres méritaient de fixer l'attention des agronomes et des publicistes, en ce qu'ils tendent à la solution de questions d'agriculture et d'économie publique qui, bien qu'elles concernent plus spécialement l'ancienne province de Normandie, peuvent amener d'utiles et notables améliorations dans les autres contrées de la France, sous le rapport des intérêts agricoles et commerciaux: vous deviez, dis-je, vous flatter qu'un grand nombre de bons Poëmes et de bons Mémoires ne vous laisseraient que l'embarras du choix pour l'équitable distribution des six médailles que vous aviez consacrées à ce concours vraiment patriotique.

Malheureusement il n'en a point été ainsi. Nous devons d'autant plus le regretter qu'il existe dans le pays Normand, et notamment dans le département de l'Eure, un assez grand nombre de savans agronomes, d'économistes, de poëtes et de littérateurs, très en état de répondre à votre appel, et qui n'auraient pas dû rester indifférens à la solution des questions proposées. Ces questions élaborées dans votre sein, auraient pu devenir la matière de communications fort interressantes dans les prochains congrès scientifiques; l'économie rurale, et l'économie publique en eussent tiré sans doute des moyens d'amélioration et de perfectionnement.

Nous vous entretiendrons d'abord très-succinctement des Mémoires qui nous sont parvenus, je ne dirai pas sur les questions, mais au sujet des questions posées.

En effet, la plupart de leurs auteurs n'ont émis que des idées vagues et incohérentes; se sont appuyés toujours sur de vaines théories et non sur des expériences-pratiques; nous ont donné les rêves de leur imagination comme des faits avérés et présenté des éventualités comme des résultats certains : ceux-ci, resassant tout ce qu'on a écrit avant eux et mieux qu'eux sur la matière ; disant tout ce qu'on a fait et rien de ce qui serait à faire: ceux-là, ne raisonnant que dans un intérêt privé et nullement dans l'intérêt général, ni même dans celui d'une province : les uns, se livrant à des détails oiseux, étrangers à l'objet en question ; n'examinant rien, ne calculant rien et n'offrant aucune donnée nouvelle, aucune vue utile: les autres approuvant tout ce qui existe, prônant les anciennes routines, se gendarmant contre toute espèce de pratique nouvelle, refusant d'entrer dans la voie des améliorations sociales et proscrivant le moindre progrès comme une sorte de fléau : presque tous, enfin, faute d'instruction suffisante et de logique, ne produisant que des écrits aussi défectueux par la forme que par le fond.

Votre commission, Messieurs, a jugé en conséquence qu'aucun de ces Mémoires n'avait les qualités requises pour être admis au concours. Espérons que l'année qui commence à s'ouvrir nous amènera des résultats plus heureux. Les questions demeurant intactes, nous vous proposons d'en proroger la solution jusqu'au 31 décembre 1837, époque à laquelle le concours sera clos définitivement.

J'arrive maintenant à la partie littéraire du programme. Parmi les pièces de vers que vous avez renvoyées à l'examen de votre commission, une seule lui a paru mériter de fixer l'attention de l'Académie : elle a pour titre la *Corne du Diable*, avec cette épigraphe:

> « Aimez les vieux récits, les naïves chroniques,
> « Monumens des siècles passés. »

Ce n'est ni un Poëme, ni une Nouvelle, c'est une Légende, ou, si vous l'aimez mieux, une Chronique. A cela près, l'auteur s'est conformé aux conditions du programme : son héros est Normand, c'est Saint-Taurin; et la scène se passe à Evreux, dans l'Eglise érigée sous son invocation. Masson de Saint-Amand, dans ses *Essais Historiques sur Evreux*, rapporte que Saint-Taurin étant venu, vers l'an 400 de l'ère chrétienne, prêcher l'évangile dans cette ville; un jour qu'il offrait le saint sacrifice, en faisant au Seigneur la dédicace du temple qu'il bâtissait sur les débris d'un édifice consacré aux faux Dieux, Satan vint le détruire de fond en comble, et qu'il s'en suivit une lutte entre lui et Saint-Taurin, qui demeura vainqueur du Diable, lequel perdit dans le combat une de ses cornes. La chronique ajoute que, pendant plusieurs siècles, on entendit fréquemment une voix lugubre qui, du fond des caveaux de l'église, répétait. « *Taurin, rends-moi ma corne.* »

C'est donc cette tradition populaire qui fait le sujet de la pièce dont il s'agit. Le style en est généralement pur et correct; mais bien que ce genre de composition n'exige pas une grande pompe, ni la richesse d'harmonie de la poésie épique, ou lyrique ou dithyrambique ou même descriptive,

et qu'on aime au contraire à y trouver une sorte de naïveté
habituelle, on regrette cependant que l'auteur ait mis quelquefois dans sa narration un peu trop de cette simplicité
qui, sans doute, en fait le charme lorsqu'on en use sobrement,
mais qui devient un défaut quand elle coule à pleins bords.
Il nous a semblé qu'il lui eût été facile de poétiser davantage ses expressions et ses tournures ; d'autant mieux que
d'autres morceaux de cette composition revèlent un homme
d'un talent exercé et qui a le sentiment du rythme poétique.
Peut-être aussi que la mesure des vers de sept syllabes, généralement peu harmonieuse, monotone même et fatigante quelquefois ne lui a pas permis de développer toutes ses ressources ;
mais il était libre d'en choisir une autre.

Votre commission, tout en applaudissant aux efforts de
l'auteur et à l'élégance, à l'harmonie de sa versification dans
plusieurs morceaux de verve, a regretté qu'il se fût abandonné à certaines négligences qui ne permettaient pas de lui
donner un prix ; mais elle croit juste de lui décerner une
médaille d'argent à titre d'encouragement, et de faire mention honorable de sa pièce dans votre procès-verbal.

Le rapporteur donne lecture de cette pièce ; et l'Académie
ayant adopté l'avis de la commission, M. le Président rompt
le cachet du billet Nᵒ 3, qui révèle le nom de M. Wains-
Desfontaines, instituteur à Alençon.

L'académie arrête ensuite que le Concours, pour toutes les
questions, est prorogé jusqu'au premier janvier 1837.

LA
CORNE DU DIABLE

OU

LE TRIOMPHE DE SAINT TAURIN,

Chronique-Ebroïcienne,

PAR M. WAINS-DESFONTAINES,[1]

Instituteur à Alençon.

Aimez les vieux récits, les naïves chroniques,
Monumens des siècles passés.

I.

C'était l'an quatre-cent, nous dit une chronique;
— Ardent propagateur du culte évangélique,
Saint Taurin, sur les bords où s'élevait Evreux,
Semant du Dieu vivant la féconde parole,
Du Druide avait vu tomber l'horrible idole
Et la croix remplacer les autels des faux-Dieux.

Déjà pour assurer sa conquête pieuse,
D'un Temple saint, fondé par sa main glorieuse,
Les murs surgissaient vers le ciel;
Et l'Apôtre, énivré d'une douce espérance,

[1] Voyez le Rapport qui précède p. 206 et suiv.

» C'est pousser trop loin l'injure ;
 » Par mes cornes je le jure,
 » Nous allons voir à l'instant,
 » Qui de nous deux est le maître ;
 » Taurin ! et tu vas connaître
 » Ce que peut encor Satan.…»

III.

Il dit, et de l'abîme aussitôt il s'élance,
Arrive sur les lieux où la foule, en silence,
Entourait, à genoux, le pieux fondateur
Qui, les mains vers le ciel, dans une humble prière,
Implorait du Seigneur la force tutélaire
Pour soutenir l'assaut de l'Esprit-Tentateur.

Car, déjà mainte fois, à cette même place,
Saint Taurin avait vu le Diable, avec audace,
Du temple que ses mains élevaient au vrai Dieu
Profanant tout-à-coup la virginale enceinte,
D'un pied large et fourchu laisser l'horrible empreinte
 Au tabernacle du saint-lieu.

L'effroyable Satan, d'une gueule enflammée
Vomissant des torrens de soufre et de fumée
Et frappant les échos d'épouvantables cris,
De la terre ébranlée entr'ouvre les entrailles,
Et, du temple divin renversant les murailles,
 Engloutit jusqu'à leurs débris.

Tout fuit.…. l'Enfer triomphe !.. Ivre de sa conquête,
Satan du saint Apôtre insultait la défaite,

Rentra parmi les siens, écumant de fureur ;
— Mais des cornes d'airain qui surmontaient sa tête
Une seule restait ; — au jour de sa défaite,
Il avait laissé l'autre aux mains de son vainqueur.

Depuis, on ne sait pas ce qu'elle est devenue.
Un vieil auteur pourtant assure l'avoir vue
    Au fond d'un caveau ténébreux
Bâti par saint Taurin sous l'église nouvelle,
Qui porte encor le nom de ce pasteur fidèle,
    Patron de la ville d'Evreux.

Ce qu'on sait, c'est qu'à l'heure où tout dort sur la terre
Du fond de ce caveau jusques au sanctuaire
    Un bruit affreux grondait soudain ;
C'étaient des hurlemens, des cris épouvantables,
Puis ces mots prolongés, en accens lamentables :
    — « Rends-moi donc ma corne, Taurin ! »

Dans le siècle dernier ce bruit durait encore :
Depuis il a cessé ; pourquoi donc ?... on l'ignore ;
— Satan a-t-il repris ce qu'il avait perdu ?[1]
La chronique se tait ; — en vain pour mieux m'instruire
J'ai visité les lieux, — tout ce qu'on m'a pu dire,
C'est que depuis long-tems on n'a rien entendu.

[1] On peut supposer qu'au milieu du vertige révolutionnaire, époque vraiment satanique, Satan aura repris sa corne. Toujours est-il qu'elle a disparu. (*Note de l'Auteur*).

» Contre les factieux dont la témérité
» Veut trouver des défauts à ta divinité. »

Sans répondre à ce faux langage,
Le Soleil à l'instant dissipa le Nuage ;
Et, quand cet amas de vapeurs,
Qui du Soleil osait obscurcir les splendeurs
Et ravir aux mortels l'objet de leur hommage,
Fut retombé dans les marais fangeux
Qu'il habitait avant de s'élever aux cieux ;
On entendit les cris de la Nature entière
Célébrer les bienfaits du Dieu de la lumière
Par des concerts harmonieux.

Ah ! si la voix des peuples sages
Pouvait pénétrer dans les cours !
Elle dirait aux rois : — pour être aimés toujours,
Ainsi que le soleil dissipe les nuages,
Ecartez-les flatteurs aux perfides hommages,
Qui vous cachent la vérité !
Que le peuple en tous lieux vante votre équité !
Honorez les beaux-arts et la philosophie !
Près du trône placez la noble poésie,
Cette fille du ciel, au langage enchanté,
Qui redit les hauts faits à la postérité !
Alors d'un pied royal foulez la calomnie ;
Par le mépris public elle est assez punie
De sa lâche témérité.

Et, regardant du Christ les pieds percés de clous,
J'avais dit : « Insensés ! de quoi gémissons-nous ? »
Car de l'humanité ce douloureux emblême
M'a fait honte parfois des pleurs que sur moi-même
J'ai répandus, alors que tant de malheureux
Passaient, et sans que j'eusse une larme pour eux.

Mais je repris bientôt ma pente naturelle ;
J'interrogeai mon ame et je pleurai sur elle,
Je connus quels combats s'y livraient tous les jours ;
Combien elle avait peu de ce divin secours,
De cette foi d'en-haut qui fait que l'on résiste,
Et je laissai mon front tomber, et je fus triste.
Alors je recherchai dans mes ans écoulés,
Si tous avaient été de la sorte troublés ;
Et, remontant ainsi jusques à mon enfance,
Je revécus mes jours de paix et d'innocence,
Ces jours où je mettais en Dieu seul mon appui.
Hélas ! que mon état différait aujourd'hui !
Je marchais en aveugle, et partout sur ma route,
Comme un nuage sombre, apparaissait le doute.
Des croyans m'avaient pris en haine, et m'avaient dit :
Toi qui ne veux pas croire avec nous, sois maudit !
D'autres, et je ne sais si leur Dieu les en blâme,
S'étaient apitoyés sur l'état de mon ame.
C'est ainsi qu'au passé comparant le présent,
Je rendais mon regret encore plus cuisant.

O sentiers toujours verts ! routes de fleurs semées !
Retraite ! douce paix ! vallons, rives aimées !
O chemins de l'enfance où ronces ni cailloux

Ne déchirent les pieds ! combien de fois vers vous
J'ai soupiré ! combien, les yeux mouillés de larmes,
J'ai regretté de fois, belle enfance, tes charmes,
Tes ris, tes simples jeux, ton facile bonheur,
Et tes jours endormis sous l'aile du Seigneur !
Comme le voyageur qui, perdu dans la plaine,
Dans le désert, s'arrête et, reprenant haleine,
Regarde à l'horizon, et voit avec ennui
Les arbres du vallon laissés derrière lui.

Ainsi dans ma douleur, souvent, les mains tendues,
Je redemande au ciel mes croyances perdues.
Sur le vaste Océan, hélas ! où je péris,
Souvent de mon naufrage il passe des débris.
Chers débris ! mais alors que vers eux je me penche,
Alors que je m'efforce à saisir une planche
Pour toucher avec elle un rivage abrité,
Toujours un flot arrive, et je suis emporté.

Ces jeunes souvenirs pour moi remplis de charmes,
M'occupèrent long-tems, et je versai des larmes.
Puis, soulevant mon front vers la terre incliné,
Je m'écriai : « Mon Dieu ! t'aurais-je abandonné ? »
Il est trop vrai qu'en proie à des pensers frivoles,
Mon ame se créait de terrestres idoles.
Il est trop vrai, mon Dieu ! que j'oubliais ta loi,
Que de tous mes soupirs aucun n'allait vers toi.
Et cependant toi seul tu mérites qu'on t'aime.
Ce jour là, j'eus raison de pleurer sur moi-même.

Comme je me plaisais à nourrir mon chagrin,
Voici que vers la croix un autre pélerin

S'avançait : un vieillard à la lente démarche,
Et qui dans le désert semblait un patriarche ;
Voyageur comme moi, mais plus près d'arriver.
Je le vis tour-à-tour s'asseoir et se lever,
Et reprendre sa route, et marcher avec peine,
Se traînant ; sa figure était belle et sereine.
Je reconnus un pauvre, un ami du Seigneur,
Un de ces indigens dont la part au bonheur
Est petite, et qui vont cherchant qui les console,
Réclamant de chacun ou le pain ou l'obole.

Oui, mon Dieu ! tous ceux-là sont vos plus chers amis.
Il est un ange à qui vous les avez commis,
Là Charité ! cet ange a les traits d'une femme ;
Sitôt qu'un affligé l'implore et la réclame,
Elle accourt à ses cris. Cette fille du ciel
A le sourire doux, les paroles de miel.
C'est-elle que l'on voit, pleine d'un tendre zèle,
Faire à des orphelins un abri de son aile,
Les traîner par la main jusqu'au seuil des palais,
Suppliante, et disant aux riches : « Prenez-les. »
Quand vient la Charité frapper à votre porte,
Oh ! que votre intérêt lui-même vous exhorte ;
Riches ! si vous craignez de perdre le bonheur,
Ouvrez, ouvrez bien vîte à l'Ange du Seigneur ;
Car ceux-là qui n'ont point écouté sa requête
Les vengeances d'en-haut s'amassent sur leur tête.

Cependant vers la croix le vieillard arriva.
Au regard que trois fois vers elle il souleva,
Il parût s'applaudir et se réjouir d'être
Malheureux, et semblable au Christ, son divin maître.

A genoux quelque tems il fit son oraison,
Puis, tranquille, s'assit sur un banc de gazon.
Et moi je l'abordai comme on ferait un père,
Avec un saint respect que sa bonté tempère,
Et je lui dis : « Vieillard ! oh ! vous ne saviez pas,
» Alors que pour prier vous éleviez les bras,
» Qu'un jeune homme était là qui vous portait envie.
» Bien loin derrière vous je marche dans la vie,
» Cependant je n'ai plus l'Espérance et la Foi,
» Hélas ! et toutes deux sont déjà loin de moi.
» Mais vous, est-ce que rien ne vous les a ravies ?
» Quelles routes, mon père, avez-vous donc suivies ?
» Quel ange du Seigneur vous a tenu la main,
» Pour que vous n'ayez pas quitté le droit chemin ?
» Vieillard ! ignorez-vous qu'à travers les ténèbres
» Nous marchons tous ? jamais de nuages funèbres
» Ne se sont-ils placés entre le Christ et vous,
» Puisque vous l'adorez encore à deux genoux ? »

Le vieillard demeura quelque tems en silence ;
Puis, m'ayant regardé d'un air de bienveillance,
Il me tint ce discours : « Je prends pitié de toi,
» Mon fils, et je te plains d'avoir perdu la Foi ;
» Mais est-il donc bien vrai que ta bouche renie
» Le Dieu de tes aïeux, la loi qu'ils ont bénie ?
» Privé de ce soutien que te restera-t-il ?
» Qui te consolera sur la terre d'exil ?
» D'ailleurs, toi dont le cœur se ferme à la prière,
» O jeune homme ! dis-moi, n'as-tu pas une mère
» Qui, tous les jours en pleurs au pied du crucifix,
» S'afflige de le voir renié par son fils ?
» Va, crois-moi, ne suis plus une lueur perfide ;

» Aveugle, sois docile à la main qui te guide.
» O mon fils ! ici-bas tous sentiers sont obscurs,
» Mais la joie appartient aux cœurs simples et purs. »

Le vieillard s'arrêta : moi, j'étais sous le charme ;
Je sentis dans mes yeux se former une larme,
Et mon sein se gonfler. Après ce court moment
De silence entre nous et de recueillement,
Il reprit en ces mots : « Quel entretien sévère
» Nous avons là tous deux au pied de ce calvaire !
» En ton âge d'ardeurs et de vaines amours
» On se plaît rarement à de pareils discours.
» Mais, je le vois, mon fils, la raison te captive ;
» Je t'aime d'y prêter une oreille attentive.
» C'est bien que la jeunesse ait de la gravité.
» Pourtant je te voudrais un peu plus de gaité.
» La tristesse et les pleurs ne sont point de ton âge.
» Quel nuage funèbre obscurcit ton visage ?
» C'est là ce qu'on m'a dit des enfans d'aujourd'hui,
» Qu'ils se laissent mourir de tristesse et d'ennui ;
» Que plus d'une jeune ame à ses chagrins succombe,
» Et se fait à la hâte un abri sous la tombe.
» Voilà ce que déjà plusieurs m'ont raconté,
» Jeunes gens, et sur vous je me suis attristé.
» Mais toi, bénis la vie, et ce qu'elle a de charmes ;
» Toujours trop tôt, mon fils, on en arrive aux larmes.
» Puis, crois-en un vieillard qu'éprouva la douleur,
» Il faut se garder fort pour le jour du malheur.
» Ne livre pas ton ame à des tristesses feintes ;
» Car alors que viendront les vrais sujets de plaintes,
» Les vrais chagrins, comment les supporteras-tu ?

» Quelles seront alors ta force et ta vertu ?

» Combien vous me semblez à plaindre, ô jeunes hommes

» Hé quoi! Seigneur! hé quoi! de deux qu'ici nous sommes,

» D'un enfant, d'un vieillard réunis devant toi,

» Celui qui te bénit, c'est le vieillard... C'est moi.

» Le plus près de fermer à jamais sa paupière,

» L'ouvre avec plus de joie à la douce lumière.

» Pourtant c'est au vieillard que conviendraient les pleurs;

» C'est à moi qu'il siérait de parler de douleurs;

» Car, où sont les tombeaux, j'ai celui d'une femme

» Que j'aimais, et j'y viens prier Dieu pour son ame;

» Et je sais où l'on a descendu mes amis,

» Quand tous dans le Seigneur se furent endormis.

» Mais toi, de quel objet déplores-tu la perte?

» La tombe, pour lequel des tiens s'est-elle ouverte ?

» Attends donc que la mort qui frappe tour-à-tour

» Ait dénoué pour toi quelque doux nœud d'amour:

» Sur les jeunes amis posant sa main de glace,

» Attends, qu'au cimetière elle ait marqué leur place:

» O jeune homme, à pleurer si follement enclin !

» Attends du moins, attends que tu sois orphelin.»

Ce que me disait là ce vieillard était sage;

Je le sentis; vers lui relevant mon visage:

» Mon père, m'écriai-je, oh ! vous avez raison.

» Mes amis sont vivans en leur jeune saison.

» Quoique parfois je suive un chemin solitaire,

» Je ne suis pas encore orphelin sur la terre;

» Et dans le cimetière il est encore peu

» De pierres et de croix où j'aie à prier Dieu. »

Ayant ainsi parlé, je gardai le silence.
Et le vieillard reprit en ces mots :

                          « Plus j'y pense,
» Oui, plus je considère avec quelle bonté
» Jusqu'à ce jour, enfant, le Seigneur t'a traité,
» Plus j'ai lieu d'accuser ta plainte d'injustice;
» Dis-nous en quoi ta vie est un amer calice ?
» Dis-nous ce que les jours ont pour toi de cruel,
» Et quel flot d'amertume empoisonne leur miel ?
» N'es-tu pas né parmi les riches de la terre ?
» As-tu jamais connu la faim et la misère ?
» Le pain qui te nourrit comment l'as-tu gagné ?
» Et pourtant au travail tout homme est condamné.
» Si tous viennent d'Adam, de son triste héritage,
» Pourquoi n'a-t-on pas fait un plus égal partage ?
» Quelles sueurs jamais ont coulé de ton front ?
» Oh! devant le Seigneur comme ils t'accuseront
» Ceux dont la vie entière est une longue gène,
» Tous ces membres souffrans de la famille humaine,
» Ces pâles voyageurs de fatigue tombés ;
» Ces malheureux, toujours vers la terre courbés !
» Toi, tu n'opposeras à leurs longs sacrifices
» Qu'égoïsme du cœur, que tristesses factices ;
» O jeune homme! crois moi, c'est de trop de bonheur
» Que tu gémis ; ainsi l'a voulu le Seigneur.
» Toujours sous ses lambris l'ennui poursuit le riche ;
» Le pauvre est plus heureux dans le champ qu'il défriche.
» Mon fils! c'est qu'à ce Dieu dont il n'a pas douté,
» Tous les jours il s'adresse avec simplicité ;
» C'est qu'il ne goûta point aux fruits de la science,
» A son Ange gardien, c'est qu'il a confiance,

» Et que, sans se livrer à ce triste examen
» De connaître ici-bas quel est le vrai chemin,
» Il marche après son père et dans la même voie.
» Simplicité du cœur, source de toute joie,
» Quand on vous a perdue, hélas! est-il donc rien
» Qui puisse remplacer un si précieux bien?
» O mon fils! ce trésor est seul digne d'envie,
» Seul il fait notre force au sortir de la vie.
» A des scènes de mort j'ai souvent assisté :
» J'en ai bien vu partir pour leur éternité :
» Toujours j'ai remarqué qu'à cette heure suprême,
» Ceux-là seuls expiraient sans crainte et sans blasphême
» Qui sur leur cœur glacé pressaient le crucifix.
» J'ai remarqué cela bien des fois, ô mon fils!
» L'Espérance et la Foi, ces filles immortelles,
» Font que l'ame se porte ainsi qu'avec des ailes.
» Va, des biens d'ici-bas en vain nous abondons,
» Alors que le Seigneur nous retire ces dons.
» Le riche qui les perd est le seul misérable;
» C'est à lui qu'il faut tendre une main secourable.
» Voilà donc comme Dieu, pour que chacun souffrît,
» Fit les douleurs du corps et celles de l'esprit;
» Le pauvre qui toujours se fatigue et travaille,
» Qui n'a pour oreiller que la terre ou la paille,
» Quand vient le soir, s'endort du moins avec bonheur;
» Et dans une prière adressée au Seigneur,
» A ce Dieu qu'il bénit, au lever de l'aurore,
» De ne l'avoir pas fait plus malheureux encore.
» Mais le riche pour qui tout est joie ici bas,
» Qui jamais au travail n'a fatigué ses bras,
» Est le seul, ô mon Dieu! qui t'accuse et se plaigne.
» Oh! c'est qu'il a perdu l'attente de ton règne;

» C'est qu'il a trop scruté la loi de ses aïeux,
» Et qu'une horrible nuit s'est faite sur ses yeux. »

« Vieillard, repris-je alors, vos paroles sont vraies,
» Et vous mettez le doigt sur l'une de mes plaies.
» Me laissant attirer vers l'arbre défendu,
» J'ai cueilli de ses fruits, et l'orgueil m'a perdu.
» Puis, vous l'avez bien dit, cet or que l'on envie
» Ne fait pas cependant le bonheur de la vie;
» Et l'humble Foi, mon père, est un meilleur trésor. »

En achevant ces mots je lui montrai de l'or.
« Vous êtes, il est vrai pauvre des biens du monde,
» Lui dis-je, mais en vous la grâce surabonde ;
» Mais vous avez ces biens dont un Dieu vous combla.
» Hélas! moi, je ne suis pauvre que de ceux-là.
» Aussi n'ai-je jamais de plaisir sans mélange.
» O mon père! entre nous qu'il soit fait un échange,
» Afin que nous ayons ce qu'à chacun il faut,
» Et les biens de la terre et les grâces d'en-haut.
» Ainsi prenez cet or pour vous et pour vos frères,
» Prenez cet or, vieillard! et puissent vos prières
» Obtenir du Seigneur qu'il me rende la Foi ! »

« Sa bénédiction se répande sur toi !
» Me dit-il, bienheureux ceux-là qui font l'aumône!
» Ils s'asseoiront un jour avec Dieu sur son trône. »
Il ajouta : « Mon fils! nous le prierons pour toi;
» Nous lui demanderons qu'il te rende la foi.
» Mon Dieu, lui dirons-nous, votre clémence est grande,
» Oh! que sur cet enfant la Grâce enfin descende !

DES DROITS D'USAGE

DANS LES BOIS DE L'ÉTAT, DANS CEUX DES PARTICULIERS, ET NOTAMMENT DANS
LES FORÊTS DE L'ANCIEN COMTÉ D'ÉVREUX,

PAR M. D'AVANNES,

Président de l'Académie Ébroïcienne.

PREMIÈRE PARTIE.

COMMENT S'ÉTABLISSENT LES DROITS D'USAGE.

CHAPITRE TROIS.[1]

De l'étendue des Droits d'Usage.

> Il faut noter qu'il y a différence entre *usage*
> et *vain pâturage* : l'usage comprend le fruit et
> la coupe du bois....
>
> Baunelier, *Sur la Coutume de Bourgogne.*

§ I.

Comment se détermine l'étendue.

1. Nous l'avons déjà dit : « les Droits d'Usage varient dans
» leur étendue selon les besoins et la volonté de l'homme. »

[1] Voir les chapitres précédens au Bulletin. — Année 1833, p. 9, 85, 201
et 355 — Année 1834, 2° partie, p. 177.

Mais une telle latitude dégénérerait bientôt en abus, si elle ne recevait des limites : — 1° Des termes de la convention (lorsqu'on représente un titre explicite) ; — 2° Des dispositions de la loi ; — 3° De la nature même du droit.

C'est en combinant ces divers élémens de décision, avec la tendance, de plus en plus restrictive, de la jurisprudence et de la législation, que l'on doit résoudre toutes les questions relatives à l'étendue des Droits d'Usage.

§. II.

Modifications des titres.

2. Le propriétaire peut sans doute faire ce qui lui plaît de sa chose ; il peut la transmettre à un tiers à titre onéreux, ou à titre gratuit ; en totalité, ou en partie ; transférer la chose même, ou seulement un droit sur cette chose, c'est-à-dire en ce dernier cas, la grever de servitudes, parmi lesquelles figurent les Droits d'Usage.

. 3. Mais dans toutes ces dispositions, le propriétaire est subordonné aux prescriptions de la loi, toujours réputée la raison même, par cela seul qu'elle est loi ; et aux exigences de l'intérêt public, loi suprême qui, dans une société bien organisée, domine toutes les autres : delà la définition romaine du droit de propriété, *jus uti et abuti re suá quatenus juris ratio patitur.*

Il ne suffira donc pas à l'usager de représenter le titre qui lui confère un droit quelconque, et d'en reclamer l'exercice conformément à ce titre : il faudra encore qu'il justifie que sa prétention n'est pas contraire à la loi, et qu'elle ne lèse pas l'intérêt public.

Cette doctrine n'est pas spéciale à la matière ; elle est générale, elle a reçu son application dans tous les tems. Ainsi jamais les anciens parlemens n'ont hésité à convertir en une modique redevance en argent, les prestations féodales qui répugnaient à la raison publique, ou à la dignité de l'homme : vainement le Seigneur disait : Voici un titre librement consenti, respectez-le ; si vous l'annulez, que ce soit dans toutes ses dispositions, et rendez-moi les domaines donnés en échange des privilèges que vous m'enlevez : en droit strict, en équité rigoureuse, ce raisonnement était sans replique ; cependant les magistrats n'en tenaient aucun compte, l'intérêt public avait parlé, et le vassal se trouvait affranchi de ces dernières traces des tems de barbarie.

Passons du principe à son application.

§. III.

Du pacage des moutons.

4. « Il est défednu à tous usagers, *nonobstant tous titres et » possessions contraires*, de conduire ou faire conduire des » chèvres, brebis ou moutons dans les forêts ou sur les ter-» rains qui en dépendent.

» Ceux qui prétendraient avoir joui du pacage ci-dessus, en » vertu de titres valables ou d'une possession équivalente à » titre, pourront, *s'il y a lieu*, reclamer une indemnité.

» Le pacage des moutons pourra néanmoins être autorisé » dans certaines localités,[1] par des ordonnances du Roi. » (C. forest. art. 78)

Le texte formel et impératif de cet article, ne laisse matière à discussion, que relativement à l'indemnité qui peut être due et à l'espèce de retroactivité dont on a prétendu qu'il était entaché.

5. Déjà l'ordonnance de 1669 avait formellement interdit

[1] Dans les lieux où il ne présente pas de danger et où il est indispensable (Rapport de Favard de Langlade à la Chambre des Députés.)

aux usagers d'introduire dans les bois grevés de leurs usages des chèvres et des moutons. L'usager dont le titre, antérieur à l'ordonnance, le lui permet, peut-il se jouir de cette défense?

« Cette prohibition, [illegible], n'est pas d'ordre public;
» elle est uniquement dans l'intérêt des propriétaires de fo-
» rêts.

» Si elle était d'ordre public, je ne pourrais pas conduire
» [illegible] dans mon bois : je ne pourrais pas
» [illegible] la [illegible] ; cependant c'est
» ce qu'a jugé une jurisprudence incontestable. »

Nous examinerons dans le cinquième paragraphe si les pro- hibitions de l'ordonnance de 1669 ne sont pas toutes d'ordre public et si cette ordonnance, par la nature même des matières qu'elle règle, n'est pas une véritable loi de police : mais peut-on élever à cet égard quelques doutes, quant à l'introduction des moutons dans les bois?

Les importunités de la faveur, la prévarication d'agens [illegible], la faiblesse des pouvoirs, ont pu seules grever les forêts de l'état d'une [illegible] servitude. L'imprévoyance du propriétaire, l'accomplissement [illegible] goût d'affaires, les besoins [illegible] d'une dissipation, [illegible] que celles des particuliers.

De telles concessions, par [illegible] de leur nature, détruiraient, dans un temps donné, les forêts qui [illegible] pour [illegible] tout [illegible] qu'il n'est pas d'ordre public d'autant de [illegible] jusqu'à pré- tendre, que les besoins [illegible] de la marine, pour [illegible] de l'étran- ger ; que les progrès [illegible] de l'industrie ; trop souvent [illegible] de combustibles ; ne sont pas non plus des objets d'ordre public.

N'est-ce pas, en pareille circonstance, le cas ou jamais de faire

nouvelle peut ... conséquences lorsqu'il s'agit de ... Aussi ... par le propriétaire lui-même ... des choses extrêmement rares et par cela même sans importance, peut-on rationnellement en conclure qu'il doit en être de même pour les usagers qui ont ... le dépeuplement des forêts, car ce dépeuplement, en favorisant la végétation de l'herbe, donne de l'accroissement au pâturage, le plus important de leurs droits?

Nous reviendrons un peu plus loin sur les conséquences qui découlent de la différence entre le mode de jouissance du propriétaire et celui de l'usager.

6. On avait pensé d'abord que l'introduction des moutons et des chèvres était interdite au propriétaire lui-même. (Cassation, 16 octobre et 5 novembre 1807. — Merlin, Répertoire, V° pâturage).

Ces arrêts étaient conformes à l'ancienne doctrine attestée par Chabrol, tome 3, p. 618.

7. Elle était certainement dans l'intention des rédacteurs de l'ordonnance. Cependant un avis du conseil d'état du 18 brumaire an 14, a levé tous doutes à cet égard ; ce qui a donné lieu aux arrêts de cassation des 27 et 28 juillet 1811 (ibidem); désormais la jurisprudence est fixée sur ce point.

8. Mais on a constamment jugé : « Que le droit acquis à des
» usagers, même par titres antérieurs à l'ordonnance, de faire
» paître leurs bêtes à laine dans une forêt affectée aux Droits
» d'Usage, a été aboli, dans l'intérêt de l'ordre public, par l'or-
» donnance de 1669. » — Cassation, 20 juillet 1810 (Dalloz,
V°, forêts. p. 750), 1er thermidor, an 12. — 30 janvier
1810. — 25 juin 1824 (Dalloz, Eod. V°.)

9. Tel était sur cette question l'état de la jurisprudence lors qu'est intervenu l'art. 78 du C. F. transcrit ci-dessus.

« On ne peut se dissimuler, a dit sur cet article, le commis-
» saire du Roi à la chambre des Députés, qu'il y a eu *des abus*,
» qu'il a été donné *des titres*, et que *des possessions* ont été
» acquises : la loi actuelle entend maintenir la prohibition
» *d'une manière absolue* ; voilà pourquoi on a ajouté *non-*
» *obstant tous titres et possessions contraires.* »

Conçoit-on qu'en présence d'un texte de loi aussi positif, expliqué par le législateur lui-même, la Cour de Montpellier ait persisté dans une jurisprudence contraire? Aussi son arrêt a-t il été cassé le 5 septembre 1835 (Dalloz, 1835, p. 430.)

Ce dernier arrêt de cassation, parfaitement motivé, nous aurait dispensé des développemens qui précèdent, si nous n'eussions tenu à établir des principes dont nous aurons fré-quemment l'occasion de faire application, notamment lorsque nous traiterons des délivrances et de la défensabilité.

10. On remarquera que l'art. 78, rendu applicable aux bois des particuliers par l'art. 120, porte : « Qu'il sera accordé une
» indemnité à l'usager, *s'il y a lieu*, » ce qui non seulement prouve que l'indemnité n'est pas due dans tous les cas , mais laisse entière la question de savoir si on a pu déroger par des titres particuliers aux prohibitions de l'ordonnance; car si la défense d'introduire des moutons est d'ordre public, il n'est du rigoureusement aucune indemnité.

Sur cette question cependant toute la faveur est pour les usagers; il ne s'agit plus ici de les maintenir dans un droit exorbitant et dévastateur, mais de leur accorder une juste in-demnité; or s'ils éprouvent un préjudice notable, et surtout si la concession leur a été faite à titre onéreux, la décision ne pouvant plus nuire aux intérêts généraux, les motifs d'équité pourraient faire fléchir les principes rigoureux du droit.

11. Quant aux bases de l'indemnité à accorder dans le cas où elle serait due, nous renvoyons à ce que nous dirons, en traitant du rachat des Droits d'Usage.

12. Nous verrons plus tard que la possession ne peut suppléer au titre, lorsque le titre est contesté ; mais la possession fixe l'étendue du Droit d'Usage, dont l'existence est reconnue : cependant s'il est certain qu'elle puisse être invoquée contre l'usager lorsqu'elle restreint un droit, il est douteux qu'elle puisse l'être lorsqu'elle étend ce droit : car on peut prescrire la libération d'une servitude discontinue, mais jamais on ne peut prescrire la servitude même. On, objectera que ce n'est pas là une possession *contre le titre*, mais une possession *au-delà du titre*, qui a été admise dans tous les tems : (Voir Dunod, *de la Prescription des servitudes*, p. 298.) — La Cour de Cassation, Ch. des R., a jugé en effet qu'une commune qui n'a qu'un droit de pacage dans une forêt, a pu y acquérir par prescription un droit de Glandée (Dalloz, 1827, p. 44).

Mais il est d'observation qu'il s'agissait d'une prescription, acquise avant le code, dans une province où toutes les servitudes pouvaient s'acquérir par la possession : il faudrait décider en sens inverse sous une législation qui ne permettrait pas la prescription des servitudes discontinues.

§. IV.

Jurisprudence relative au pacage des moutons.

13. L'introduction de ces animaux s'étend aux futayes, — C. de cassation, 22 février 1811, Dalloz, V° forêts, p . 753.

Décision semblable dès le 29 fructidor an 11, pour les bois d'un particulier. — Merlin, Questions, V° délit forestier, §. 5.

Cela s'applique même à une forêt de sapins, *exploitée en*

jardinant. — Jugé ainsi par la défensabilité. — C. Cassation 7 mai 1819. — Dalloz *Ibid*, p. 754.

Mais lorsqu'il s'agit de futayes, on ne doit point appliquer la peine déterminée par l'art. 38 du tit. 2 de loi du 28 septembre 1791. Car il n'est question dans cet article que des bois taillis.

Un arrêt de la Cour de cassation du 20 février 1812, cité par Merlin, au Répertoire, V° paturage, P. 130 ; et un autre arrêt rapporté par le même, V° amende,§. 1,N° 6,portent : « Que les » dispositions de l'ord. de 1669, droit commun sur la matière » (aujourd'hui le code forestier), doivent être appliqués à tous » les cas prévus par les lois postérieures. »

14. Les moutons et les chèvres ne peuvent être assimilés aux autres bestiaux, et ne se trouvent pas implicitement compris dans une délibération municipale qui autorise tous les habitans à faire paître leurs bestiaux dans les bois de la commune. — (Cassation,6 juin 1817. — Merlin, Questions,V° délit forestier).

15. Les chèvres que, dans certains pays on est dans l'usage de mettre dans les troupeaux de moutons comme *menons* ou conducteurs, ne sont pas exceptées des prohibitions de l'art. 78 du C.F.; il n'est admis par la loi aucune exception en faveur des chèvres. — Cassation 7 mai 1830, Dalloz 1830, p. 258.

16. Il suffit que le chemin sur lequel des bêtes à laine ont été trouvées dans une forêt n'ait pas été désigné pour servir à cet usage, pour que le fait de leur introduction soit déclaré délit, abstraction faite du dommage qu'elles ont pu causer. — Cassation 7 janvier 1820. — Dalloz, V° forest. p. 776.

17. Le dernier alinéa de l'art. 110 du C.F. autorise par exception le pacage des moutons dans certaines localités, en vertu d'ordonnances spéciales du roi : on en a tiré la conséquence que, dans ces localités,on pouvait faire pâturer les moutons en tout tems, sans délivrance ni déclaration de défensabilité ; mais cette absurde prétention, en opposition patente avec les

articles 67 et 112 du C. F. A été proscrite par arrêt de Cassation du 24 décembre 1829. — Dalloz 1830, p. 34.

18. L'autorisation, donnée par le maire de la commune, ne saurait modifier la défense de la loi, et rendre légitime ou excusable le fait d'introduction de bêtes à laine dans les bois de la commune. — C. de Cassation, 7 et 18 janvier 1820. Dalloz, V° forêts. p. 753. — 11 février 1832. — Dalloz, 1833, p. 347.

19. L'art. 110 du C. F. n'a pas affranchi des peines de l'art. 199, les habitans qui n'auraient point introduit leurs bestiaux personnellement dans les bois ; car les propriétaires de grands troupeaux ne les conduisent jamais eux-mêmes et se trouveraient ainsi à l'abri de toute poursuite.

En prononçant des peines contre les pâtres, la loi a laissé à la charge des propriétaires les dommages-intérêts dont elle les frappe : peu importe qu'ils ayent ou non autorisé leurs pâtres à s'introduire dans les forêts ; car la preuve de cette autorisation serait presque toujours impossible, et la loi serait privée de la véritable sanction. — Cassation, 29 mai 1829. — Dalloz, 1829, p. 257, et quatre autres arrêts de la Cour de Grenoble, rendus dans le même sens, le 26 février 1829. — Dalloz, même vol., 2ᵉ partie, p. 116.

20. L'administration forestière a-t-elle qualité pour intenter les poursuites auxquelles donne lieu l'introduction des chèvres et des moutons dans un bois appartenant à un particulier ?

Quatre arrêts de la Cour de Cassation, rendus en 1807, et rapportés par Merlin, au Répertoire, V° pâturage, le jugent implicitement. Un autre arrêt de Cassation du 3 septembre 1808, l'a jugé formellement.

Cela ne fait pas question lorsque la poursuite a lieu sur la plainte du propriétaire lésé ; il suffit pour s'en convaincre de combiner l'art 17 de la loi du 9 floréal, an 11, l'art. 11 du t. 5 et l'art. 5 du titre 9 de la loi du 15-29 septembre 1791 avec

[illegible] Code forestier [illegible]
lorsque le propriétaire [illegible] les poursuites de l'administration forestière [illegible] propres adjonctions qui déposent
à une réquisition préalable d'après la maxime *actore non pro-
bante reus absolvitur* [illegible]. Le silence du propriétaire est une approbation tacite du fait de l'usager, et
pourrait dans certains cas dépouiller ce fait du caractère de
délit.

§ V.

Importante question

21. Les propriétaires peuvent-ils se soustraire à l'obligation
résultant de titres et conventions expresses, qui permettent
aux usagers d'introduire leurs bestiaux dans les bois, sans déclaration de défensabilité, aussitôt que les coupes auront atteint un âge quelconque, par exemple 7 ans?

Cette question que nous avions eu d'abord l'intention de
renvoyer à notre deuxième partie, lorsque nous parlerons de
la défensabilité, nous paraît ici mieux à sa place, parce qu'elle
donne occasion de développer quelques principes importans,
sur l'étendue des Droits d'Usage.

Elle a été traitée par plusieurs auteurs. Favard de Langlade, dans son Répertoire, V° Droits d'Usage, sect. 1re et § 2,
N° 11; — Merlin, dans le Répertoire et les Questions, V° Droits
d'Usage; — Rondelet, dans ses Réglemens forestiers, t. 2, p.
865, — Se prononcent pour l'affirmative, ainsi que plusieurs
autres qu'en ce moment nous ne sommes pas à portée de vérifier.

Merlin, dans son Supplément au Répertoire, et Proudhon,
dans son traité des Droits d'Usage, sont pour la négative.

22. Selon nous, il convient de distinguer d'abord la date des titres.

Ils sont antérieurs à l'ordonnance de 1669 ; postérieurs à cette ordonnance et antérieurs au code forestier, ou enfin postérieurs à ce Code.

Les deux dernières hypothèses nous paraissent d'une solution facile ; la première présente plus de difficulté, car elle soulève une question de rétroactivité, et mérite par son importance de fixer l'attention des jurisconsultes. Mais dans les trois cas nous nous sommes toujours prononcé en faveur de l'affranchissement de la propriété, et la Cour de Cassation vient, par un arrêt solemnel, de sanctionner notre opinion.[1]

» Les lois de police et de répression, disait M. Dalloz dans
» sa plaidoirie à l'appui du pourvoi sur lequel est intervenu
» l'arrêt que nous venons de citer, s'appliquent immédiate-
» ment à tous les faits qu'elles ont pour objet de réprimer,
» sans aucun égard aux contrats antérieurs qui tendraient à
» légitimer ces faits. Une distinction essentielle, en effet, doit
» être faite entre les lois civiles qui ne peuvent sans rétroac-
» tivité porter atteinte aux droits acquis en vertu des contrats;
» et les lois de police et de répression, qui portées dans l'in-
» térêt et pour les nécessités générales de la société, ne peu-
» vent tenir aucun compte des contrats antérieurs et doivent
» s'exécuter, indépendamment de ces contrats, comme mal-
» gré les conventions postérieures.

» Il faut donc tenir pour constant, que dans les lois de police
» et de répression, la rétroactivité n'est défendue que relati-
» vement aux faits antérieurs à leur promulgation, mais non
» à l'égard des contrats qui ne peuvent jamais enchaîner le
» législateur, organe des besoins de la société.

[1] Cet arrêt est à la date du 19 novembre 1836. — (Dalloz, 1837, p. 17,) deux arrêts semblables ont été rendus le même jour.

« » Maintenant si l'on examine le caractère de l'Ord. de 1669,
» portée dans un but de conservation des richesses forestières
» de la France, on voit que c'est une loi de police et de ré-
» pression : c'est ce dont il est impossible de douter, pour peu
» qu'on réfléchisse au but d'intérêt général qu'elle a voulu at-
» teindre, pour peu qu'on jette les yeux sur son préambule et
» qu'on parcoure l'ensemble de ses dispositions qui, pour la
» plupart, prononcent des confiscations, des amendes et des
» peines corporelles. L'ord. de 1669 a surtout, et au plus haut
» degré, ce caractère de loi de police et de répression dans ses
» dispositions relatives à la défensabilité, ainsi qu'on peut s'en
» convaincre par la lecture des art. 1 et 3 du t. 19. Le nou-
» veau code forestier (art. 76 et 120) a conservé le même ca-
» ractère aux dispositions relatives à la défensabilité et cela
» sans distinction entre les bois de l'Etat et ceux des particu-
» liers, puisque l'art. 100 relatif aux bois des particuliers,
» renvoie à l'art. 76 qui dispose pour les bois de l'Etat. Or, la
» conséquence invincible de ce caractère essentiel des dispo-
» sitions concernant la défensabilité, caractère immuable au-
» tant qu'est impérieux le motif d'utilité publique qui en est
» le principe, c'est que les conventions antérieures se sont
» anéanties devant ces dispositions, de même que des con-
» ventions postérieures n'auraient pu en paralyser l'exécu-
» tion. »

23. M⁰ Dalloz, comme on le voit, a amené la discussion sur
son véritable terrain ; car toute la question consiste évidemment à savoir si *les prohibitions de l'ordonnance* sont ou non
d'ordre public.

24. L'on remarquera que, dans cette discussion, nous ne
parlons que de l'ordonnance, parce que le décret du 7 nivose,
an 13, les lois et décrets postérieurs, et le code forestier lui-
même en cette partie, ne disposent rien *à titre nouveau* et ne

tout, pour ainsi dire, qu'une promulgation nouvelle de l'Ordonnance de 1669.

25. Merlin, dans son Supplément au Répertoire (t. 174 p. 328), revenant sur l'épineuse question qu'il avait étudiée pendant sa longue et brillante carrière, prétend que les prohibitions dont il s'agit n'ont été portées que dans l'intérêt des propriétaires des bois grevés de Droits d'Usage.

« Si la prohibition, dit-il, était d'ordre public, le proprié-
« taire lui-même ne pourrait pas y déroger.

« Si je puis permettre à mon voisin d'aller une fois dans
« mon bois, sans autres formalités que celles auxquelles je serais
« moi-même astreint, je puis lui permettre d'y aller deux,
« dix, cent fois; je puis par la même raison, lui accorder par
« un contrat synallagmatique le droit d'y aller perpétuelle-
« ment. »

Nous répondrons [illegible]

26. Le droit de propriété emporte avec lui la faculté d'abuser, [illegible] ce droit, le plus sacré de tous [illegible] des lors que la loi l'ait respecté dans son exercice le plus étendu et qu'elle ait laissé au propriétaire la faculté d'abuser même de ses forêts; il n'était pas de l'intérêt public qu'elle s'y opposât, car on trouvera bien rarement un propriétaire assez ennemi de ses propres in-térêts pour [illegible]

27. Nous [illegible] faire remarquer cependant que, s'il s'en trouvait un qui [illegible] laissât à reconstruire des bâtiments, pour opérer ainsi par cet [illegible] déboisement ou défrichement qui lui aurait été refusé, il ne perdît le privilège de la propriété, et ne devînt l'objet d'une juste répression.

28. Ce que la loi a permis au propriétaire lui-même, il était juste qu'elle autorisât le propriétaire à le laisser faire à un tiers

car il est de la nature de la propriété, qu'on puisse en *user* et en *abuser* par soi-même ou par autrui.

Ainsi le propriétaire a pu autoriser son voisin à aller dans son bois sans que l'ordre public se trouvât lésé, ou du moins sans qu'il y eût présomption de lésion; car toutes les fois que l'on use ou même que l'on abuse d'une chose, au nom ou par la permission directe et limitée du propriétaire, le danger de destruction est minime; le propriétaire a toujours pouvoir comme il a intérêt d'arrêter le dommage; mais il n'en est plus ainsi lorsque la concession est perpétuelle : les droits de l'usager sont en opposition perpétuelle avec ceux du proprié-taire; l'un a intérêt à détruire, l'autre à conserver. Dans un tel conflit l'autorité publique doit intervenir, au nom de la société dont les intérêts se trouvent menacés, et son intervention prend nécessairement le caractère de réglement de police, obligatoire pour tous et auquel il ne saurait être dérogé dans un intérêt privé.

De la part du propriétaire, ou de son représentant acciden-tel, l'abus est un cas exceptionnel : de la part des usagers, c'est le cas le plus ordinaire : on conçoit dès lors la différence qui existe, d'après la nature même des choses, entre l'autorisation momentanée et la concession perpétuelle d'aller dans un bois; conclure de la première hypothèse à la seconde, comme l'a fait Merlin, c'est se placer dans un cercle vicieux et tirer des conséquences tout-à-fait erronées.

28. Nous le répétons, le droit de propriété entraine la facul-té d'*user* et d'*abuser*, et l'intérêt public lui-même s'efface quelquefois devant ce principe sacré, mais pourquoi fléchirait-il devant les droits de l'usager qui peut user, jamais abuser de la chose? C'est d'après ce principe, qu'il a été constamment jugé, et notamment par arrêt de Cassation du 25 mai 1810 (Dalloz V° forêts, p. 552), que l'usager ne peut conduire ses

bestiaux dans un bois non déclaré défensable, encore bien que le propriétaire ait livré ce bois au pacage de ses propres bestiaux.

Ainsi lorsqu'il agit par lui-même ou par son représentant momentané, le propriétaire peut éluder des prescriptions qui sont uniquement en sa faveur; mais lorsqu'il concède un Droit d'Usage perpétuel, il ne saurait déroger à des prohibitions établies, non plus dans un intérêt particulier, mais dans l'intérêt de tous : ici s'applique la maxime du droit romain : *nullum pactum, nullam conventionem, nullum contractum, inter eos volumus subsecutum qui contrahunt lege contrahere prohibente.* **L.** 5 au code *de legibus.*

30. On puise une objection contre notre opinion dans l'art. 78 du C. F. qui suppose que des particuliers ont pu depuis l'ordonnance de 1669, jouir en vertu de titres, du droit de faire pacager les moutons dans les forêts, ce qui prouverait que l'ordonnance ne régissait pas les conventions antérieures à sa publication.

Deux réponses à cette objection :

La première, que l'étendue du royaume n'a pas toujours été la même: des provinces entières, la Lorraine, la Franche-Comté, et l'Ile de Corse, ont été réunies à la France depuis 1669; ces provinces ont conservé leurs franchises et leur régime forestier; il peut donc exister encore en France des forêts légitimement grévées de droits proscrits par l'ordonnance: il a donc pu être créé par exception des titres valables non-obstant ses prohibitions ; et lorsque l'art. 78 du C. F. a supprimé dans son 2e §, les droits que concédaient ces titres, il a pu autoriser l'usager à réclamer une indemnité, sans préjuger, pour cela, comme on voudrait l'inférer, que les dispositions prohibitives de l'ordonnance ne régissent pas les conventions particulières.

32. Notre seconde réponse sera puisée dans les expressions

tout à-fait dubitatives et restrictives de l'art. 78 qui refulent d'elles-mêmes l'objection, car elles ont été employées à dessein par le législateur.

« La commission, disait Favard de Langlade, rapporteur de
» la loi à la chambre des Députés, a respecté tous les titres, lais-
» sant aux tribunaux seuls la faculté de les juger , car nous
» n'exerçons pas ici le pouvoir judiciaire, notre devoir est de
» renvoyer devant les tribunaux toutes les questions bonnes
» ou mauvaises... La commission reconnaît, qu'il peut se
» faire qu'il y ait des titres et une possession, et sans s'expli-
» quer *sur la nature de ces titres et de cette possession,* elle se
» borne à respecter les droits de chacun. »

33. On cherche une autre objection dans l'art. 218 du C. F. qui porte, que les droits acquis antérieurement à la promulgation de ce code, seront jugées d'après les lois, ordonnances, édits et déclarations, arrêts du conseil, arrêtés et réglemens sous l'empire desquels ils ont été créés.

On a répondu, que cet article ne s'applique qu'aux dispositions législatives et non point aux contrats; mais sans examiner la question sous ce point de vue, on peut s'arrêter à la distinction qu'il faut toujours faire entre le fonds du droit lui-même et son exercice ; le premier est immuable, le second est essentiellement variable ; le fond du droit est et doit être constamment régi par la législation sous l'empire de laquelle il a été acquis, l'exercice se règle par la législation en vigueur, au moment où on le reclame.

34. On a encore voulu faire résulter de la différence qui existe dans la rédaction des art. 67 et 119 du C. F. une distinction entre les forêts de l'Etat et celles des particuliers, et l'on a prétendu que les premières seules sont à l'abri de toute exécution des contrats antérieurs à l'ordonnance.

L'art. 67 interdit l'entrée des bestiaux dans les cantons nondéclarés défensables *nonobstant toutes possessions contraires* et ne parle pas *des titres* : en conclura-t-on que les usagers, fondés en titres, pourront impunément braver les prohibitions de la loi ? Cette conclusion serait en opposition manifeste avec les principes, car nous avons vu, dans un précédent chapître, qu'en pareille matière les titres et la possession doivent toujours être mis sur une même ligne, parce que la possession, lorsqu'elle peut être invoquée utilement, est elle-même un titre.

Quant à la différence de rédaction des deux articles, elle est sans aucune importance, car ainsi que le disait M. de Martignac, lors de la discussion à la Chambre des députés : « L'art. » 119 est à l'égard des bois des particuliers, ce que l'art. 67 » est à l'égard des forêts de l'Etat. » Les expressions *non-obstant toutes possessions contraires* sont donc sous entendues dans le dernier de ces articles et n'ont probablement été omises dans la rédaction que pour éviter une répétition.

§ VI.

Jurisprudence sur cette question.

34. Elle s'est présentée au tribunal d'Evreux, où l'on a jugé, le 11 août 1829, en faveur de M. Gazan, contre la commune de Huest : « Que nonobstant des actes de 1691 et 1793, » qui autorisaient les usagers à introduire leurs vaches dans » les bois de la seigneurerie de Huest, sans formalités préa-» lables, lorsque ces bois avaient 6 ans de recru, l'exercice de » ce droit était nécessairement subordonné à l'état de défen-» sabilité, et devait être précédé d'une déclaration de l'admi-» nistration forestière. »

Ce jugement, déféré à la Cour de Rouen, a été reformé ; il n'y a pas eu pourvoi, car il faut un grand intérêt pour parcourir en pareil cas tous les dégrés de juridiction, et pour consentir à rester exposé, pendant de longues années, à la dévastation et aux menaces incendiaires des usagers, que trop souvent, dans les tems difficiles, on exaspère contre la juste résistance des propriétaires.

35. Nous ne connaissons que deux arrêts qui viennent à l'appui de cette jurisprudence de la Cour de Rouen; ce sont des arrêts *de rejet* de la chambre criminelle de la Cour de Cassation, le premier, à la date du 9 juillet 1818. (Dalloz, V° forêts, p. 752); le second, du 4 janvier 1821. (Merlin, Répertoire, t. 17, p. 845.)

A ces arrêts isolés et dont les motifs sont en opposition avec les principes généralement admis, on pourrait opposer une foule de décisions contraires de la Cour suprême; nous n'indiquerons que les principales.

20 Juillet 1810, et 3 décembre 1819. — Baudrillard, Réglement forestier, t. 2, p. 815 et 959.

26 Janvier 1824. — Dalloz, V° Forêts, p. 755.

9 Septembre 1826. — Dalloz, 1827, p. 340.

21 Août 1828. — Dalloz, 1828, p. 397.

10 Décembre 1831. — Dalloz, 1831, p. 97.

36. Dès le 22 juin 1826, la Cour de Cassation avait rendu, sur cette matière, un arrêt rapporté par Dalloz, V° Forêts, p. 588; nous en citerons les premiers considérans.

Il s'agissait de l'introduction de moutons dans le bois d'un particulier, et l'usager invoquait une transaction de 1746, qui lui conférait cette faculté.

« Attendu en droit, que l'ord. de 1669, par la nature et l'objet
» des dispositions qu'elle renferme, et particulièrement sous
» le rapport des prohibitions ci-dessus énoncées, est une loi
» de police générale et d'ordre public, qui, en établissant des

» règles nécessaires pour la conservation des forêts, déroge
» nécessairement à tous les statuts, titres et usages contraires ;
» Attendu que ces dispositions, commandées par l'intérêt de
» l'État, et confirmées, tant par le décret du 17 nivose an 13,
» que par l'avis du conseil d'état, des mois de brumaire et
» frimaire an 14, sont tellement fondées sur les grands prin-
» cipes du droit public, qu'aucune convention, quelles qu'en
» soient la date et la teneur, n'y peut porter atteinte, et que
» si les transactions, même antérieures à la publication de l'or-
» donnance des eaux et forêts, se trouvent abrogées par les dis-
» positions prohibitives d'une loi générale, absolue, et qui
» n'admet, à cet égard, aucune exception, des titres posté-
» rieurs à cette ordonnance, ne peuvent, à plus forte raison,
» l'emporter sur les règles conservatrices qu'elle a établies ;
» qu'enfin, on ne peut ni acquérir de droit, ni prescrire contre
» ce qui est d'ordre public ; »

37. Dans l'espèce de cet arrêt, la transaction, comme on le
voit, était postérieure à l'ordonnance. La Cour eût jugé de
même dans l'hypothèse contraire, ainsi que le prouve l'arrêt
du 19 novembre 1836, dont nous avons déjà parlé et dont
voici l'*historique*.

25 Novembre 1639, traité entre le cardinal Mazarin et les
usagers de la forêt de Mayenne : « Il est convenu que lesdits
» usagers et fromentiers en ladite franchise de Vautortre, re-
» noncent au profit du seigneur cardinal-duc à tous les droits
» qu'ils ont sur ladite franchise, d'avoir du bois en icelle pour
» bâtir, édifier et réparer leurs maisons et édifices, chauffages
» et autrement ; et d'autre part que le cardinal-duc consent
» que les usagers mettent paître leurs bestiaux nourris sur
» leurs héritages... dans l'étendue de ladite forêt, tant sur
» ladite franchise que autres endroits d'icelle, à la réserve des
» lieux où seront les coupes âgées de sept ans et au-dessous. »

Déclaration de l'administration des forêts qui porte que la forêt de Mayenne n'est défensable qu'à douze ans, et opposition du propriétaire de cette forêt à ce que les usagers y introduisent leurs bestiaux avant que le bois n'ait atteint cet âge.

13 Juillet 1824, jugement du tribunal de Mayenne qui permet d'aller dans les coupes de sept ans, *conformément au titre et à l'ancienne jouissance.*

12 Août 1825, arrêt confirmatif de la Cour d'Angers, adoptant les motifs et en outre :

« Attendu que par un traité, intervenu en 1658, entre le pro» priétaire de la forêt de Mayenne et les usagers, ceux-ci ont
» abandonné divers droits et ont reçu des concessions en
» échange des sacrifices qu'ils faisaient; — Que cet acte, qui
» présente tous les caractères d'un contrat synallagmatique, doit
» faire la loi des parties; — Que parmi ces concessions était
» la faculté accordée aux usagers d'envoyer leurs bestiaux pa» cager dans les bois taillis, lorsqu'ils auraient atteint l'âge de
» sept ans; — Que l'autorisation d'envoyer les bestiaux dans
» les bois, lorsqu'ils sont parvenus à cet âge, étant le résultat
» du consentement réciproque des parties contractantes et le
» prix de concessions faites par les usagers, n'a pu être mo» difié par des lois et ordonnances rendues postérieurement.»

Pourvoi en Cassation pour violation des art. 1 et 3, tit. 19 et 2 et 5, tit. 26 de l'ordonnance de 1669.

Outre les moyens de droit sur lesquels nous nous sommes précédemment expliqués, on disait encore en faveur de l'arrêt d'Angers:

La fixation des coupes à sept ans est une condition du contrat et non pas un simple réglement;

Les arrêts qu'on oppose ne statuent que sur des titres postérieurs à l'ordonnance ;

L'arrêt attaqué ne présente d'ailleurs qu'une simple interprétation de contrat qui échappe dès lors à l'examen de la Cour régulatrice.

Néanmoins l'arrêt d'Angers, après un long délibéré en chambre du conseil, a été cassé le 2 février 1831.

Renvoi devant la Cour d'Orléans, 10 février 1832 ; second arrêt semblable à celui de la Cour d'Angers :

On pose en principe :

Que le législateur de 1669 n'a point annulé les conventions et titres antérieurs à l'ordonnance ;

Que les dispositions de cette loi, relatives au pacage, ne sont point d'ordre public.

Nouveau pourvoi.

Enfin, le 19 novembre 1836, intervient un second arrêt de la Cour suprême, chambres réunies : il confirme sa jurisprudence précédente et, malgré les conclusions contraires de M. le Procureur général Dupin, casse l'arrêt de la Cour d'Orléans par les motifs suivans :

« Vu les art. 1 et 3, t. 19 de l'ord. de 1667 et l'art. 1er du
» décret du 17 novembre, an 13.

» Attendu que ces diverses prohibitions, applicables aux bois
» de l'Etat, à ceux des établissemens publics et des particu-
» liers, comprennent tous les droits de pâturage dans les bois,
» quelle qu'en soit l'origine, sans distinction de ceux qui se-
» raient fondés sur un statut local ou sur la possession, sur une
» concession faite à titre gratuit ou à titre onéreux ; que no-
» tamment le décret du 17 nivose an 13, met sur la même
» ligne, les usagers qui jouissent en vertu de leurs titres et
» ceux qui jouissent en vertu des statuts et usages locaux :

» Attendu que l'ordonnance de 1669 est une loi d'ordre
» public, un réglement de police, ayant pour objet la conser-
» vation des bois et forêts, qui se lie étroitement à l'intérêt
» général et au bien de l'État ;

» Que parmi les prescriptions contenues dans l'art. 19 de
» cette ordonnance, relatif au droits de pâturage et pacage, la
» plus importante est celle qui prohibe l'introduction des bes-
» tiaux dans les bois, avant qu'ils ayent été déclarés défen-
» sables, et qui désigne, en même tems, l'autorité compétente
» pour faire cette déclaration;

» Que ces deux dispositions sont corrélatives, et ne doivent
» pas être séparées, la première trouvant dans la seconde la
» garantie de son exécution :

» Attendu que par leur nature même, et comme mesures
» de police et d'ordre public, accompagnées d'une sanction
» pénale, de telles dispositions reglémentaires du mode de
» jouissance dans l'exercice des droits de pâturage, et devant
» le ramener partout à l'uniformité, dérogent nécessairement à
» tout statut, réglement ou usage local antérieur, ainsi qu'aux
» conventions particulières par lesquelles ce mode de jouis-
» sance aurait été différemment ordonné :

» Et attendu qu'en se fondant sur les termes d'une conven-
» tion passée le 25 novembre 1658, entre le propriétaire et
» les usagers de la forêt de Mayenne, l'arrêt attaqué décide
» que les défendeurs ont le droit d'envoyer leurs bestiaux
» pâturer dans ladite forêt, lorsque les coupes auront atteint
» sept ans révolus, et sans qu'il soit nécessaire que les parties
» de bois, où les bestiaux seraient introduits, ayent été déclarés
» défensables par l'administration forestière; qu'en jugeant
» ainsi, ledit arrêt a expressément violé les articles précités de
» l'ord. de 1669 et du décret du 17 nivose, an 13. »

Par ces motifs casse. — Dalloz, 1837, p. 17.

§. VII.

De l'étendue en général, d'après les lois anciennes et nouvelles.

38. Toute concession de droits de chauffage, dans les bois de

l'État, a été prohibée, pour l'avenir, de la manière la plus formelle, par l'art. 1er du t. 19 de l'ord. de 1669.

L'art. 62 du C. F. a étendu la prohibition à toute espèce de Droits d'usage.

39. L'ordonnance a supprimé, sans indemnité, les droits de chauffage accordés à titre gratuit, et a ordonné le remboursement, en argent, de ceux qui ont été concédés à titre onéreux avant 1560: t. 20, art. 1 et 2.

Elle a maintenu les droits de pâturage, mais les regardant comme des servitudes réelles qui n'appartiennent aux personnes qu'à raison des fonds auxquels ils sont attachés, elle a ordonné que nuls, excepté les communautés, habitans et particuliers dénommés en l'état arrêté au conseil, par suite de l'envoi qu'ils ont du y faire de leurs titres, ne pourraient envoyer leurs bestiaux pâturer dans le domaine public: —t. 19, art. 1er.

Ainsi, vainement des particuliers ou des communautés prouveraient aujourd'hui, par des titres antérieurs à l'ordonnance de 1669, qu'ils avaient avant cette loi des droits de pâturage et de pacage dans l'ancien domaine public, il suffit qu'ils n'ayent pas été compris dans l'État dont on vient de parler, pour que maintenant ils ne puissent plus reclamer ce droit.

Une possession continue, sans titre, serait même inefficace, aux termes de l'art. 6 du C. F.; ils auraient du faire reconnaître leurs droits, dans les deux années qui ont suivi la publication de cette loi; maintenant ils seraient non recevables à introduire une instance.

40. Le Droit d'Usage, comme celui d'usufruit, ne doit être exercé que *salvá rei substantiá*; il doit donc demeurer sans effet, ou du moins être restreint, toutes les fois que l'exercice conforme au titre serait de nature à détériorer la forêt, ou contrarierait un *aménagement* convenable; c'est ce qui résulte d'une série

d'anciennes ordonnances dont nous allons citer les principales dispositions :

« *Item* quant aux vsagers qui ont droict et coustume de
» prendre bois ez forests, pour ardoir et pour édifier, ou pour
» leurs autres vsages, et auoir pasturages pasnages et telles
» choses semblables, comme nous ne vueillions donner à au-
» cun, sans cause, empeschement, ne aussi nostre domaine
» souffrir par mal vsage, soient les maistres diligens de voir
» leurs titres, et s'enquérir de leurs possessions, la manière
» d'vser et l'estat de la forest et ce qu'elle peut souffrir, et
» ceux qui auront à outrage abusé ne soient pas laissez iouir,
» et les autres soient soufferts par attrempance mise, s'il le
» convient, *selon la possibilité des forests* et la qualité des per-
» sonnes. » — Art. 30 de l'ordonnance de Charles V : juillet
1376.[1]

41. Cette disposition, régulatrice des Droits d'Usage dans les
bois de l'état auxquels nous avons vu que, dans tous les tems,
ont été assimilés les bois des particuliers, est reproduite dans
l'art. 27 de l'ordonnance de 1402 et dans l'art. 46 de celle de
1515.[2]

On la retrouve encore dans l'art. 10 de l'ord. de Henri III,
en 1553, ainsi conçu :

« Voulons qu'il soit informé par les grands maîtres , leurs
» lieutenans et maîtres particuliers, *de la possibilité* et *impossi-*
» *bilité* de nos forêts et suivant icelles les usagers *restraints* et
» réglés. »

42. L'art. 5 du t. 20 de l'ord. de 1667, porte :

« Les chauffages accordés par nos prédécesseurs.... soient
» conservés en espèce, suivant les états qui en ont été, ou

---

[1] Edits de Rousseau, p 31.

[2] Edits de Rousseau, p. 76.

» seront ci-après arrêtés en notre conseil, *eu égard à la possi-*
» *bilité de nos forêts.* »

43. Enfin le code forestier qui a abrogé toutes les lois antérieures, décide, art. 65, que, dans les forêts de l'État qui ne
seront point *affranchies* de l'usage au moyen du cantonnement ou de l'indemnité, l'exercice en pourra toujours être réduit par l'administration , *suivant l'état et la possibilité des*
forêts.

En cas de contestation sur la possibilité, c'est le conseil de
préfecture qui décide.

L'appel devant le conseil de préfecture , nous paraît être
une confusion introduite dans les juridictions. Vainement, selon
nous, on a cru le justifier en disant qu'il ne s'agit que d'une
modification au mode de jouissance de la propriété et que, sous
ce rapport, le conseil de préfecture doit en connaître.[1]

Les Droits d'Usage dans les bois des particuliers ne peuvent
être exercés que dans les parties de bois déclarées défensables
par l'administration forestière, et *suivant l'état et la possibilité*
des forêts, reconnus et constatés par la même administration.
C. F., art. 119.

Les contestations sur la possibilité sont alors portées devant
les tribunaux ordinaires.

Nous reviendrons plus tard sur ce qu'on doit entendre par
l'état et la possibilité d'une forêt.

§. VIII.

Du rachat des Droits d'Usage.[2]

44. Les Droits d'Usage sont aujourd'hui essentiellement

[1] Rapport de Favard de Langlade à la chambre des Députés.

[2] Ce paragraphe eût été mieux à sa place dans la troisième partie; mais
il nous semble former une liaison indispensable entre ceux qui le précèdent
et ceux qui le suivent.

rachetables avec cette distinction qu'on ne peut s'affranchir *d'un usage en bois* qu'au moyen du *cantonnement*, reglé de gré à gré ou fixé par les tribunaux (C. F. art. 63) ; tandis que tous les autres droits peuvent être rachetés à prix d'argent (même code, art. suivant.)

45. Le législateur ayant employé dans l'art. 63, l'expression générale *tous Droits d'Usage en bois*, y a nécessairement compris *le menu ramage*. N'a-t-on pas en effet voulu que la propriété forestière pût être affranchie par deux modes différens de tous Droit d'Usage? On ne saurait donc supposer que le menu ramage en soit excepté, ce qui arriverait cependant s'il ne se trouvait pas compris dans l'art. 63 ; car, par sa nature, il ne peut être rangé parmi les prestations sujettes au rachat.

« L'art. 63, disait le rapporteur à la chambre des Députés,
» comprend tous les droits qui affectent les bois et consom-
» ment une partie des produits forestiers; ce n'est point, à pro-
» prement parler, en changer la nature, que d'en resserrer
» l'exercice dans des limites plus étroites: le gouvernement
» aliène, il est vrai, une portion du fonds pour affranchir
» l'autre, et les usagers la reçoivent en compensation de la ré-
» duction du sol sur lequel ils en usaient, mais à cela près l'u-
» sage est toujours en bois. Les droits de pâturage au contraire
» ne portent point sur les arbres de la forêt, ils n'affectent que
» les fruits de ces arbres ou les herbages qui croissent sous
» leur ombrage ; il n'y a donc point les mêmes raisons pour
» leur appliquer le cantonnement par lequel l'état se dépouille-
» rait d'une propriété forestière pour les racheter, et interver-
» tirait tellement les droits des usagers, que ces derniers, ne pou-
» vant plus trouver une pâture suffisante dans un territoire
» circonscrit par le cantonnement, auraient réellement du
» bois en échange du pâturage. »

46. Le droit de rachat est une importante et salutaire inno-

vation introduite par le Code forestier : le principe s'en trouve dans l'art. 8, section 4 du tit. 1ᵉʳ de la loi du 6 octobre 1791, qui déclare rachetable, à dire d'experts, entre particuliers, le droit de vaine pâture, même dans les bois.

47. Il est cependant des localités où le pacage est tellement indispensable aux habitans, que ceux-ci n'ont d'autre revenu, d'autre ressource, que le produit des bestiaux qu'ils élèvent ; ce motif impérieux a déterminé l'exception du dernier alinéa de l'art. 64 : « Lors que l'exercice *du droit de* » *pâturage* est devenu d'une absolue nécessité pour les habi- » tans *d'une ou de plusieurs communes.* »

On a inféré de ces dernières expressions, que l'exception ne pourrait être invoquée que par des *communautés*, et non par des usagers à titre singulier : cette distinction ne nous paraît pas fondée ; le tribunal d'Evreux l'a constamment rejetée et je ne sache pas qu'il y ait eu sur ce point appel de ses sentences. L'art. 64 nous paraît purement énonciatif, et par conséquent tout usager, pour lequel le pâturage est d'une absolue nécessité, peut en reclamer le bénéfice.

48. Il est à noter que l'exception ne porte que sur le pâturage, et comme il faut toujours renfermer les exceptions dans les termes mêmes de la loi, les autres droits, tels que ceux de panage et glandée, qui d'ailleurs ne peuvent jamais être, comme le pâturage, d'une *absolue nécessité*, n'y sont pas compris.

C'est l'opinion de Dalloz, Vᵒ forêts, p. 747.

Le contraire semblerait pourtant résulter des *considérans* d'un arrêt de la Cour de Colmar, du 6 août 1831 ; mais la difficulté n'était pas soumise à l'appréciation de cette Cour qui avait uniquement à décider si la question de *nécessité absolue* est de la compétence du tribunal civil ou de celle du conseil de

préfecture. Elle s'est prononcée pour la juridiction ordinaire.
— Dalloz, 1833, p. 173.

Nous ferons remarquer, au surplus, que la décision par laquelle une cour royale déclare qu'un droit de pacage n'est pas d'absolue nécessité, ne peut être soumise à la censure de la Cour suprême.

Cassation, rejet, 2 décembre 1835. — Dalloz, 1836, p. 29.

49. L'affranchissement, au moyen du cantonnement ou de l'indemnité, est rendu commun aux bois des particuliers, par les art. 118 et 120 du Code forestier.

§. IX.

Du triage.[1]

50. « On appelle triage une opération qui consiste à dis-
» traire le tiers des biens communaux d'une paroisse au profit
» du seigneur de la concession gratuite duquel ils proviennent.
» Je dis *biens communaux* (ajoute Merlin à qui nous em-
» pruntons la définition), et par cette expression j'entends non
» les biens dont une communauté d'habitans n'est qu'usagère,
» mais les biens qui lui appartiennent et dont elle est réelle-
» ment propriétaire.

» Je fais cette observation d'après Coquille; il y a plus: non
» seulement le triage a lieu dans le cas dont je viens de par-
» ler, mais il n'a lieu que dans ce cas précis. »

Répertoire, V° triage, p. 157.

Le triage n'ayant lieu, d'après ce qui précède, qu'à l'égard des communes, en leur qualité de propriétaires et non comme

____

[1] Le triage s'entend aussi en termes de forêts *d'une certaine étendue de bois*. Voir ordonnance de 1669, tit. 3, art. 9, et loi du 15 septembre 1791, tit. 6, art. 4.

usagères. Il n'entre pas dans notre sujet de nous en occuper ; nous dirons seulement qu'il était reglé par les art. 4, 5 et 6 du t. 25 de l'ordonnance de 1669. Il a été aboli par les décrets de la Constituante des 28 mars 1790, 28 août 1792, et 10 juin 1793.

Voici de quelle manière Merlin avait défini le triage dans son rapport à cette assemblée.

« Le droit pour un seigneur de distraire à son profit le tiers
» des bois ou du marais qu'il a (ou ses auteurs) concédé gra-
» tuitement et en toute propriété : ou pour parler plus claire-
» ment encore, le droit de reprendre le tiers de ce qu'il a
» donné. » — Répertoire, V° triage.

§. X.

De l'aménagement,[1] *reserve ou règlement.*

51. Nous venons de voir que lorsque le seigneur, par un excès de générosité, qui n'était pas aussi rare dans les anciens tems qu'on voudrait bien le faire croire, s'était dépouillé de la propriété même de sa forêt, il pouvait en recouvrer une partie au moyen du *triage*; mais lorsqu'il n'avait concédé à la commune que l'usage, que par conséquent il était resté propriétaire, comment procédait-on pour ne pas laisser perpétuellement inutile la propriété qu'il s'était reservée ? Jusqu'au

---

[1] Ce mot se prend aussi dans une autre acception, adoptée par le Code forestier. « L'aménagement, dit le comte Roy, dans son rapport à la chambre
» des Pairs, est l'art de diviser une forêt en coupes successives et de régler
» l'étendue ou l'âge des coupes annuelles dans le plus grand intérêt de la
» conservation de la forêt, de la consommation en général, dans celui enfin
» du propriétaire ; et s'il s'agit des forêts de l'état, dans le plus grand intérêt
» de la société. »

Carondas sur le Code Henri, liv. 16, t. 18, art. 1er.

Filleau, en son recueil des édits, arrêts et réglemens, part. 2, t. 8, chap. 2.

Legrand, sur l'art. 168 de la coutume de Troyes, glose 2, N° 7.

Le président Bouhier, en ses observations sur la coutume de Bourgogne, chap 62, N° 84.

53. L'aménagement a pour but, non d'intervertir le titre de l'usager, non de convertir son usage en propriété, mais de circonscrire cet usage et d'en limiter l'exercice exclusif à une portion du terrain qui y est assujetti, *ne proprietas domino reddatur inutilis*, disent tous les anciens auteurs; or, il n'y avait point d'usager, quel que fût son titre, auquel on ne pût opposer ce motif; qu'il tînt son droit d'une concession gratuite, d'une concession onéreuse, d'une vente, d'un échange, d'une transaction, la condition était toujours la même et, dans tous les cas, l'action en aménagement pouvait l'atteindre.

54. Le principe s'en trouve dans l'ordonnance de Philippe-le-Hardy de 1280, citée précédemment, et dans celle de François 1er du mois d'août 1545 (Saint-Yon, liv. 1er, t. 29, art. 26, p. 381.)

« Aux vrais usagers, porte cette dernière ordonnance, voulons
» être baillé *quelque triage à part*, le plus prochain d'eux et le
» moins dommageable pour nous et le bien de notre forêt, à
» la charge de clore ce qui leur sera délivré et d'entretenir la
» clôture et aussi *qu'ils ne pourront entrer au reste de la forêt,*
» ni y prendre aucun usage, et en ce fesant seront déchargés
» des rentes et devoirs qu'ils font *pour la rate portion de ce*
» *qui leur sera ôté.*

55. Cette ordonnance qui ne statuait que pour les forêts royales devint une puissante autorité en faveur des seigneurs: « Aussi, dit Henrion-de-Pensey (*Loco, cit.* §. 17), s'empres-

» sèrent-ils de s'y conformer, et la police des *réserves* devint
» bientôt si générale, que, dans le milieu du XIVe siècle, on
» tenait pour maxime certaine que les seigneurs pouvaient en
» établir malgré la résistance des habitans. »

Une foule d'arrêts de toutes les époques et de divers *pays*, cités par Jean Favre, Salvaings, Papon, Grivel, Legrand, Bouhier, etc., confirment l'opinion de ce savant jurisconsulte.

« On voit au premier coup-d'œil, ajoute-t-il, combien les
» anciennes réserves diffèrent du triage et du cantonnement :
» le *triage* suppose la propriété des bois dans les mains des
» habitans : le cantonnement intervertit le titre primitif : son
» effet est de changer l'usage universel, en une propriété dé-
» terminée; les réserves (ou aménagement), n'opèrent rien de
» semblable ; elles modifient l'usage , mais sans changer le
» titre des usagers, et l'abandon que leur fait le seigneur de
» certaines portions de bois ne le dépouille pas de la propriété
» sur ces mêmes bois. »

§. XI.

Du cantonnement.

57. L'introduction de l'aménagement remonte à des tems très reculés; le triage s'est introduit au commencement du XVIIe siècle ; le cantonnement est plus récent encore, il n'est connu que depuis l'ord: de 1669,[1] l'art 22 du tit. 3, ainsi que

[1] « En effet le plus ancien arrêt de cantonnement, proprement dit, que
» nous ayons pu découvrir est celui qui fut rendu au conseil, le 24 décem-
» bre 1726. » Henrion de Pensey, dissertations féodales, V° communaux,
§. 16.

Comment faire concorder ce passage avec ce qu'il dit dans le même ouvrage, p. 460, si l'on en croit Merlin dans son rapport fait à l'assemblée constituante le 4 août 1789, où on lit ce qui suit:

[illegible] octobre 1791 [illegible]

« Il avait pris naissance dans les principes du droit romain, » [illegible] l'ancienne jurisprudence d'un droit [illegible] et il est [illegible] ainsi [illegible]

[illegible] français fait partie du [illegible] Arbre de Bourges, 3 juillet 1826. » — Dalloz, 1829, p. 168.

L'abrogation de l'aménagement [illegible] formellement des art. [illegible] Cette abrogation [illegible] commination du Roi, le cantonnement facultatif (18 mars 1837).

Mais le propriétaire peut faire cesser les effets de cet aménagement, en provoquant le cantonnement. — Cour de Cassation, 28 mai 1826, — 21 janvier et 7 août 1833, Dalloz, 1826, p. 249, 1833, p. 108 et 332.

[illegible] — N'y aurait-il pas ici confusion entre l'aménagement et le cantonnement? Ce serait le seul moyen d'expliquer la contradiction [illegible]

[illegible] L. [illegible] C. Commune dividundo. — L. 12, § 2. ff. Communia præediorum.

Parconséquent on doit faire entrer dans la masse des bois à *cantonner*, la partie qui avait été antérieurement cédée aux usagers pour y exercer exclusivement leurs droits, car « l'a- » ménagement ne constituait qu'une concentration des Droits » d'Usage et ne fesait qu'en régler l'assiette sans restreindre » ces droits: ainsi l'aménagement antérieur ne peut pas faire » obstacle à la demande en cantonnement. » — C. de Cassa- tion, 20 mai 1828, — 7 août 1833. — 1ᵉʳ décembre 1835. —Dalloz, 1828, p. 249, 1833, p. 333, et 1836, p. 27.

58. Le cantonnement a pour objet de transformer le droit de l'usager en un droit de propriété, sur une certaine étendue du fonds qui était affecté à son usage. « C'est, dit Merlin, une » opération dont le résultat est de convertir un usage indéfini » en propriété déterminée ; de rendre l'usager propriétaire » d'une partie du fonds asservi à son droit: de lui donner » moins en *étendue*, plus en *solidité*. »— Questions, Vᵒ, inter- prétation de jugement, § 1.

Ce mode d'affranchissement participe tout à la fois *du rachat*, de l'*aliénation à titre commutatif* et *du partage* ; c'est un partage d'une nature toute particulière, car le Droit d'Usage n'est pas *une partie aliquote* du droit de propriété dans le fonds à partager ; il faut donc composer pour les usagers une part qui soit, par estimation spéciale, équivalente à leur droit; et le lot, qui leur est ainsi attribué *par distraction*, est un espèce de paiement; ainsi c'est plutôt par dation *in solutum* qu'ils deviennent propriétaires exclusifs de la portion qui leur est cédée, que par l'effet d'un partage proprement dit.

59. Les mesures qui doivent être prises pour préparer cette opération, sont fixées par les art. 112, 113, 114, 115, et sui- vant, de l'ordonnance d'exécution.

60. Le législateur a interdit aux usagers la faculté de de-

sont absolument distinctes et leur affranchissement est soumis par la loi à des règles différentes; on peut d'ailleurs se libérer de l'une et rester soumis à l'autre.

63. Quoique, à proprement parler, les biens communaux ne soient pas dans le commerce, ils sont néanmoins, relativement aux Droits d'Usage dont ils sont grévés, soumis au cantonnement : cette opération participant de la nature du partage, les aliénations qui s'exécutent par cette voie sont forcées.

64. Nous pensons, (contrairement à l'avis de l'annotateur de Proudhon) que, depuis le nouveau code, le cantonnement peut être demandé par les usagers des *près bois*, parce qu'ils sont soumis, relativement aux Droits d'Usage, aux règles prescrites par la loi forestière.

Cela fait plus de difficulté pour le droit de pacage sur un terrain étranger à toute production en bois ; les lois de 1791 et 1792 le déclarent : « susceptible de cantonnement *sur la réclama-* » *tion des usagers;* » l'art. 218 n'abroge les réglemens antérieurs que « sur les matières réglées par le C. F. en tout ce qui » concerne les forêts. »

Cet article semblerait donc ne pas s'appliquer aux lois précitées; nous aurions cependant bien de la peine à admettre un tel système, qui tendrait à perpétuer indéfiniment une faculté contraire aux principes généraux du droit.

La *vaine pâture* dans un bois n'est pas un Droit d'Usage proprement dit; et celui au profit duquel elle avait été établie ne pouvait, sous l'ancienne loi, demander le cantonnement. — C. de Dijon, 4 mars 1819. —Dalloz, 1833, p. 155. Merlin est d'avis contraire, et se fonde, à tort, selon nous, sur la dénomination générique *d'usage* par laquelle la vaine pâture se trouve vaguement désignée dans les ordonnances. La Cour de Bourges, par son arrêt du 3 mars 1831 (Dalloz, 1832, 2e part. p, 186) a adopté, par voie de conséquence, l'opinion de

Merlin, en décidant que l'art. 61, qui prohibe le cantonnement pour le droit de vaine pâture, ne peut empêcher ce cantonnement, lorsque la demande en a été formée avant la promulgation du C. F.

En supposant que la réserve au profit d'une commune, de la jouissance de la deuxième herbe d'une prairie, puisse être considérée comme un simple Droit d'Usage, le propriétaire de cette prairie peut demander à en être délivré par le cantonnement. — C. de Cassation, 22 mars 1836. Dalloz. 1836, p. 345.

§. XII.

Quelle portion doit être attribuée aux usagers par le cantonnement.

65. Le projet du C. F. avait fixé au tiers le maximum de la quotité pour laquelle l'usager pourrait être admis au partage de la propriété ; cette disposition, qui n'a pas été admise, aurait consacré un principe qui paraît avoir été généralement établi par l'ancienne jurisprudence.

Aujourd'hui l'arbitration de cette quotité est laissée aux tribunaux ; ils doivent tenir, autant que possible, la balance égale entre l'usager et le propriétaire : voici au surplus quelle est à cet égard la jurisprudence des arrêts et l'opinion des auteurs.

« Attendu, porte un arrêt de la C. de Cassation du 8 août
» 1831, que le cantonnement est une opération abandonnée à
» la prudence des juges : que dans l'espèce (une moitié de la
» forêt avait été accordée en toute propriété) , ils l'ont réglée,
» d'après les besoins des habitans et les faits et circonstances
» allégués dans la cause, et qu'en ce faisant ils n'ont violé au-
» cune loi. » — Dalloz, 1831, p. 275.

Décision semblable rendue le 22 mai 1827, rejetant le pourvoi contre un arrêt de la Cour de Pau qui n'avait accordé aux usagers qu'environ le 6ᵉ de la forêt. — Dalloz, 1827, p 259.

Autre arrêt du 7 août 1833, qui rejette le pourvoi contre un arrêt de la Cour de Dijon, attribuant les neuf dixièmes aux usagers. — Dalloz, 1833. p. 332.

Voir aussi les arrêts de 1831 et 1832. — (Dalloz, 1833, p. 399), et quatre arrêts de Cours Royales, rapportés par le même auteur, Vᵒ forêts, p. 748 et 749. — Amiens, 3 juillet 1822. — Amiens, 25 mars 1824. — Caen, 19 novembre 1824. — Colmar, 12 juillet 1824.

66. « Si j'ai comme usager le droit de prendre annuelle-
» ment dans une forêt le produit du tiers de ses coupes,
» qu'obtiendrai-je, dit Merlin, par le cantonnement ? Le tiers
» de la forêt en propriété? non, cela serait absurde. Je n'ob-
» tiendrai en propriété que ce qu'il faudra pour équivaloir à
» l'usufruit du tiers de la forêt; je n'obtiendrai par consé-
» quent que la propriété du neuvième de la forêt totale, car la
». jurisprudence n'a égalé l'usufruit qu'au tiers de la pro-
» priété.

» C'est ce que nous apprend Harmenopale qui était juge de
» Thessalonique dans un tems assez rapproché de Justi-
» nien....

» L'art. 27 de l'ord. de 1441 adopte la même proportion
» pour le rachat des rentes hypothéquées sur les maisons bâties
» dans l'intérieur de Paris.

» Et aujourd'hui encore, lorsqu'il s'agit de fixer les droits
» d'enregistrement dus pour un bien vendu avec réserve d'u-
» sufruit, c'est toujours au tiers du prix de la nue propriéte
» que s'évalue le prix de l'usufruit réservé.

» Cette proportion n'a cependant pas toujours été observée
» dans les arrêts du conseil qui ont ordonné des cantonnemens
» (ici l'auteur, cite un grand nombre d'arrêts qui ont accordé

[illegible]

» ger propriétaire de la partie sur laquelle il tombe ... il lui
» rend, pour ainsi dire, en solidité, ce qu'il perd en étendue ;
» plusieurs anciens [illegible] le maximum,
» quelle que [illegible]
» [illegible]
» [illegible]
» et que les p[illegible] consi dé-
» rables » ([illegible]).

L'auteur cite à l'appui de son opinion deux arrêts de la C. de Besançon, des 4 thermidor, an 9, et 19 floréal, an 11. (Dalloz, V° forêts, p. 747). Le premier, jugé que l'usager ne peut jamais avoir des droits aussi étendus que ceux du proprié-

taire, et que la jurisprudence n'accorde que le quart et rarement le tiers à l'usager. Par le second la commune de Champagne, qui avait droit au bois mort et au mort-bois pour son
chauffage et celui de ses fours, et de plus la faculté de prendre
des arbres pour bâtir et pour ses chars et charrues, n'a obtenu
en cantonnement que 75 arpens sur un bois de 267.

« Aucune loi n'a subordonné l'exercice de l'action en can-
» tonnement, de la part du propriétaire du sol, à cette circons-
» tance, que par le cantonnement les besoins des usagers se-
» raient aussi amplement satisfaits qu'auparavant : d'ailleurs
» cette action admise, dans le but utile de constituer de part
» et d'autre des propriétés libres et distinctes, compense en
» propriété ce qu'elle ôte eu Droit d'Usage. » --- C. de Cassation, août 1833. Dalloz, 1833, p. 333.

La C. d'Angers a jugé, le 29 avril 1813, qu'il n'y a pas lieu
à cantonnement lorsque les biens grévés du Droit d'Usage
n'excèdent pas les besoins de la commune usagère. --- Dalloz,
V° commune, p. 51.

Cet arrêt est combattu avec raison par Merlin. (Questions ad-
ditionnelles, V° cantonnement, §. 8).

La C. de Cassation a, le premier décembre 1835, rejetté le
pourvoi formé contre un arrêt de Dijon du 28 mai 1833, qui
a jugé conformément à l'opinion de Merlin.

Voici les motifs de l'arrêt de rejet.

« Attendu que les lois de 1790, 1791 et 1792, non plus
» qu'aucune autre loi antérieure ni postérieure , n'ayant dé-
» terminé en quelle part de pleine propriété se résoudraient,
» par l'effet du cantonnement, les Droits d'Usage et ceux du
» propriétaire du sol; et n'ayant pas subordonné cette action
» à la circonstance que les besoins des usagers seraient aussi
» pleinement satisfaits qu'auparavant, et d'ailleurs cette ac-
» tion compensant en pleine propriété ce qu'elle ôte en Droits

» d'Usage, il s'ensuit que les principes, d'ailleurs incertains de
» l'ancienne jurisprudence à cet égard, ne peuvent être invo-
» qués comme ouverture à Cassation; qu'ainsi l'arrêt attaqué
» n'a violé aucune loi, en allouant en pleine propriété les
» $^{14}/_{15}$ aux usagers. »

Voici deux autres décisions qu'il est également bon de
noter.

« Attendu que l'usage des intimés ayant été modifié par
» l'effet de la loi (quant aux chèvres et moutons que le titre
» permettait d'introduire), on ne peut faire revivre les titres
» qui l'avaient accordé, pour ce qui concerne le cantonne-
» ment;

» Que la portion à attribuer pour le cantonnement aux usa-
» gers ne peut être relative qu'à la jouissance qu'ils avaient
» lorsqu'ils l'ont demandé. »— C. de Grenoble, 27 août 1824.
Dalloz, V° forêts, p. 752.

Les droits des communes usagères qui les ont laissé prescrire,
ne doivent pas être pris en considération dans l'arbitration du
cantonnement à intervenir. C. Cassation, 17 décembre 1835.
— Dalloz, 1836, p 77.

68. M. Proudhon se montre, en cette matière, plus favorable aux usagers que ne le sont tous les autres auteurs.

« Ce qu'il faut absolument reconnaître, dit-il, p. 494 du t.
» 7 de l'édition de 1836, c'est le montant et la valeur des
» usages qu'il s'agit de racheter, afin de pouvoir acquitter la
» créance après l'avoir exactement liquidée, créance qu'il faut
» payer entièrement parce qu'elle est entièrement due, et
» qu'il faut payer nonobstant qu'il ne resterait qu'une moindre
» portion de forêt au propriétaire, parce que le créancier est
» en droit d'exiger tout ce qui lui est du, sans être tenu d'en
» souffrir aucun retranchement pour le laisser au débiteur.....

» On pourrait donc, rigoureusement parlant, opérer le can-

» tonnement et l'exécuter d'une manière très juste, en estimant
» simplement la somme des usages et en cédant aux usagers
» une portion de la forêt égale à l'estimation de leur droit sans
» faire aucune reconnaissance du surplus. »

Le savant professeur, après avoir rapporté les passages de
Merlin que nous avons cités plus haut, entre en lutte avec celui qu'il appelle, avec justice, le premier jurisconsulte des tems
modernes.

69. Nous laisserons M. Curasson, si compétent dans cette
matière, apprécier les argumens de ces deux respectables anta-
gonistes et émettre lui-même une opinion qui nous paraît être
dictée par la saine raison et les véritables principes.

« Le droit d'usufruit étant aléatoire ne peut être suscep-
» tible d'aucune évaluation fixe et uniforme... L'usufruit ne
» peut donc avoir rien de commun avec l'usage, servitude
» réelle, et M. Proudhon critique très justement ce point de
» comparaison.

» Mais l'honorable auteur ne tombe-t-il point dans l'excès
» contraire ? .. Le résultat de ce mode de cantonnement se-
» rait la cession de la pleine et entière propriété, en échange
» du Droit d'Usage, ce qui ne peut pas être ; car s'il est en
» cette matière, un point incontestable, c'est que le cantonne-
» ment fait perdre à l'usager une partie des émolumens qu'il
» retirait de son usage, perte qui est compensée par la valeur
» du sol....

» Entre la trop grande parcimonie de M. Merlin et la géné-
» rosité excessive de M. Proudhon pour les usagers, je crois
» qu'il convient de prendre un terme moyen ; car si l'usage
» doit être respecté, le droit de propriété n'est pas moins
» sacré, les deux droits doivent donc être conciliés d'une ma-
» nière équitable.

» Le cantonnement participe du rachat et du partage. Sous

» le premier rapport, l'usager ne peut jamais prétendre à une
» valeur excédant le capital des émolumens de l'usage ; et sous
» le rapport du partage, le propriétaire doit toujours conser-
» ver une partie notable de la propriété : son droit est le plus
» éminent ; et ne serait-ce pas trop ravaler ce droit que de le
» restreindre aux valeurs casuelles et à peu près insignifiantes,
» qui sont détaillées sous le N° 676 ?

» Il me semble donc que pour opérer le cantonnement, il
» faut s'attacher d'abord à l'étendue et à la possibilité de la
» forêt qui, par ce moyen, va être soumise à un partage entre
» le propriétaire et l'usager ;

» Si la forêt est d'une étendue suffisante, alors rien ne s'op-
» pose à ce que le rachat soit opéré de manière à attribuer à
» l'usager une étendue de forêt dont la valeur, tant en sol
» qu'en superficie, représente le capital des prestations de
» l'usage. Dans le cas, au contraire, où la forêt ne suffirait pas
» pour pourvoir tout à la fois aux droits du propriétaire et à
» ceux de l'usager, alors le cantonnement doit être restreint de
» manière à ne pas rendre la propriété inutile.

» Raisonnons dans ces deux hypothèses.

» Si l'étendue et la possibilité de la forêt suffisent pour sa-
» tisfaire au double droit de propriété et d'usage, alors rien
» de plus simple.

» Le cantonnement est un rachat : s'il devait être opéré en
» argent, l'usager ne pourrait prétendre qu'à une somme
» égale à la valeur des prestations annuelles de son usage, ca-
» pitalisées à cinq pour cent. De ce que le rachat doit être
» opéré en nature, l'usager peut-il, sous ce prétexte, élever
» plus haut ses prétentions ? Non, sans doute, il faut donc
» évaluer en argent les prestations annuelles de l'usage, puis
» en former un capital, et estimer ensuite la valeur vénale,
» tant en sol qu'en superficie, d'une étendue de forêt suffi-

» sante pour atteindre ce capital, laquelle sera abandonnée à
» l'usager en paiement de ses Droits d'Usage.

» Ce qu'il y a de certain, c'est qu'il n'est pas possible que l'u-
» sager trouve dans le canton qui lui sera abandonné, un re-
» venu aussi régulier que celui résultant des délivrances qui
» lui étaient faites pour son usage........

» L'usager n'a pas à se plaindre dès l'instant que son droit
» est racheté au moyen d'une valeur égale au capital des déli-
» vrances auxquelles il avait droit, puisqu'en vendant le can-
» ton qui lui est abandonné, tant en sol qu'en superficie, il en
» obtiendrait un prix capable de produire un intérêt égal à la
» prestation annuelle de l'usage.

» La capitalisation de ces prestations et l'estimation d'une
» étendue de forêt de valeur égale, telle est la base indiquée
» par l'art. 113 de l'ordonnance réglementaire , pour fixer
» l'offre d'un cantonnement dans les forêts de l'Etat; se livrer
» à toute autre combinaison, ce serait s'égarer, à ce qu'il me
» semble.

» En résumé, si en matière de cantonnement, il n'y a pas
» de règle fixe et invariable, cependant l'exercice de cette ac-
» tion est soumis à des principes certains.

» 1° Il ne s'agit pas d'un partage ordinaire dans lequel
» chaque co-propriétaire obtient une portion équivalente à ses
» droits indivis.

» Il s'agit au contraire d'une interversion de titre qui, en
» attribuant à l'usager la qualité de propriétaire, doit nécessai-
» rement diminuer son usage, et lui fait perdre, en étendue,
» ce qu'il obtient en solidité.

» 2° Lorsque la consistance de la forêt suffit pour pourvoir
» aux droits du propriétaire et de l'usager, alors rien n'em-
» pêche d'opérer pleinement le rachat de l'usage et d'ac-
» corder, pour en tenir lieu, une partie de forêt d'une va-

» leur, en sol et superficie, égale à l'évaluation des prestations
» annuelles capitalisées.

» 3° Mais dans cette opération, le droit des usagers ne doit
» pas seul être consulté. D'après la nature du titre, le droit du
» propriétaire est toujours celui qui paraît le plus éminent. Si
» donc le Droit d'Usage et la population de la commune usagère
» sont d'une importance telle qu'en procédant au rachat avec
» une exactitude mathématique, la totalité ou la plus grande
» partie de la forêt serait absorbée; dans ce cas, la spoliation
» du propriétaire serait d'une souveraine injustice; le canton-
» nement, non plus que l'exercice de l'usage, ne peut jamais
» avoir pour résultat de rendre la propriété inutile, et le pro-
» priétaire doit toujours concourir au partage pour une por-
» tion de la forêt que la jurisprudence paraît avoir communé-
» ment fixée aux deux tiers; mais qui, si l'on s'écarte de cette
» fixation, doit être au moins une partie notable de la pro-
» priété.

» 4° Enfin le cantonnement, de même que l'exercice de
» l'usage, ne peut jamais surpasser les besoins des usagers. Si
» donc la commune usagère a, comme il arrive fréquemment
» dans ses propres bois, des ressources suffisantes pour pour-
» voir à une partie de la consommation des habitans, ces res-
» sources doivent être déduites, la forêt soumise à l'usage ne
» doit pourvoir qu'à ce qui manque, et le cantonnement doit
» être réduit en conséquence. »

§. XIII.

Des arrêts de réglement et des jugemens.

70. Les anciennes cours du parlement, qui absorbaient dans
leurs attributions la *justice* et la *police*, avaient fixé par des

Recherches

SUR

LA DISPERSION DES JUIFS,

LEURS CÉRÉMONIES, LEURS FÊTES ET LEURS SECTES.

PAR M. J. AVENEL DE NANTRAIL,

Membre Correspondant.

Premier Article.

DISPERSION.

Dieu avait prédit à son peuple qu'il le disperserait s'il n'était fidèle (*vous serez dispersés par tous les royaumes de la terre.* DEUTERONOME). Le schisme des dix tribus ne les avait point séparées d'habitation avec les deux autres. La première séparation remonte aux règnes de Téglatphalasar, roi d'Assur et de plus roi des Assyriens qui emmenèrent captives les tribus de Ruben et de Gad et la moitié de la tribu de Manassé, 750 ans avant J.-C. Salmanasar, qui prit Samarie, emmena les Israélites captifs, quelques années après. Ezechias, par son recours à Dieu, délivra d'un semblable malheur le royaume de Juda, quand Sennacherib vint l'attaquer. Nabuzardan, général de Nabuchodonosor, prit Jérusalem 600 ans avant J.-C., et emmena les habitans captifs à Babylone. Alors fut accomplie la dispersion totale.

Les Juifs des dix tribus d'Israël ne retournèrent plus en corps de nation dans leur patrie, mais les Juifs transportés à Babylone revirent Jérusalem et lui redonnèrent un temple.

Les Hebreux disséminés aujourd'hui dans tout l'Orient sont les descendants des dix tribus emmenées captives; et une cependant, dira-t-on, était de la tribu d'Aser. Mais d'abord, la population toute entière n'avait pas été emmenée en esclavage. Puis, quelques uns des exilés, revenus dans leurs pays avec Esdras, se joignirent à leurs frères et reformèrent les dix tribus de leurs débris réunis; mais ces dix tribus n'étaient plus que l'ombre d'elles-mêmes; et si Esdras offrit douze victimes à son retour, ce fut pour entretenir l'union avec les dix tribus dispersées. Aussi Philon représente-t-il Jérusalem comme le centre de nations répandues en une multitude de lieux; Chypre, Candie, la Macédoine, la Bythinie, l'Égypte, la Perse etc.

Ptolémée, quand il prit Jérusalem, emmena les Juifs en Égypte, et quelque temps après engagea, par des moyens de douceur, à s'établir en son royaume ceux qui étaient demeurés en Palestine.

Pompée, le premier, transporta captifs les Juifs en Occident. Auguste les favorisa et fit même offrir un sacrifice en son nom dans le temple de Jérusalem. Les Juifs purent alors jouir à Rome du droit de bourgeoisie; saint Paul en est une preuve. Cependant ils étaient pauvres en général; un poète romain en a fait des marchands d'alumettes:

monde entier, cette dispersion n'a rien de volontaire; un arrêt souverain les a frappés, et ils n'ont pu fuir ses coups.

SECTES JUIVES.

PHARISIENS.

On ignore leur origine. Le fond de leur caractère était l'attachement à leurs traditions, et leur affectation d'austérité; ils marchaient les yeux baissés, pour que la vue de la beauté n'appelât pas en leur cœur les tentations; des épines étaient attachées aux pans de leur robe, et souvent, quand ils marchaient, on voyait le sang couler de leurs pieds; ils craignaient, comme une souillure, l'attouchement de la dépouille d'un homme. Leur nom signifie *séparés*; d'autres lui cherchent une origine dans la récompense (*Paras*) des bonnes œuvres après la vie; car cette rémunération faisait le fond de leur dissentiment avec les Saducéens. Ils regardent encore aujourd'hui comme un apostat celui qui rejette la loi orale et les traditions. Il n'est pas besoin de dire qu'enrolés dans les diverses sectes, bien des individus tendent à la tolérance, ou pour mieux dire, à l'indifférence en matière de doctrine. J'ai vu au Caire un pharisien qui me disait: « Je ne sais, je vous assure, si c'est nous ou les Charaïtes qui sommes dans le chemin de la vérité. » Je ne crois pas qu'on puisse leur adresser le reproche de fatalisme. Josephe, pharisien, donne comme une doctrine de sa secte, qu'il dépendait presque toujours de l'homme de faire le bien ou le mal, et que le destin l'aidait: c'était aussi un axiome parmi les Rabbins anciens: que tout est dans la main de Dieu, excepté la crainte de Dieu. C'est encore trop donner au destin, sans doute; mais enfin ce n'est pas du fatalisme. Les Pharisiens jeûnaient, se fouettaient, couchaient sur une étroite planche afin de tomber s'ils venaient à s'endormir ; ils répétaient de longues prières, sans remuer les yeux, les bras ni les mains ; ils marchaient le front courbé, pour ne heurter pas les pieds de Dieu élevés de quatre pieds seulement au-dessus de la terre ; enfin ils portaient des phylactères contenant des sentences de la loi, sur le front, les manches, et le bord de leurs habits.

SADUCÉENS.

Saint-Jérôme et d'autres pères de l'église, ont cru que les Saducéens n'admettaient que le Pentateuque ; et J.-C. leur voulant prouver la résurrection, leur cite seulement Moïse. Cependant ils enseignaient et lisaient dans le temple où on lisait les Prophètes. Josephe assure qu'ils recevaient ce qui est écrit. Ils reprochaient aux Pharisiens de croire que certains livres du Canon pouvaient souiller, l'Ecclésiaste, par exemple, et le Cantique-des-Cantiques. Les Saducéens ne le pensaient pas : peut-être le Pentateuque était-il regardé par eux comme le seul livre qui dût être cru nécessairement. Suivant les Saducéens, l'ame n'existe point : ils voulaient que tout, dans l'homme, pérît par la mort ; ils étaient donc dans une disposition à ne pas admettre facilement les dogmes chrétiens, attendant du Christ uniquement des biens présens et temporels. Les Thalmudistes permettent d'avoir cent femmes ; les Saducéens, beaucoup plus sévères sur ce point, ne permettaient qu'une femme. Caïphe, qui condamna J.-C., était Saducéen. Ananias, qui fit mourir Saint-Jacques, professait aussi leur doctrine. Cependant le nom de Saducéen signifiait *Juste*. Mais ce peuple aveugle, qui n'eût pas voulu prononcer le nom de Jehovah, crucifiait sans scrupule le fils de Jehovah. Aujourd'hui il serait difficile de trouver un seul Hébreu saducéen.

DU COURS
D'UNITÉ LINGUISTIQUE
DE M. GONDON.

PAR M. BORDEAUX,

Membre Résidant.

« Depuis plusieurs années, M. l'abbé Latouche, notre compatriote, attire à Paris l'attention publique par l'enseignement des langues, d'après un mode qui lui est propre. Son système est l'unité linguistique. Il aurait, dans l'enseignement des langues, découvert un nouveau monde.

« Il s'est attaché, parmi les élèves, des disciples enseignans qui parcourent les principales villes de France et y excitent les applaudissemens.

« Il a publié un journal pour propager sa doctrine, et servir de lien entre ses nouveaux amis.

« Une telle entreprise, une telle énergie d'exécution doivent appeler, dès à présent, l'examen critique des littérateurs attentifs et de bonne foi. On ne peut laisser sa parole s'engager plus avant sans opposition, si elle est mauvaise, ni sans encouragement, si elle est bonne.

« L'occasion s'offre d'ailleurs favorable après l'exposé que vient d'en faire M. Gondon, disciple enseignant de M. Latouche, dans l'amphithéâtre d'Évreux.

M. Latouche part de ce verset 19. ch. 2. de la Genèse. « Et

» Dieu fit venir tout animal vers Adam pour voir comment
» il le nommerait; et comme Adam l'appela, ce fut son nom »
« Ici commença la série des noms. Ils furent déterminés par
l'impression que chaque être produisit sur le premier homme
soit par ses formes, soit par son cri, soit par son caractère
apparent. Le langage d'onomatopée fut donc la base de la première langue. Le langage d'analogie et le langage figuré com-
plétèrent bientôt la première langue du monde.

« Et était toute la terre lèvre une et paroles unes. » Gén. ch.
11. V. 1.

Dans l'origine, il n'y eut donc qu'une langue sur la terre,
comme il n'y eut qu'un homme créé.

M. Latouche prétend établir cette vérité par l'étymologie.
Il justifierait, en même tems, la vérité et l'autorité du *Livre*.

La différence des langues n'est, selon lui, qu'une confusion
apparente. Le langage est un partout, dit-il; la vue de l'objet
sous telle ou telle face, le choix et le changement des lettres
homophoniques, le renversement ou la transposition des
sons qui constituent un mot, font seuls la différence des
langues.

Partant de ce corollaire, il cherche à rattacher par l'étymologie toutes les langues les unes après les autres à la langue hébraïque, qu'il regarde comme la plus ancienne de toutes.

Dans l'enseignement, il place donc l'hébreu en première
ligne, puis il passe aux autres langues comme étant dérivées
de celle-ci, et par un classement de mots par familles, par
leurs signes hiéroglyphiques ou leur onomatopée, il facilite et
abrège d'une façon miraculeuse les études des personnes qui
suivent sa méthode hebræo-universelle.

D'autres, avant lui, ont apperçu cette étymologie qui conduit d'une langue moderne à une plus ancienne, et tous les airs
de parenté qui existent entre les différentes manières de parler.

des peuples. Il suffit, pour cela, d'avoir étudié plusieurs langues.
Mais personne n'avait, comme M. Latouche, descendu dans
l'application de cette idée, dans la comparaison des nombreux
rapports qu'elle *évidente*; personne n'en avait tiré un système,
une méthode d'enseignement.

Cette conception est d'un homme de génie. Aussi l'éxécution
n'en est ni calme, ni lente, ni réservée ; elle est laborieuse,
hardie, persévérante, entreprenante jusqu'à la passion.

Le journal de M. Latouche se ressent quelquefois de cette
ébullition qui le dévore. Nous aurions désiré plus de correction dans son style, moins de langage d'analogie, moins de
néologismes; mais, c'est une main pressée de communiquer
une pensée qui tourmente, c'est un auteur brûlant qui verse
des torrens d'encre et s'inquiète peu comment sa doctrine par-
viendra, pourvu qu'elle parvienne.

Les autres moyens de la répandre sont, comme nous
l'avons indiqué, l'envoi dans les départemens de disciples qui y
ouvrent des cours gratuits.

Ils sont accueillis partout avec faveur, d'autant plus que les
sentimens religieux et les convictions de M. Latouche et de ses
jeunes professeurs leur préparent un légitime accès dans les
sympathies des hommes d'élite.

Le but de l'œuvre de M. Latouche est d'une haute portée.
D'une part, il raffermit par la preuve la plus évidente la croyance
dans les saintes écritures; d'autre part, il met, en popularisant,
pour ainsi dire, la connaissance de l'hébreu, un grand nombre
de personnes studieuses à portée de vérifier elles-mêmes les
textes sacrés, de reconnaître leurs falsifications, la complai-
sance de leurs traductions, l'erreur ou la duplicité des schisma-
tiques. Chose si importante, à une époque où l'esprit religieux
s'inquiète et se relève, et où le schisme paraît lui être opposé
avec une témérité qui fera sa ruine !

l'éloge de l'enseignement de M. Latouche. Aussi son auditoire, peu à peu débarrassé des curieux et des incapables, est-il resté jusqu'à la fin composé d'hommes graves et studieux , parmi lesquels se faisaient remarquer les professeurs du collège et des séminaires et d'autres hommes spéciaux.

Il est parti avec la satisfaction d'avoir laissé à Évreux un certain nombre d'hébraïsans et d'avoir occupé la chaire de l'amphithéâtre avec beaucoup de plus fruit que ces *Congrès* ces *Associations* et autres conteurs de babioles *qui oleum et impensa perdunt.*

LE

Proscrit.

AU COMTE MAMIANI DELLA ROVERE,

PROFESSEUR À L'ATHÉNÉE.

PAR MADAME AGLAÉ DE CORDAY,

Membre Non-Résidant.

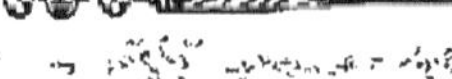

> Il mendiait au prix de son génie
> Un pain trempé de pleurs.
>
> *De Lamartine.*

« Votre oreille s'émeut à ma voix gémissante ;
» Mais à votre Athénée elle est fière et puissante !
» Là, je vis sans bonheur ; mais non pas sans renom.
» Si loin de ma patrie elle s'est affaiblie ,
» Demandez ses accords aux échos d'Italie !
» La gloire au Capitole a buriné mon nom.

» Prestige des grands cœurs, n'es-tu qu'une chimère,
» Gloire ? Tu n'as pas su me rendre moins amère
» La peine de l'exil ! Tu n'es donc qu'un vain bruit ?

LA
VIERGE DU GROS CHÊNE,

PAR M. DE LA MAIRIE,

Membre Correspondant.

Dans cette partie du Bray picard, qui naguères encore n'était qu'un désert, on remarquait, près de quelques habitations éparses, un vieux chêne, dernier survivant d'une forêt antique, et dans le flanc duquel, de tems immémorial, une niche avait été creusée, pour y placer la sainte image d'une vierge révérée dans le canton. Dans ce désert, des chemins tortueux, tracés par l'indécision des voyageurs, se croisaient au hazard comme s'étaient croisées leurs pensées; et çà et là, sur une terre légère et noirâtre végétaient de chétives bruyères et de rares genêts dont les fleurs, au printems, égayaient cette contrée peu fréquentée.

Aujourd'hui, les bruyères sont défrichées, les tems prospères de la restauration ont remplacé, par une route royale, les sentiers incertains qui embarrassaient le voyageur égaré; de nombreuses chaumières, de grandes maisons, des hôtelleries se sont élevées sur ce sol sans population ; on y trouve même une caserne de gendarmerie, car la gendarmerie est là où les progrès de la population et de la civilisation se font sentir, comme une nécessité des gouvernemens modernes. Et le vieux chêne existe toujours, vieux débris des siècles passés que le

siècle présent respecte, lui qui a amoncelé tant de débris !
seulement sa tête, brisée par la foudre ou l'ouragan, ne se
dresse plus avec la même fierté vers les nues, quelques uns de
ses bras noueux ne se couvrent plus de verdure au renouveau
de la saison: ils s'étendent, présentant aux yeux leur triste parure de mousse aride, comme une marque de son vieil âge et
de son incessante décrépitude. Pourtant l'artiste, en passant,
le regarde et s'arrête pour dessiner cette belle *étude*, digne
d'un paysage plus pittoresque ; et les paysans le saluent, par
vénération pour la vierge qu'il abrite d'un reste d'ombrage
que l'année d'après ne verra peut-être pas renaître.

Il y a bien long tems, une chaumière isolée existait près de
cet arbre autour duquel maintenant un hameau s'est formé.
Jehanne l'habitait avec sa mère. C'était elle qui, de ses mains
pures, renouvellait les guirlandes offertes à la Vierge du Gros
Chêne. C'était elle qui allumait soigneusement les cierges destinés à brûler en son honneur dans la lanterne appendue à un
fort rameau de l'arbre sacré. La Vierge du Gros-Chêne partageait avec Notre-Dame de Ville-en-Bray, sa voisine, les hommages des personnes pieuses du canton.

Notre-Dame de Ville-en-Bray eut une église dès le IXe
siècle, et la Vierge du Gros-Chêne n'eut jamais que sa niche
rustique ; mais toutes deux firent de nombreux miracles. Dieu,
quand il lui plait, manifeste sa puissance, aussi bien sous l'ombrage mystérieux d'un arbre, que sous les voûtes bénites d'un
temple.

En 1566, un chevalier calviniste, du nom de Berthiencourt,
voulut renverser, dans sa fureur impie, l'image de la mère du
Christ qui décorait l'église de Ville-en-Bray. Ses efforts furent
vains. Son ignorance le porta à croire que le Diable protégeait
la Vierge, et il fit atteler plusieurs chevaux à la faible statue
pour l'arracher à son sanctuaire souillé de juremens, de me-

naces et de blasphêmes. Alors l'église fut remplie d'une nuée qui y jeta d'epaisses ténèbres, puis bientôt il en sortit des éclairs et des foudres. Berthiencourt fut près de mourir de frayeur ; mais Dieu ne veut pas la mort du pécheur, et, comme la crainte est le commencement de la sagesse, le pécheur craignit et se convertit.[1]

Quelques siècles auparavant, la Vierge du Gros-Chêne inspira une conversion à peu près semblable, et c'est là toute l'histoire de Jehanne.

Jehanne avait dix-huit ans ; son occupation, c'était le soin du ménage qu'elle partageait avec sa mère. Son plus grand plaisir, c'était le chant des cantiques, lorsqu'un pélerinage amenait, pieds nus et à jeûn, quelques étrangers dans sa solitude.

Pendant que Jehanne était toute petite fille, on la trouvait gentille avec ses grands yeux bleus aux longues paupières soyeuses et ses cheveux bruns qui pendaient en longues boucles sur ses blanches épaules ; mais on ne parlait que de la Vierge du Gros Chêne. Depuis qu'elle avait grandi, que sa taille s'était élancée, que sa bouche en souriant laissait voir deux rangées de perles brillantes, que mille gracieusetés apparaissaient partout en elle malgré sa modestie et son innocence, on la trouvait belle, et quand on revenait du pélerinage, on parlait de Jehanne et de la Vierge. Il semblait que Jehanne aussi fût capable de faire des miracles, et, s'il faut en croire certaines traditions, Jehanne, qui ne s'en doutait pas, fut l'objet de quelques pélerinages où l'amour avait plus de part que la dévotion.

La renommée de sa beauté alla jusqu'au sire de Cuigy, jeune et beau seigneur, peu assidu aux beaux offices fondés par

---

[1] Un tableau a existé, avant la révolution, qui perpétuait le souvenir de cet événement miraculeux.

ses ancêtres pour le salut de leur ame, mais chasseur infatigable de gibier et de jouvencelles. Il pensa que Jehanne se laisserait prendre à sa bonne mine, à son nom, à ses doux propos, à ses mensongers sermens, et plus d'une fois, il dirigea son palefroi vers le gros chêne, non pour prier la sainte mère de Dieu, mais dans l'intention de deviser avec Jehanne et de lui parler d'amourette.

Jehanne feignait de ne pas comprendre, et le sire de Cuigy s'en retournait étonné de n'être pas compris, lui qui avait attendri tant de cœurs rebelles.

Un jour qu'il revenait de la chasse, il passa près du gros chêne, avec ses valets sonnant du cor et ses chiens enchaînés deux à deux, faisant répéter aux échos leurs longs aboyemens de joie. On entendait, dans le lointain, le son des cloches de l'abbaye de Saint-Germer. Elles chantaient leur vague harmonie à toute la contrée, car, le lendemain, c'était le jour de de l'Assomption de Notre-Dame et il y avait dans l'air comme une musique céleste qui preludait à une cérémonie sainte. Jehanne était penchée à sa croisée ouverte, environnée de chevrefeuilles en fleur, et elle était occupée à rassembler en gros bouquets les plus belles fleurs de son petit jardin et des campagnes voisines. Déjà une grosse grappe de raisin, aux grains de pourpre et de velours, avait été suspendue par elle à la main de la Vierge du Gros-Chêne, et une échelle était placée contre le tronc du vieil arbre pour achever la toilette de fête de la miraculeuse image; car la Vierge du Gros-Chêne avait des robes suivant les fêtes, et sa plus belle robe, celle qui resplendissait le plus de pailettes et de broderie, devait nécessairement paraître dans une occasion aussi solennelle que celle qui se présentait.

« Bon jour, aimable Jehanne, lui dit le sire de Cuigy en arrêtant son coursier.

auparavant, la nuit n'avait pas de ces fraîches brises qui sou-
lagent de l'ardeur du jour ; au contraire, il semblait que ce
qu'il respirait augmentait l'agitation qu'il voulait calmer, et le
souvenir de Jehanne si naïve, si belle, si sage, lui revenant à
l'esprit, il jura qu'il vaincrait à l'instant même toutes ses stu-
pides résistances d'enfant, et il se résolut à retourner au gros-
chêne et à profiter de la belle nuit qui resplendissait d'étoiles,
pour exécuter les mauvais desseins qui bouillonnaient dans son
cœur.

La campagne était éclairée par les derniers rayons de la lune
prête à se coucher ; mais le sire de Cuigy espérait qu'elles ne
tarderaient pas à être remplacées par les premières lueurs de
l'aurore.

Deux femmes ! se disait-il, et il sautait en signe de joie. Aisément je me débarrasserai de la vieille, et la jeune..... il
souriait et il ajoutait : la jeune ne peut jamais être un embarras pour moi.

Cependant la lune avait disparu, de gros nuages s'étaient
amoncelés dans le ciel devenu obscur, et le jour n'arrivait
pas. Le sire de Cuigy errait à l'aventure au milieu des bruyères, ne sachant trop où il dirigeait ses pas, quand il apperçut
une lueur faible qui brillait comme une étoile isolée dans le
lointain.

C'est l'étoile qui me guidera, s'écria-t-il, et en effet c'était la
lanterne suspendue devant la Vierge du Gros-Chêne qui produisait ce rayon sauveur dans une profonde obscurité.

Le sire avança.

L'échelle était encore, comme la veille, appuyée contre le
tronc du chêne sacré. En approchant, le jeune seigneur l'aperçut. Un sourire brilla dans ses yeux, qui semblait dire : Jehanne
est à moi ! il monte à cette échelle imprudemment laissée-là et

de là, il toucha à la fenêtre de la jeune fille endormie. Un petit coup de sa main l'agita.

— Jehanne, n'ayez pas peur, dit-il doucement, c'est moi !

Jehanne crut qu'elle rêvait, et son rêve l'effraya.

— Jehanne! reprit plus haut le sire audacieux.

Jehanne vit bien alors qu'elle ne rêvait pas, mais elle ne répondit rien.

Elle entendit les vitres de sa croisée trembler plus fortement que lorsqu'elle avait été réveillée en sursaut, et sa frayeur redoubla.

— Sainte Vierge! dit-elle.

Et les vitraux tombaient en morceaux sous la main impatiente qui les brisait.

— Sainte Vierge ! dit-elle encore.

Et elle entendit un cri d'effroi, puis elle vit une flamme subite devant sa croisée ouverte.

Une légère brise, comme en apporte l'aurore naissante, était venu rafraîchir le jour qui allait naître. Elle avait agité de son souffle le manteau du sire, et l'avait porté ondoyant au dessus du cierge allumé devant la Vierge du Gros-Chêne. Le manteau flottant brûlait et menaçait de communiquer la flamme qui le consumait à tous les vêtemens du jeune seigneur.

— Sainte Vierge ! s'écria-t-il à son tour.

Et Jehanne entendit un bruit sourd, comme celui d'une lourde masse qui tombe sur la terre.

C'était le sire de Cuigy qui tombait de l'échelle au pied de la chaumière.

Jehanne et sa mère sortirent et lui portèrent les secours les plus urgens. Hors de danger, il regarda tendrement Jehanne qui lui montra du doigt l'image de la Vierge par lui si souvent méprisée. Le sire de Cuigy baissa les yeux et s'agenouilla au-

Tous portant sur leur front, au sortir du tombeau,

1 Voy. le 1er Chant, N° 2 de 1857, p. 72.

De l'immortalité l'indestructible sceau ;
Multitudes sans nombre, immobiles, muettes,
Ainsi que des forêts les profondes retraites,
Lorsque l'oreille entend dans leurs sentiers voilés,
Sous le calme du soir et des cieux étoilés,
Tomber en bruissant la feuille solitaire.
Partout regnait ainsi le calme sur la terre,
Lorsque, toujours croissant, roulant de toutes parts,
Du haut des airs le bruit tumultueuxdes chars
De plus près s'entendit : c'étaient des milliers d'anges,
Du grand Adonaï lumineuses phalanges ;
Qui poussaient dans les champs de l'éther rouge et bleu
Leurs charriots flamboyans et leurs coursiers de feu.
Chérubins, Séraphins et Trônes et Puissances,
Vertus, Principautés, en ce jour des vengeances,
Chevauchaient aux accens des célestes clairons :
Et tous deux conduisant ces brûlans escadrons,
Michel et Gabriel, armés pour la victoire,
Resplendissaient vêtus de puissance et de gloire.
Ils ne restèrent pas pour long-tems attendus,
Car soudain en silence et vîte descendus,
Des volontés de Dieu ces ministres rapides
Loin, bien loin dans les airs solitaires et vides,
Ravirent d'un seul coup la race des humains,
Et bientôt des méchans séparèrent les saints ;
Comme le laboureur, qui vanne dans son aire,
Sépare le froment de la paille légère.
O séparation d'étrange nouveauté,
Non pour des milliers d'ans, mais pour l'éternité !
Car ainsi le voulait l'éternelle Sagesse.
Le père alors voyait le fils de sa jeunesse,
Trop sourd à ses avis, durant les jours du tems,
Tomber et se confondre au nombre des méchans ;

Ou bien le fils voyait, par un bras implatable,
Son père tant aimé, mais hélas! trop coupable,
Loin de lui repoussé du côté des maudits.
Les frères et les sœurs, les parens, les amis,
Les époux qui liés par de si douces chaînes,
Ensemble partageant leurs plaisirs et leurs peines,
Avaient passé du tems les jours bons et mauvais,
Se séparaient alors, et c'était pour jamais !
Mais parmi les cœurs purs, ces ames fraternelles
Dont jadis les vertus et les grâces si belles
Mêlaient pour vous, Seigneur, leurs parfums odorans,
Nul en ce jour ne prit des chemins différens.
Unis d'une amitié plus étroite et plus sainte,
Ils s'embrassaient d'amour, dans une douce étreinte,
Et la mort autrefois, cause de leurs soupirs,
Ne devait plus troubler leurs éternels plaisirs.
On ne l'entendait plus cette parole amère,
Qui jadis finissait les amours de la terre,
Ce mot du cœur, au cœur qui retournait à Dieu,
Ce mot qui se perdait dans les larmes.... Adieu !
O ! séparation triste pour le coupable,
Mais plus terrible encor et bien plus lamentable,
Quand il vit sur les pas des brûlans Séraphins,
Joyeux, se retirer le cortège des Saints,
Et dans son cœur maudit l'espérance brisée.

Sous un arc radieux de lumière rosée,
Comme autrefois celui qui, dorant son beau ciel,
Dans Gessen souriait aux tentes d'Israël,
Tandis qu'une nuit sombre et des vapeurs funèbres
Sur la terre du Nil étendaient leurs ténèbres ;

Ou comme la colonne au feu mystérieux,
Dont l'éclat rayonnant sous la voûte des cieux
Réjouissait Jacob sorti de servitude,
Lorsqu'au sein de la nuit et de la solitude
Les tribus d'Israël, devant Adonaï,
Campoient aux flancs d'Horeb ou près du Sinaï ;
— Les élus en ce jour vinrent prendre leur place.
Là se réjouissaient ces enfans de la Grâce
Dont le cœur, par l'amour sans cesse consumé,
Sur la terre d'exil pleurait le bien-aimé.
Parmi tous ces enfans de la race bénite,
Nulle distinction hors celle du mérite.
La gloire environnait ces hommes au cœur pur.
Nul parmi les élus n'avait un rang obscur,
Comme il se pratiquait autrefois sur la terre,
Soit que parmi ses champs, inconnu, solitaire,
Sur un sol hérissé, bénissant le Seigneur,
Il versât de son front la féconde sueur ;
Soit qu'à l'heure où le soir sur la plante épuisée
De son urne à flots d'or épanchait la rosée,
Il priât sur les monts en gardant ses troupeaux ;
Ou que, voguant en paix sur l'abîme des flots,
Pieux nocher, semblable à l'aiguille obstinée,
Vers l'étoile du pôle incessamment tournée,
Il tournât vers l'azur du céleste séjour,
Vers le trône de Dieu, son cœur brûlant d'amour ;
Ou que, sous les lambeaux de l'affreuse indigence,
Toujours il esperât en cette Providence
Qui versait l'eau du ciel sur l'herbe du coteau,
Donnait la graine amère à l'humble passereau,

Et dont la main divine à ses regards voilée,
De sa robe habillait le lys de la vallée.

Parmi les rachetés brillaient, les plus nombreux,
Ces fils de la Sagesse et ces cœurs généreux
Qui n'eurent autrefois aucun nom sur la terre ;
Semblables au ruisseau limpide et solitaire,
Qui répand, inconnu, ses modestes faveurs,
Et nourrit au désert les gazons et les fleurs ;
Ou semblables encore à l'étoile ignorée
Qui loin de nos regards, cachant dans l'empirée
Ses rayons dans l'espace et l'ombre ensevelis,
N'en est pas moins brillante aux célestes parvis.
Nul ne vit de leur cœur les pieuses alarmes ;
Et nul ne vit leur foi, ni leurs secrètes larmes,
Ni l'amour qui brûlait dans leurs ames de feu,
Jamais nul ne le vit, si ce n'est vous, mon Dieu !
C'était vous que pleuraient les larmes de ces ames
Et vous que désiraient leurs désirs tout de flammes,
Lorsque ces fils du ciel, sur la terre des pleurs,
Passaient enveloppés du deuil de leurs douleurs.
Mais ils avaient fini leur long pélerinage ;
Ils allaient de vos saints posséder l'héritage ;
Et votre main jetait sur leur humilité
Le vêtement de gloire et d'immortalité.
Alors qu'ils étaient beaux ! avec quelle allégresse
Sur l'arc aux rayons d'or leurs yeux lisaient sans cesse
Ces mots qui présageaient leurs bienheureux destins,
Ces mots affectueux : — « Ne craignez pas, mes Saints ! »

Mais d'un autre côté le bras de la justice
Enchaînait les méchans destinés au supplice,

Malheureux qui n'avaient voulu jamais aimer !
Au-dessus de leur tête ils virent se former
Un nuage poussé par d'horribles rafales,
Roulant comme une mer ses flammes infernales,
Livide tourbillon, plein de foudre et d'éclairs,
Et laissant échapper, de ses flancs entr'ouverts,
Des traits étincelans et ces flèches de flamme
Qui sans l'anéantir brûlent et percent l'ame.
Et du sein de la nue une voix leur disait :
« — Vous saviez le devoir, vous ne l'avez pas fait ! »
Mots terribles qu'au fond des éternels abîmes
L'enfer répétera sans cesse à ses victimes,
Et qui sur les enfans de malédiction
Rejètent tout le poids de leur damnation !

Méconnaissable, en proie à des terreurs étranges,
Là paraissait debout Satan avec ses anges,
Satan le plus coupable et le premier pécheur,
Satan, exemple affreux du plus affreux malheur.
Sur lui pesait le plus la colère divine :
Il offrait en spectacle une telle ruine,
L'image d'un enfer si profond et si noir,
Que tous ses compagnons, accoutumés à voir
Le séjour où la vie est une mort vivante,
Détournaient leurs regards et, tremblans d'épouvante,
Loin de lui s'écartaient, et s'écartaient encor;
Tandis que les élus, de leur nuage d'or
Voyaient autour de lui s'épaissir les ténèbres,
Entendaient, du milieu de ces ombres funèbres,
La foudre sur sa tête éclater coups sur coups.

— Signe que là Satan, le plus déchu de tous,
D'un vaincu subissait et la honte et l'outrage.

Oh! quels yeux étaient là sous ce sombre nuage!
C'étaient des yeux en pleurs; c'étaient de toutes parts
Des yeux désespérés, sinistres et hagards,
Des yeux qui regardaient et regardaient sans cesse,
Et qui partout voyaient déconfort et tristesse,
Nuit sans fin, nuit féconde en éternels tourmens!

C'était pitié de voir, durant les jours du tems,
A peine éclose encor, pas l'aquilon fanée,
Mourir la jeune fleur sur sa tige inclinée.
C'était pitié de voir, au printems de ses jours,
Arrachée au bonheur des premières amours,
La jeune épouse aussi tomber, fleur incolore,
Au souffle du trépas. Il était triste encore
De voir près d'un tombeau, sous ses lambeaux de lin,
Sanglotter à genoux le petit orphelin.
C'était pitié de voir d'une gorge livide
Jaillir à flots pressés le sang du Suicide,
Ou le fer du poignard assassin ou vengeur
Atteindre, en la cherchant, la vie au fond d'un cœur.
C'était pitié de voir, pauvre et nu sur la terre,
Le vieillard expirer de froid et de misère.
Quel spectacle c'était de voir, dans ses vieux ans,
L'homme veuf, délaissé, survivre à ses enfans!
Harpe, rappelle ici cette affligeante scène.
Ridé, blanchi par l'âge et se traînant à peine
Vers son humble demeure, un père dans le deuil
Vint un soir, s'arrêta tristement sur le seuil,
Mêlant ses longs soupirs à la brise sifflante,

Et nul ne vint aidér sa marche défaillante.
Car ce jour avait vu ce père infortuné
Jusqu'au lieu des tombeaux suivre son dernier né.
Et son cœur déchiré d'une douleur profonde
N'était plus qu'un désert vaste comme le monde,
Solitude où gisaient des débris et la mort :
Et lui, débris vivant, triste jouet du sort,
Courbant sur un bâton son corps frêle et débile,
Debout auprès du seuil, regardait immobile,
Comme si la douleur eût enchaîné ses pas ;
Il voulait le franchir et ne le pouvait pas,
Comme sous le pouvoir d'un invincible charme.
Et de ses yeux sortit tout-à-coup une larme,
Larme unique restée à ses vieilles douleurs ;
Car il avait tari la source de ses pleurs :
Et froide elle coula tombant de ride en ride,
Puis bientôt se perdit sur une joue aride,
Où nul rayon d'espoir ne devait plus briller,
Où des larmes d'amour ne devaient plus couler !

Le monde offrait encor mille scènes affreuses,
Choses tristes à voir, froides et ténébreuses ,
Qui n'avaient pas de nom parmi ses habitans,
Ou dormaient dans l'oubli sous le linceul du tems.
Mais, ô deuils de la terre, ô scènes pitoyables !
Qu'étiez-vous en ce jour, près des yeux effroyables ,
Près des yeux des damnés plongeant avec horreur
Dans l'abîme sans fond, brûlant, dévorateur ;
Roulant, roulant toujours pour voir quelque lumière,
Quelque faible rayon d'espérance dernière,

Par delà cette nuit d'un avenir sans fin ;
Roulant, roulant encor, roulant toujours envain !

Tels de l'enfer voyant le terrible partage,
Les réprouvés tremblaient sous leur sombre nuage,
Tandis que vers les cieux, prêts à prendre l'essor,
S'assemblaient les élus sous l'arc aux rayons d'or.
Tous prêtant en silence une oreille attentive,
A gauche, loin, bien loin vers l'infernale rive,
Où sans cesse grondaient des foudres éclatans,
Entendirent l'abîme alors sans habitans,
Et rugir et rouler au fond de ses spirales,
D'un Océan de feu les brûlantes rafales ;
Entendirent le cri du ver qui ne meurt pas,
Et le râle éternel de l'éternel trépas.

Et plus pâles alors les réprouvés tremblèrent,
Eux-mêmes un moment les élus se troublèrent ;
Mais bientôt par l'amour l'effroi fut remplacé.
Sur deux orbes du ciel mollement balancé,
Debout, parut un ange aux rayonnantes aîles ;
Et cette voix sortit des sphères éternelles :
« — Qu'à jamais l'homme impur soit impur et mauvais !
» Que le saint reste saint et soit bon à jamais ! »
Et soudain s'abaissant des hauteurs de la gloire,
Aux sons des harpes d'or et des chants de victoire,
Des chérubins en chœur balancent dans les cieux
De la rédemption le signe radieux :
O justes, que vos cœurs tressaillent d'allégresse !
Chantez l'hymne de joie, enfans de la promesse !
Dieu pour qui votre amour sans cesse a combattu,
Ce Dieu de qui la main couronne la vertu,

Va poser sur vos fronts la couronne de vie !
Et vous, maudits, tremblez ! sur votre tête impie
Celui dont votre orgueil méprisa les faveurs,
Va de son bras puissant répandre ses fureurs :
Car voici le Dieu fort ! assis sur un déluge
Il s'avance.... Tremblez, maudits, c'est votre juge !
Il s'avance ! son pied foule l'iniquité ;
Tremblez devant les pas de son éternité !

Aspects,

SOUVENIRS DE LA PROVENCE,

PAR M. CAMILLE AGUILLON,

Membre Correspondant.

I.

UNE FORÊT DE PINS.

Rien n'excite plus au recueillement qu'une forêt de pins; le
léger vagissement de leur feuillage, la taille des arbres, leur
vieillesse élèvent l'ame vers la divinité. Que ces arbres sont
majestueux sur certains points de nos méridionales contrées!
Leurs vieux troncs noueux, encore empreints des cicatrices de
la main des bûcherons, laissent découler une matière aromatique qui se distille en fluant, et qui, figée au pied de l'arbre, se
liquéfie alors que le soleil vient à briller de tout son éclat;
l'homme aux mains noires et caleuses, à la figure brûlée par
l'ardeur du soleil, aux yeux noirs pleins de feu, le *Pégoulier*,[1]
ramasse cette matière, la dépose dans des mares destinées à lui
faire subir diverses préparations qui doivent donner plus tard la
poix, le goudron, la térebenthine. Les pins portent jusques
aux nues leurs orgueilleuses têtes; vus de loin, ils semblent se
jouer avec elles; ils décrivent sur le sol une voûte immense de

[1] Nom donné, en Provence, à l'homme qui prépare la poix.

verdure que l'astre des jours perce rarement ; les thyms, les serpolets et autres plantes aromatiques se déroulent à leurs pieds en couches voluptueuses. Quel imposant silence au milieu de cette mâle nature. Le geai solitaire, habitant de ces brûlantes forêts, en trouble seul le calme par son bavardage criard. Quelques petits oiseaux se balancent le long de leurs troncs. Si le vent vient à promener son souffle sur ces masses verdoyantes, mille bruits divers vous assiègent, le voyageur dirait des voix, ou des sons pareils à ceux que rendaient les harpes des Hébreux battues des zéphyrs sur la terre d'exil. On se tait, on écoute, on croit distinguer un cliquetis d'armes, une décharge d'artillerie, tant le froissement des branches les unes contre les autres, produit un bruit plus fort. On est le jouet de fallacieuses illusions ; le vent tombe ; le voyageur se retrouve auprès des hommes, devant lui la cabane noircie du Pégoulier, informe assemblage de troncs de pins, couchés, croisés sans ordre les uns sur les autres ; des planches vermoulues, des rameaux flétris pour toiture. Réunis dans cette sauvage habitation, femmes, enfans, vieillards, près d'un énorme feu dont la fumée n'a d'autre issue que la porte de la cahute, ils apprêtent quelques grossiers alimens. Des ustensiles à demi-usés, quelques vêtemens en lambeaux composent tout leur mobilier. La nuit le même toît abrite ceux qu'il a rassemblés le jour, pêle-mêle, ils sont pour ainsi dire parqués jusqu'au lendemain. Chaque jour pour eux ramène la même vie, les mêmes occupations : heureux mortels, étrangers aux agitations du monde, les pins sont le sujet de leurs conversations, c'est de la vétusté des pins, de l'abondance de la poix, de sa qualité, qu'ils s'entretiennent ordinairement.

Un de ces arbres alimente des familles. Un lien religieux réunit ces hommes aux mœurs sauvages ; ils sont dans nos villages, divisés en confréries, ayant des prieurs et des prieures, et le jour de Sainte-Barbe, les femmes vêtues de blanc et les hommes portant leur plus propre vêtement, la veste ronde, se rendent solennellement à l'église,[1] assistent à la messe, et le soir, un repas plus abondant que de coutume, une danse avec l'accompagnement du tambourin, terminent la fête. A chaque heure du jour, ces forêts offrent à l'observateur de nouvelles émotions. Quand les chaleurs de l'été se font sentir dans nos contrées, celui qui commande en souverain à toutes les puissances de l'univers, lance au plus haut des cieux un petit nuage blanc, il s'arrête immobile sur ces silencieuses et chaudes demeures végétales; insensiblement autour de cette légère vapeur, d'autres se grouppent, se déroulent, se colorent des divers nuances; cette masse s'obscurcit, se condense, la foudre la sillonne, l'agite, et bientôt des torrens d'eau s'échappent de ses flancs sombres et menaçans. Une ou deux heures suffisent à cette perturbation atmosphérique pour réaliser ses effets, le soleil reparaît et les pins couverts de gouttes d'eau semblent porter sur leurs feuilles, sur leurs branches, des milliers de rubis, de diamans. Ce spectacle est d'autant plus imposant dans notre Provence, que la pluie ne tombe que sur un point, les bords de l'horizon sont ordinairement azurés; les pays voisins sont étrangers à cet orage connu ici sous le nom de *Chavane*. Le soir on aime à voir ces longues chevelures de verdure éclairées par un rayon de la lune, se dessiner sur les montagnes en ombres fantastiques, ou se rétrécir en imperceptibles pygmées selon la direction de l'astre des nuits. Les pins forment en un mot un genre à part, un tableau végétal digne de l'étude de l'ami de la nature.

[1] Aux sons du tambour et du fifre.

Dans le paisible sein d'un hameau solitaire,
L'éclair tout à coup a ... brillant sur la ... ?
Mais qui choisis donc ... ... le rendre ?
C'étaient des chaînes de ...; c'étaient des chaînes de mort.

Qui donc est mort, sonneur ? — C'est une jeune vierge,
Pour qui, près de ce Christ, a brûlé plus d'un cierge,
Pour qui l'on a passé bien des nuits sans sommeil :
Seule, elle s'endormit, mais n'eut point de réveil.

Pourtant elle avait dit : Voici venir la fête,
Pour être encore plus belle il faut que je m'apprête,
    Car je dois danser avec lui ;
Et je ne voudrais pas que de sa fiancée
L'on pût dire : oh ! voyez, que sa robe est passée,
    Le soleil sans doute a trop lui !
Non, j'aurai des croix d'or, des fleurs toutes nouvelles,
Un blanc fichu garni de superbes dentelles,
    Des rubans verts qu'on m'a donnés ;
Et puis mes cheveux noirs seront roulés en tresse,
Et deux beaux bracelets, gages de sa tendresse,
    Orneront mes bras enchaînés.

Alors, quand je viendrai sur la verte pelouse,
Plus d'une, oh ! c'est bien sûr ! en sortira jalouse,
    Quand ses yeux tomberont sur moi.
Chacun m'indiquera du doigt, de la prunelle,
Et j'entendrai des voix murmurer : qu'elle est belle !
    Et mon cœur bondira d'émoi.

La pauvre jeune fille ! ah ! si vous l'aviez vue,
Lorsque ses dix-huit ans luttaient contre la mort,
Et qu'envain, ranimant leur vigueur abattue,
Tous ses muscles semblaient faire un dernier effort !

Traînant sur le plafond sa blafarde lumière,
    Une lampe éclairait
Un prêtre qui des morts récitait la prière ;
    Tout le monde pleurait.

Elle, pâle et levant sa pesante paupière,
    Quelquefois souriait ;
Mais son sourire était aussi froid que la pierre,
Et posé sur sa lèvre, à peine.... il s'éteignait.

Tout-à-coup ses deux bras osseux, plongeant dans l'ombre,
    Y cherchaient un soutien ;
Sa voix creuse disait des paroles sans nombre
    Qu'on n'entendait pas bien ;
Ses yeux roulaient tout blancs dans une orbite sombre,
    En brisant leur lien.
Enfin, un râle affreux vint terrasser cette ombre ;
On entendit encore un soupir...... puis plus rien.

Une femme soudain s'élance.... c'est sa mère !
Jugez, jugez combien sa peine était amère :
Seule de ses enfans sa fille lui restait.
La pauvre femme, hélas ! comme elle sanglottait !
Contre elle elle pressait sa fille haletante,
Sur ses lèvres collait son haleine brûlante :
Mais il n'était plus tems.....

                — Merci, sonneur, merci ;
Car ta voix est touchante. Or je repris ma route
Et je sentis des pleurs qui tombaient goutte à goutte;
    Le vieux sonneur pleurait aussi.

Le lendemain, marchait un funèbre cortège
En suivant un cercueil aussi blanc que la neige,
    Et tous les fronts étaient baissés.
Pauvre fille ! on l'aimait. Depuis chacun répète
Qu'on sentit en passant près du lieu de la fête
    Tressaillir ses membres glacés.

LE DÉPART,

TRADUCTION DE L'ITALIEN DE MÉTASTASE,

PAR M. MIGÉR,

Secrétaire de la section de Littérature et Trésorier-Adjoint.

C'en est donc fait? ô mon amie!
O Nice! tu fuis loin de moi?
Adieu, mon bien! Adieu, ma vie!
Que devenir, hélas ! sans toi?
Chaque jour pour moi dans la peine
Va se lever et va finir,....
Mais toi! Qui sait si de Philène
Tu garderas le souvenir ?

Permets au moins, permets, de grâce!
Qu'un cœur embrâsé pour jamais
S'élance, vole sur ta trace,
Et près de toi cherche la paix :
Mon ame, libre de sa chaîne,
A ton ame viendra s'unir....
Mais toi! Qui sait si de Philène
Tu garderas le souvenir ?

Interrogeant la terre et l'onde,
Et les rochers et les forêts,

J'irai, dans ma douleur profonde,
Partout exhaler mes regrets :
A la rive la plus lointaine
Echo les fera retentir....
Mais toi ! Qui sait si de Philène
Tu garderas le souvenir ?

O que souvent, avec délice,
Je reverrai tous ces beaux lieux,
Où tant de fois j'entretins Nice
De ses attraits et de mes feux !
Ces bois, ce ruisseau, cette plaine,
Feront mon tourment, mon plaisir......
Mais toi ! Qui sait si de Philène
Tu garderas le souvenir ?

Voici, dirai-je, la prairie
Où nous nous rendions chaque jour !
Voici la pelouse fleurie,
Témoin de nos propos d'amour !
Sous ces tilleuls, sous ce vieux chêne,
Nous jurâmes de nous unir !....
Mais toi ! Qui sait si de Philène
Tu garderas le souvenir ?

Bientôt, sur la rive étrangère,
Mille cœurs soumis à ta loi,
Brûlant à l'envi de te plaire,
Viendront t'offrir hommage et foi :
Vers Nice, triomphante et vaine,
Je les vois en foule accourir.....

O Dieux ! Qui sait si de Philène
Tu garderas le souvenir ?

Songe à ce trait, si doux encore,
Qu'amour a laissé dans mon cœur :
Songe que Philène t'adore,
Et qu'en Nice est tout son bonheur :
Songe à nos adieux, à ma peine :
Songe, enfin, que je vais mourir.....
Mais las ! Qui sait si de Philène
Tu garderas le souvenir ?

TABLE DES MATIÈRES

CONTENUES DANS LA 1re PARTIE DE CE VOLUME.

Littérature.

Beaux-Arts.

DROITS D'USAGE

DANS LES BOIS DE L'ÉTAT,

DANS CEUX DES PARTICULIERS

ET NOTAMMENT

DANS LES FORÊTS

DE L'ANCIEN COMTÉ D'ÉVREUX.

PAR M. D'AVANNES,

Vice-Président du Tribunal d'Évreux.

Première Partie.

PRIX 3 F. 50 C.

A PARIS,

CHEZ G. THOREL, SUCCESSEUR D'ALEX. GOBELET,

RUE SOUFFLOT, N° 4.

SE TROUVE ÉGALEMENT:

A ÉVREUX, chez VERNEY-LALONDE, libraire.

A LOUVIERS, chez ACHAINTRE, imprimeur.

A BERNAY, chez TAILLADE, libraire.

A ROUEN, chez LE GRAND, libraire, rue Ganterie, N° 26.

A CAEN, chez MANOURY, libraire, rue Froide.

Et chez les principaux libraires de la Normandie.

AOUT 1837.

APPENDICE

A LA PREMIÈRE PARTIE.

Nous avons cru devoir céder à la demande réitérée de quelques amis, et nous publions séparément cette première partie d'un ouvrage que nos occupations ne nous permettent pas de poursuivre avec activité.

Notre division en trois parties, traitant d'une manière distincte, de l'*Etablissement*, de la *Conservation*, et de l'*Extinction* des Droits d'Usage, ne saurait avoir une exécution rigoureuse, et nous avons été plusieurs fois entraînés, par l'enchaînement des questions et la *génération des idées*, à aborder, dès notre début, des sujets qui appartiennent naturellement à la seconde ou à la troisième partie ; ainsi le rachat et le cantonnement sont évidemment des modes d'extinction ; mais comment les séparer de l'*aménagement*, qui est un mode de conservation, et comment séparer l'aménagement lui-même du triage et des autres objets qui constituent l'étendue du droit, et qui devaient par conséquent entrer dans notre première partie ?

Il est d'ailleurs des classifications qui prêtent beaucoup à l'arbitraire ; les Droits d'Usage en offrent la preuve : en les traitant, on s'apperçoit que l'*unité*, désirable en toutes choses, s'y trouve continuellement rompue par leur liaison intime avec une foule d'autres matières : pour s'en convaincre, il suffit de voir sous combien de mots différens ils ont été accidentellement traités dans les différens ouvrages publiés par ordre alphabétique.

Presque toute cette première partie a déjà paru dans un recueil semi-périodique, par morceaux détachés et à des époques très éloignées : delà quelques incohérences apparentes que nous ferons disparaître dans une seconde édition, et de nombreuses lacunes qu'il est impossible de remplir en ce moment. Nous en indiquerons seulement ici quelques unes.

Dans le PREMIER CHAPITRE, nous nous sommes occupés de la *définition* et de la *consistance* des divers Droits d'Usage : un tel sujet n'a pu qu'être effleuré, car il est une foule de droits importans qu'il eût été difficile de définir, et superflu peut-être d'énumérer.

Notre SECOND CHAPITRE est presqu'exclusivement consacré au Comté d'Évreux, dont nous avons rapidement tracé l'historique; le premier paragraphe seul traite de l'origine des Droits d'Usage en géneral.

Nous avons cru devoir donner surtout une grande étendue à l'examen de la question relative à l'annulation du *contrat d'échange*, parceque, depuis dix ans, cette question a donné matière à de grands débats dans notre pays.

Notre opinion sur ce point est le fruit de longues méditations, elle a été sanctionnée par un arrêt de Cassation parfaitement motivé; nous l'avons rapporté, mais nous devons dire que l'affaire a été renvoyée devant la cour d'Orléans qui, depuis l'impression de ce chapitre, a rendu une décision contraire à celle de la cour suprême : celle-ci sera par conséquent appelée à statuer de nouveau, toutes les chambres réunies.

La nature des Droits d'Usage fait la matière du CHAPITRE TROIS.

Ces droits sont-ils une co-propriété, sont-ils une servitude?

Ce n'est plus aujourd'hui une question, et nous pourrions

ajouter à nos citations un grand nombre d'autorités et d'arrêts nouveaux.

Si, depuis quelque tems, la Cour suprême a paru se relâcher sur plusieurs points de la rigueur des principes en faveur des usagers, cette hésitation n'est qu'apparente, et le rejet des derniers pourvois contre des arrêts de la Cour de Rouen, est uniquement basé sur ce que cette Cour a fait une appréciation de faits qui échappent à la censure de la Cour suprême.

Le chapitre quatre et dernier, traite de l'étendue des Droits d'Usage, ce sujet serait immense ; il touche à tout ce qui est relatif à cette matière. Nous avons du nous borner au développement des principes élémentaires et à la solution des difficultés usuelles ; les questions nombreuses qui se rattachent à ce sujet, et que nous avons été forcé d'omettre, se reproduiront dans les autres parties de l'ouvrage.

Nous avons principalement appelé l'attention sur l'état actuel de la jurisprudence : l'immense quantité d'arrêts intervenus sur les Droits d'Usage en prouve l'importance, et laisse craindre que les notions de ce droit spécial ne soient pas encore suffisamment répandues. Forcé par des circonstances fortuites, de les étudier d'une manière particulière ; nous croyons, ainsi que nous l'avons dit en commençant, être de quelqu'utilité à nos concitoyens en donnant de la publicité au fruit de nos études, et au résultat de longues et consciencieuses recherches.

www.ingramcontent.com/pod-product-compliance
Lightning Source LLC
LaVergne TN
LVHW050954200726
843508LV00001B/52